ALICE FRONTZEK
Die Pfaffenhure

ERFURT 1501 Martin Luther, der spätere deutsche Reformator, zieht im Alter von 17 Jahren aus seiner beschaulichen Heimat nach Erfurt, um sich dort als »Martinus Ludher ex Mansfeld« in die Matrikel der Universität einzuschreiben. Schnell erliegt er den Versuchungen, die die Großstadt für ihre jungen Bewohner bereithält. Trinkgelage und Begegnungen mit dem weiblichen Geschlecht – das »leichte Leben« erscheint Martin zunächst wie ein Befreiungsschlag von der harten Erziehung, die er vor allem durch seinen streng gläubigen Vater erfahren hat. Doch als er die schöne Anna – die Tochter einer Pfaffenhure – kennenlernt und die Verbindung mit ihr nicht folgenlos bleibt, brechen sich die alten Muster von Schuld und Sühne wieder Bahn. Die Suche nach dem richtigen Ausweg stellt Martins Gewissen auf eine harte Probe und bringt ihn in einen moralischen Zwiespalt ...

Alice Frontzek, 1966 in Berlin geboren, ist bei Hildesheim aufgewachsen und hat in Erlangen studiert. 1993 zog sie mit ihrem Mann von Nürnberg nach Erfurt. Mit der Familiengründung entschloss sie sich zur Freiberuflichkeit, um ihren vier Kindern gerecht zu werden. So arbeitet sie als Übersetzerin, Stadtführerin sowie Dozentin für Englisch und Deutsch in der Erwachsenenbildung. 2010 begann sie mit verschriftlichten Stadtrundgängen und Thüringenbeiträgen in Zeitschriften ihre Autorenlaufbahn. Mittlerweile ist sie in Thüringen verwurzelt und widmet sich der Regionalliteratur.

ALICE FRONTZEK
Die Pfaffenhure

Ein Roman um Martin Luther

GMEINER

Immer informiert

Spannung pur – mit unserem Newsletter informieren wir Sie
regelmäßig über Wissenswertes aus unserer Bücherwelt.

Gefällt mir!

Facebook: @Gmeiner.Verlag
Instagram: @gmeinerverlag
Twitter: @GmeinerVerlag

Besuchen Sie uns im Internet:
www.gmeiner-verlag.de

© 2021 – Gmeiner-Verlag GmbH
Im Ehnried 5, 88605 Meßkirch
Telefon 07575 / 2095-0
info@gmeiner-verlag.de
Alle Rechte vorbehalten
1. Auflage 2021

Lektorat: Susanne Tachlinski
Herstellung: Mirjam Hecht
Umschlaggestaltung: U.O.R.G. Lutz Eberle, Stuttgart
unter Verwendung der Bilder von: © https://commons.wikimedia.org/
wiki/File:Lucas_Cranach_d.Ä._-_Porträt_einer_Frau.jpg
und https://commons.wikimedia.org/wiki/File:Portrait_of_Martin_
Luther_as_an_Augustinian_Monk.jpg und https://commons.wikimedia.
org/wiki/File:Vermeersch_IA_Dom_Erfurt.JPG
Druck: CPI books GmbH, Leck
Printed in Germany
ISBN 978-3-8392-0016-2

Kapitel 1

1501

HANS LUDHER HATTE beschlossen, mit seinem ältesten Sohn Martin über Eisenach nach Erfurt zur Intitulation zu reisen. Er war stolz auf ihn. Martin hatte nicht nur in der Lateinschule im heimischen Mansfeld und in der Domschule in Magdeburg gute Leistungen erbracht. Nein, er hatte diese sogar noch übertroffen und sich in den letzten vier Jahren an der Pfarrschule St. Georg in Eisenach zu einem wohlerzogenen und gebildeten jungen Mann entwickelt. In der Grammatik und in lateinischen Versen war er seinen Gesellen weit überlegen. Natürlich war das zu einem großen Teil auch der wohlhabenden Bürgersfrau Ursula Cotta zu verdanken, die seinen Knaben, wie sie einmal schrieb, um seines hellen Singens und seiner aufrichtigen Andacht willen lieb gewonnen hatte und ihn unter Zustimmung ihres Eheherrn an ihren Tisch nahm. Ihr wollte Hans noch einmal persönlich danken.

Anfang April hatte Martin in Eisenach die Schule beendet, war nach Hause gekommen und sie hatten kaum eine Woche Zeit gehabt, sich um seinen Umzug nach Erfurt zu kümmern. Die Erfurter Universität war die größte, beste und vor allem nächste. Darüber hinaus neben der Kölner die einzige, an der nicht nur Kirchenrecht, sondern auch bürgerliches Recht gelehrt wurde – man sprach vom

»Bologna des Nordens«. Martin würde ein hervorragender Jurist werden, Berater hoher Herren, vielleicht sogar der Rechtsbeistand eines Fürsten oder Herzogs. Wer konnte es schon voraussagen! Des Menschen Herz erdenkt sich seinen Weg, Gott allein lenkt seinen Schritt!

Hans goss sich zufrieden etwas von der heißen Milch auf dem Herd in seinen Becher, schnitt eine Scheibe Brot vom Laib und setzte sich damit an den großen Holztisch neben dem Ofen. Es war still im Haus. Seine Frau Margarethe, die nur »Grete« gerufen wurde, war draußen bei den Hühnern. Martin schlief noch. Ja, er sollte sich nur ruhig ausschlafen. Er hatte es sich verdient. Ein wohlhabender Rechtsgelehrter würde er werden, in eine reiche Familie einheiraten. Hier hatte Hans schon genaue Vorstellungen, wie sich das Haus des Ratsherrn von Eisleben und das seine verbinden würden. Martin würde es einmal leichter haben als sein Vater. In Eisenach hatte er höfliche Sitten gelernt. Hans hatte ihn wohlwollend beobachtet und musste sich eingestehen, dass er zu tun hatte, einen ebenso feinen Eindruck zu machen wie sein Sohn. Wir Bergbauern, dachte er, ein bräunlich Volk, die wir weder Wind noch Sonnenbrand scheuen und einen großen Teil unserer Zeit im dunklen Schacht tief unter der Erde zubringen. Er seufzte, nahm einen großen Schluck, schaute in den Sonnenstrahl, der durch das kleine Fenster fiel, und sein Gesicht nahm einen zuversichtlichen Ausdruck an. Dank seines Onkels ging es ihm jetzt recht gut. Der hatte eine eigene Hütte im Kupferbergbau, der er als Vorarbeiter vorstand. Die harte Arbeit machten nun andere. Er führte die Aufsicht, eignete sich kaufmännische Kenntnisse an, verwaltete die Bücher und war bei Vertragsverhandlungen dabei. Oft hatten sie schon im Wirtshaus zusammengesessen und geplant, wie er bald seine eigene Hütte haben würde. Ja, er wurde langsam in die bessere Gesellschaft eingeführt. Mittlerweile konnte er es sich leisten, seinen Sohn auf die Universität zu schicken. Wenigstens den ältesten.

Die schwere Holztür, die zum Hof ging, öffnete sich knarrend, und Grete, mit Holz auf dem Rücken und einem Korb Eier in der Hand, schob sie mit der Schulter weiter auf. Hans erhob sich von seinem Stuhl, hielt ihr die Tür und nahm ihr die Trage vom Rücken. »Du sollst mir doch Bescheid sagen, wenn wir Holz brauchen.«

»Ich habe es mein ganzes Leben selbst gesammelt. Es geht schon. Außerdem ist es nicht viel. Es wird heute warm. Ich brauche nur ein wenig zum Kochen. Wie wäre es mit ein paar Eiern? Komm, deck den Tisch! Ich höre schon die Kinder. Ich mache Rührei mit Kräutern, dazu Brot mit Butter. Schenk doch schon mal sechs Becher von der Ziegenmilch ein und gib in jeden einen kleinen Klecks Honig!« Sie lächelte ihn freundlich an und machte sich am Herd zu schaffen.

Wie immer trug sie ihr weißes Kopftuch streng bis in die Stirn gezogen. Kein Haar schaute hervor. Nur Hans wusste, dass sie wunderschönes langes, mittlerweile graublondes Haar hatte, das sie sich jeden Morgen zu einem Knoten band. Die Enden des weißen Kopftuchschals hingen rechts und links über ihre Brust. Die Furchen um ihre Lippen waren tiefer geworden. Sie hatten nicht wenig Sorgen gehabt, und wenn seine Grete etwas besonders beschäftigte, pflegte sie die Lippen zusammenzupressen und die Stirn in Falten zu legen. Bald würde er sich für sie eine Haushaltshilfe leisten können.

»Hey, schubs mich nicht!« Die zwei Mädchen hüpften die Holztreppe hinunter, gefolgt von den beiden Brüdern, die noch etwas verschlafen die Stufen hinunterschlichen. Alle hatten sie noch Schulferien und deshalb länger liegen bleiben dürfen.

»Morgen!«, sagte einer nach dem anderen und setzte sich auf die lange Bank an den Tisch. »Flegelt euch nicht hin! Sitzt aufrecht! Und es heißt ›Guten Morgen‹! Sind eure Hände sauber?« Hans war entschlossen, aus allen Kindern wenigstens Menschen mit gutem Benehmen zu machen. Er hatte in den letzten Jahren gelernt, wie alleine die Wortwahl und das Verhalten darüber entschieden, ob man in die höhere Gesellschaft aufgenommen wurde oder nicht. Er machte ein strenges Gesicht. Ließe er zu viel des Spaßes zu, verlören sie ihr Pflichtbewusstsein. »Dorothea, geh und hol Martin. Ich möchte, dass wir zusammen frühstücken!«

Dorothea stand wieder auf, lief die Treppe nach oben und pochte an die Tür zu Martins Kammer. »Aufstehen! Es ist spät. Wir sitzen schon alle am Tisch. Die Eier sind fertig!«

»Komme, danke!«, tönte es schwach von innen.

Wenig später saßen sie alle gemeinsam in der Küche, die Hände zum Gebet gefaltet.

»Wir danken dir, Herrgott, himmlischer Vater, dass Du uns Speise und Trank gegeben hast. Lass uns teilhaben am ewigen Gastmahl. Amen.«

Dann aßen sie still. Während des Frühstücks schaute Martin zu seiner Mutter herüber, die seinen Blick mit einem liebevollen Lächeln erwiderte. Wie viel besser es ihr und Vater doch nun geht, dachte er. Sie meinen es herzlich gut mit uns, mit mir. Und er erinnerte sich an die Zeit, in der sie um ihr tägliches Brot ringen mussten und seine Mutter ihn um einer einfachen Nuss willen so ohrfeigte, dass seine Nase blutete. Auch sein Vater hatte ihn einmal so geschlagen, dass er vor ihm davonlief und lange nicht mit ihm sprach, bis er wieder Vertrauen zu ihm gefasst hatte. Aber Martin wusste, dass sein Vater ihn liebte. Als er klein war, hatte er ihn immer den steilen Weg zur Schule hinauf in seinen Armen getragen, bis er ihm irgendwann zu schwer geworden war. Viel Zeit war seitdem vergangen. Die letzten vier Jahre in Eisenach hatten ihn erwachsen gemacht. Davor war er ein Jahr in Magdeburg gewesen. Er schaute zu seinen Geschwistern, die zufrieden schmatzend am Tisch saßen. Ihnen erging es richtig gut, jetzt, da es die Eltern leichter hatten.

Als Hans gegessen und seine Milch ausgetrunken hatte, brach er das Schweigen. »Martin, ich habe eine Antwort von Frau Cotta erhalten. Sie würde sich freuen, wenn wir sie in Eisenach besuchen kämen, bevor du dein Studium in Erfurt aufnimmst. Wir werden einen Umweg machen und ebenfalls bei Mutters Verwandtschaft vorbeischauen. Mutter möchte ihrer Schwester Honig von unseren Bienen zukommen lassen. Wir grämen uns nicht mehr, dass sie dich damals nicht aufnehmen wollten oder konnten – am Ende war es eine Fügung des Schicksals, dass du bei vornehmen Leuten aufwachsen und lernen durftest.« Er blickte nachdenklich zur Seite, lächelte und klopfte dann, sich selbst bestärkend, mit der Hand auf den Tisch. »Ja, eine glückliche Fügung! Grete, ich möchte Frau Cotta auch von deinem Honig, deiner Wurst und deinem Wein mitbringen. Wir brauchen einen Wagen für den Weg. Schließlich müssen wir Martin ein paar Sachen für sein Studium einpacken.«

Jeder, der fertig gegessen hatte, stimmte nun in das Gespräch ein. Wie Eisenach denn wäre, dass man mitfahren wolle, später vielleicht einmal, was Martin denn genau studieren würde. Und er solle noch einmal erzählen, wie er in Eisenach vor den Türen für seinen Unterhalt singen musste.

»Nun, mit mir zogen noch andere Schulgenossen mit guten Stimmen singend von Haus zu Haus. Dafür erhielten wir kleine Gaben, Partcken genannt – oder auch große Scheltworte! Ja, ich war ein richtiger Partekenhengst.« Alle brachen sie in großes Gelächter aus. Es war ein lustiges Geplapper, das sich am Tisch entspann, während Grete Teller, Becher, Pfanne und Topf reinigte. Draußen läutete die Glocke erst viermal, dann neunmal. Volle Stunde, neun Uhr, Zeit zum Fertigmachen für die Morgenandacht. Danach würde langsam alles für die Reise zusammengesucht, in Haus und Hof geholfen und das Gepäck letztmalig überprüft werden. Für übermorgen war die Abreise geplant. Ein Donnerstag. Dann könnten sie bis Samstag in Eisenach sein. Ostersonntag würden sie abends in Erfurt ankommen und am Ostermontag in der Michaeliskirche dem Ostergottesdienst, der gleichzeitig mit der Intitulation gefeiert würde, beiwohnen. Am Dienstag musste Hans wieder zurück nach Mansfeld. Dann hätte Martin noch gut zehn Tage bis zum 23. April, dem Semesteranfang.

Kapitel 2

1501

NACH DER MORGENANDACHT am Donnerstag servierte Grete eine letzte kleine Mahlzeit für die Familie und insbesondere für Martin, damit er und Hans den langen Weg bis zum nächsten Gasthaus durchhielten, ohne hungrig zu werden. Sie hatte einen Gemüseeintopf mit Möhren, Rüben, Kohl und etwas Rindfleisch zubereitet, würzig mit einem großen Stück Markknochen, Salz und etwas Bier. Dazu Brot. Ein großes Bündel Proviant hatte sie ebenfalls geschnürt: einen Laib Brot, ein Stück Schinken, einen Käse, getrocknete Pflaumen, Wein und Bier. Und natürlich die Geschenke für Frau Cotta und ihre Schwester – Honig, Wein und Kupferbecher aus dem Verkauf von Hans' Hütte. Außerdem Messingbesteck für Martins Studentenleben, weiße Leinenbettwäsche, zwei Leinenhandtücher, Kleidung für kalte Tage und eine Decke. Martin packte sich Schreibzeug in eine flache Holzkiste: eine Schiefertafel, Kreide, zwei Bögen Pergament, Tinte, Feder und das Lateinbuch, das er zum Abschluss in Eisenach bekommen hatte. Wenn etwas fehlte, war es auch nicht so schlimm.

»Du bist ja nicht aus der Welt. Und in den Semesterferien kommst du nach Hause!«, sagte seine Mutter, als sie ihn zum Abschied auf die Stirn küsste.

Er umarmte seine Geschwister, streichelte den Schwestern über den Kopf und setzte sich zu seinem Vater auf den Kutschbock. Hans hatte sich von seinem Onkel einen kleinen Wagen geliehen. Davor hatte er seine zwei Pferde gespannt, die er mit Martin in Eisenach und Erfurt reiten wollte, sobald sie die Kutsche untergestellt hätten.

Der Vater hatte seinen besten Umhang gewählt, seine gute Sonntagshose sowie das weiße, geplättete Leinenhemd, das er nur zu besonderen Anlässen trug. Er wollte den Anschein erwecken, als sei dies seine tägliche Kleidung. Er strengte sich an, sich in seiner ungewöhnlichen Aufmachung wie selbstverständlich zu bewegen, doch der kleinste Grashalm, der winzigste Brotkrümel machten ihn nervös. Grete strich ihm säubernd über sein Hemd und klopfte ihm den Umhang ab. Dazu musste sie sich auf ihre Zehenspitzen stellen. »Gut siehst du aus! Viel Erfolg und gute Reise. Bleibt auf den Geleitstraßen. Gott schütze euch!«, verabschiedete sie sich von Mann und Sohn. Sie reichten sich die Hand. Dann trieb Hans die Pferde an.

Die Luft war noch frisch, der Himmel blau mit ein paar Schönwetterwölkchen, die Vögel zwitscherten, die Bäume trugen ihre ersten Knospen und der Boden war trocken. Es war ein perfekter Tag zum Reisen. Martin und Hans verließen Mansfeld und fuhren hinaus in die offene Landschaft. Auf den Wegen war es noch ruhig. Die meisten Menschen blieben um Karfreitag herum zu Hause. Es wurde kürzer gearbeitet und die Familie konnte sich in Haus und Hof den Ostervorbereitungen widmen, wie Grete, die buk und schmückte, um diesmal ohne Hans mit den Kindern ein schönes Osterfest zu verbringen.

Das Hufgeklapper der Pferde und das gleichmäßige Drehen der Kutschräder auf dem teils steinigen, teils erdigen Untergrund wurden lauter, je stiller es in der Natur wurde. Es entspannte Vater und Sohn nach dem lebhaften Abschied und den aufregenden Vorbesprechungen, sodass sie in angenehmes Schweigen verfielen und jeder seinen eigenen Gedanken nachhing. Die Pferde liefen ruhig, und hin und wieder begegnete ihnen jemand mit einem Fuhrwerk oder einem Handwagen, dem sie zum Gruße die Hand hoben. Das leichte Schaukeln auf dem Kutschbock ließ Martins Augen immer wieder zufallen, bis er beim nächsten Holpern erneut aufschreckte und sich zwang, wach zu bleiben. Schließlich wollte er nicht von der Kutsche fallen.

Mit zwei Zwischenübernachtungen in Sondershausen und Langensalza erreichten sie Eisenach am Samstagmittag. Zunächst bezogen sie einen Gasthof am Georgentor, wo sie die Pferde ausspannen und die Kutsche unter einem Dach abstellen konnten. Gegen einen Obolus wurden Hans' Brauner und Martins Rappe versorgt. Dann machten sich die Männer auf den Weg zum Haus der Cottas.

Martin kannte sich aus und lief seinem Vater einen Schritt voraus. »Immer in Richtung Georgskirche. Da ist der Turm!«, sagte er.

»Ich weiß, schließlich bin ich auch nicht das erste Mal hier«, versuchte Hans mitzuhalten.

Sie kamen auf den weiten Marktplatz mit dem Trinkbrunnen, der großen Kirche, die Martin regelmäßig zu den Gottesdiensten besucht hatte, und dem Rathaus. Ringsherum standen stattliche Häuser, und eins davon war das der Familie Cotta. Es hatte drei Stockwerke und einen großen Dachboden. Der untere Bereich war massiv aus Stein und weiß getüncht, darüber befand sich verziertes Fachwerk, grau gestrichen. Es gab viele Fenster, dekorativ geschnitzte Türen und ein großes Tor. Martin fasste seinen Vater am Ärmel und zog ihn schneller vorwärts. Sie standen vor der schweren braunen Holztür mit dem Löwenklopfer und der Schelle an der Seite. Martin zog an der Schnur. Dann hörten sie Schritte, das Zurückschieben eines Riegels – die Magd öffnete. Es war Marie, die Martin bei seiner Abreise noch eine Extraportion Wurst zugesteckt hatte. Sie war sichtlich erfreut. Man hatte die beiden schon erwartet, denn nun erschien Frau Cotta in der Tür, gefolgt von ihrem Mann Conrad und einer Kinderschar. »Kommen Sie herein, Herr Ludher, was für eine Freude, dich so schnell wiederzusehen, Martin. Herein, herein!« Frau Cotta machte eine einladende Geste.

»Guten Tag, Hans. Grüß dich, Martin!«, meldete sich nun auch Conrad Cotta zu Wort, der Hans bei dessen Besuch vor einem Jahr das Du angeboten hatte.

Martin begrüßte die Mädchen, die ihm fast wie Schwestern ans Herz gewachsen waren. Die Älteste, fast vierzehn, zog ihn etwas schüchtern in Richtung guter Stube. Sie hieß Clara und trug ihre langen Haare zu zwei Zöpfen geflochten, die ihr hübsches Gesicht umspielten. Martin und sie hatten sich fast ein wenig ineinander verliebt. Das glaubte er jedenfalls, und ihre Zaghaftigkeit heute bestätigte ihm seinen Verdacht. Gesprochen hatten sie darüber nie, und natürlich konnte daraus nichts werden, denn damit hätte er Frau Cottas Vertrauen missbraucht, der er nichts als Dankbarkeit schuldete.

Sie gingen in die große Stube. Der Boden dort hatte breite, gewachste Holzdielen, und die Wände wiesen bis zur Hälfte eine Holzvertäfelung auf, die mit einer umlaufenden, durch Schnitzereien verzierten Leiste abschloss. Es gab einen Kachelofen, sowie einen hohen schmalen Holzschrank neben der Tür, der optisch jenen Teil des Raumes abtrennte, in dem ein großes Himmelbett stand. Sein grüner, schwerer Samtvorhang war bis auf einen Spalt zugezogen, durch den man kostbaren Bettstoff, ebenfalls in Grün mit Mustern, erkennen konnte.

Der Esstisch stand in der Mitte des Zimmers. Die Magd Marie stellte gerade eine große Zinnschüssel mit einer silbernen Kelle darauf. Es roch nach warmer, würziger Suppe. Neun Zinnteller waren eingedeckt.

Die drei Kleinsten setzten sich auf eine mit einer bunten Decke belegte Bank an das eine Ende des Tisches, Frau Cotta, ihre Tochter Clara und die Großmutter, die gerade hinzugekommen war, an eine der Längsseiten, ihnen gegenüber Martin und Hans, an den Kopf des Tisches Conrad, der Hausherr.

»Bitte nehmt Euch von dem Wein!«, forderte Frau Cotta die Gäste auf.

Sie reichten die Weinkanne herum, den Kindern schenkte die Magd ein leichtes Bier ein.

»Ich möchte mich noch mal sehr herzlich bei Euch bedanken. Martin hat sich bei Euch so wunderbar entwickelt. Ich weiß nicht, was aus ihm geworden wäre, hätte er nicht Eure freundliche Aufnahme erfahren. Er weiß sich zu benehmen wie ein feiner Herr«, wandte Hans sich an die Gastgeberin.

»Ja, er hat sich sehr gemacht. Ich sehe ihn noch vor mir stehen, ganz schüchtern, meist die Augen gesenkt, nervös mit den Fingern spielend. Aber sein ehrlicher Blick, die klare Stimme, seine ernsten Gebete und seine schnelle Auffassungsgabe sind mir gleich positiv aufgefallen. Auch sein Flötenspiel zeigte Hingabe und Musikalität. Es hätte mir leidgetan, so ein Potenzial ungefördert verloren gehen zu lassen. Seid ganz unbesorgt und fühlt Euch nicht verpflichtet. Er war eine Bereicherung, ein Quell der Freude und auch hier und da eine große Hilfe im Haus.« Frau Cotta nickte Martin lächelnd zu.

Hans öffnete seinen Säckel, den er neben seinen Stuhl gestellt hatte. »Meine Frau schickt ein paar gute Dinge zum Dank: selbst gemachten Honig, eine Flasche unseres Weins – wir haben seit einem Jahr einen kleinen Weinberg – und geräucherte Wurst der letzten Schlachtung, eine Spezialität.«

»Vielen Dank! Wir werden uns alles schmecken lassen. Marie, bring diese Köstlichkeiten bitte in die Vorratskammer. Aber nun lasst uns ein Tischgebet sprechen. Martin, gib uns die Ehre!«

Martin faltete die Hände, schloss die Augen und sprach: »Speis uns, Vater, Deine Kinder, tröste die betrübten Sünder, sprich den Segen zu den Gaben, die wir jetzt hier vor uns haben, dass sie uns zu diesem Leben, Stärke, Kraft und Nahrung geben, bis wir endlich mit den Frommen zu der Himmelsmahlzeit kommen. Amen.«

»Danke, das war sehr schön. Greift zu!«, bat Frau Cotta.

Sie ließen sich die Suppe schmecken, die gefolgt wurde von einem Zanderbraten mit Gemüse und Brot. Zum Nachtisch gab es Grießbrei mit geschmolzenem Zucker und etwas Zimt. Das Schweigegebot während des Essens wurde heute nicht so streng genommen. Nur mit vollem Mund durfte nicht gesprochen werden. Bei den Jüngeren gab es viel zu kichern, was mit einem bösen Blick des Vaters quittiert wurde. Die Erwachsenen, zu denen Martin nun gezählt wurde, unterhielten sich noch lange am Tisch über das anstehende Studium, über Erfurt, über den Transport ihrer Briefe mit Boten und dem Postdienst einiger Zünfte, über das kleine Eisenach mit seinen dreitausend Einwohnern, über Magdeburg mit den fast fünfzehntausend Einwohnern und darüber, was Martin besser gefiele.

»Nun, eine große Stadt ist natürlich sehr aufregend, es gibt viel zu entdecken, viel Neues und Merkwürdiges. In einer Stadt wie Eisenach fühlt man sich sicher, alles ist schnell vertraut. In Magdeburg hatte ich einst ein Erlebnis, das ich bis heute nicht vergesse: Ich habe mit diesen meinen Augen einen Fürsten von Anhalt gesehen, der in der Breiten Straße zu Magdeburg in einer Barfüßerkutte umherging und um Brot bettelte. Auf seinem fast bis zum Boden gekrümmten Rücken trug er einen Sack wie ein Esel. Er sah aus wie ein Totenbild, nur Haut und Knochen. Ich weiß, wie ich vor Andacht erstarrte und mich meines eigenen Standes, der ja weiß Gott nicht hoch ist, schämte. Ich hatte Angst, dass diese Frömmigkeit womöglich die einzig Richtige ist. Seitdem ist mir Magdeburg unheimlich.«

Alle lachten und schenkten sich erneut ein.

»Nein, die zehn Gebote muss man einhalten, die Kirche besuchen und aufrichtig beten. Meint das Schicksal es gut mit einem, dann soll man den Armen geben und mit Ablässen die Kirche unterstützen. Wem nützt es, wenn man sich selber zu Tode darbt? Hat jemand Hände zum Arbeiten oder einen Kopf zum Denken, so soll er sie auch nutzen. Nicht umsonst hat Gott einen jeden von uns mit speziellen Gaben gesegnet!«

Alle stimmten Conrad zu. Er war ein großer, kräftiger Mann mit kantigem Gesicht und einem Schnurrbart. Seine Kleidung war aus feinem Stoff in Tannengrün. Er war Obervierherr von Eisenach, niemand bezweifelte seine Autorität und die Unumstößlichkeit seiner Aussagen.

Ursula Cotta ergänzte: »Ja, diese Unsicherheit habe ich bei dir bemerkt, aber nun gehst du aufrecht, kannst einem in die Augen sehen, hältst deine Finger still«, hier zwinkerte sie Martin lächelnd zu, »und du weißt, dass rechte Frömmigkeit Aufrichtigkeit, Fleiß und regelmäßiges Beten bedeutet. Nichts, wovor man sich fürchten muss.«

Ursula war jünger als Martins Mutter, vielleicht Mitte dreißig. Sie war schlank, etwa einen Meter fünfundsechzig groß, hatte feine Gesichtszüge, eine kleine, sehr gerade Nase, blaue Augen, wohlgeformte Lippen und eine helle, glatte Haut. Ihr Gesicht war umrahmt von einem weißen Schleier mit einem breiten Spitzensaum. Sie trug ein langes, glatt herunterfallendes weinrotes Samtkleid mit weinrot-wollweiß gemusterten langen Ärmeln. Um die Hüfte hatte sie einen dünnen Gürtel gebunden, an dem ein Samtsäckchen hing, in welchem sie ihr Taschentuch und ihren Rosenkranz, Haarnadeln und immer ein paar Münzen aufbewahrte.

Hans war still geworden. Sein Bauch krampfte ein wenig, denn bruchstückhaft fiel ihm ein, wie er in Eisleben einmal seinen Knecht so übel zugerichtet hatte, dass dieser nicht mehr aufgestanden war. Der Schurke hatte geklaut und es nicht zugeben wollen. Trotzdem war Hans' Ruf danach angeschlagen gewesen. Er hatte die abfälligen Blicke der Leute nicht länger ertragen und mehrere Ablässe gekauft. Irgendwann musste es auch mal gut sein, fand er, es war immerhin ein Unfall gewesen! Auf den Vorschlag seines Onkels waren sie schließlich nach Mansleben umgezogen. Ein Jahr, nachdem Martin geboren worden war. Am 10. November des Nachts war der Kleine zur Welt gekommen und gleich am nächsten Tag auf den Namen des Heiligen Martin getauft worden. Ja, er, Hans, war nicht ganz unschuldig daran, dass Martin Frömmigkeit mit Angst verband. Wie oft hatte er sich nicht anders zu helfen gewusst, als seinen Sohn damit einzuschüchtern, dass Gott ihn bestrafen würde, wäre er nicht gehorsam! Wie sollte er ihn sonst erziehen? Vielleicht hätte er ihm stattdessen öfter sagen sollen, welche Dinge Gott mit Wohlwollen sah … einfach von der anderen Seite betrachtet. Doch tatsächlich war der Teufel überall. Als seine Frau eine neugeborene Tochter verlor, waren sie sich sicher gewesen, die Nachbarin habe sie verflucht, und freuten sich, als diese erschlagen aufgefunden und wahrscheinlich vom Teufel geholt worden war. Ja, das hatte Martin sicher alles Angst gemacht. Aber seine eigenen Eltern hatten Hans die Regeln des Lebens auch nicht anders vermittelt.

Und? War er nun nicht auf dem besten Wege, doch zu etwas zu kommen? Immerhin war er ordentlich gekleidet, sein Gesicht war gewaschen und geölt, damit die Falten und die trockene Haut nicht verrieten, welch harte Arbeit lange Zeit sein Leben bestimmt hatte. Er war zweiundvierzig Jahre alt. Ein Mann in den besten Jahren! Was pflegte er immer zu sagen: »Wer im zwanzigsten Jahr nicht schön, im dreißigsten nicht stark, im vierzigsten nicht klug und im fünfzigsten nicht reich ist, der darf danach nicht hoffen.« Klüger war er geworden, und reich zu sein, war er auf dem besten Wege. Er unterbrach seine Gedanken. Seine zeitweiligen Gewissensbisse hatten hier jetzt nichts verloren.

Frau Cotta brachte gerade drei Flöten und bat Martin, mit ihr und Clara die Lieder zu spielen, die sie gemeinsam geübt hatten. Hans war sehr beeindruckt und musste sich zusammenreißen, dass ihm nicht vor Rührung die Tränen kamen. Martin spielte wirklich schön – das hatte er gar nicht gewusst!

Als die Kirchturmuhr von St. Georg viermal läutete, verabschiedeten sie sich und besuchten Gretes Schwester Elisabeth. Nein, sie würden nicht zum Abendbrot bleiben, beschieden sie die Tante. Sie wären müde, müssten noch nach den Pferden sehen und morgen in aller Herrgottsfrühe nach Erfurt aufbrechen. Aber ob Elisabeth sie nicht noch zum Sechs-Uhr-Gottesdienst begleiten wolle, um für gutes Geleit für ihren Neffen und ihren Schwager auf ihrer Reise und einen guten Studienbeginn für Martin zu bitten?

Elisabeth willigte ein, und so gingen sie gemeinsam zurück zum Marktplatz zur Kirche, wo sie der Familie Cotta in den vorderen Bänken zuwinkten. Die Cottas gehörten zu den Bürgern, die dort ihren reservierten Platz hatten. Elisabeth, Hans und Martin standen mit vielen anderen Eisenachern etwas weiter hinten, knieten sich zum Gebet auf Bahnen von Decken, die vor ihnen lagen, und lauschten der lateinischen Predigt des Priesters. Während Hans die Bilder in den Kirchenfenstern betrachtete und das eintönige Singsang des Geistlichen ihn müde werden ließ, freute sich Martin, dass er alles verstand und hier und da Grammatikfehler des Priesters erkannte. Zweimal musste er gar innerlich lachen, denn der Prediger verwechselte ähnlich klingende lateinische Ausdrücke, die aber gänzlich unterschiedliche Bedeutungen hatten. So wollte er einen Heiligen »celleberimus«, der Gefeiertste, nennen, sagte stattdessen aber »cellerimus«, was den Heiligen zum Schnellsten machte. Martin verkniff es sich, laut loszuprusten, und schaute sich um. Niemand sonst schien den Fehler bemerkt zu haben, sein Lateinlehrer war nicht zu sehen, zwei alte Klassenkameraden auf der anderen Seite waren damit beschäftigt, die anwesenden Mädchen mit

Mimik und Gestik zu kommentieren, und hatten offenbar nicht zugehört. Na ja.

Nach der Kirche wurde sich abermals, aber diesmal etwas kürzer, von den Cottas und von Elisabeth und anderen Bekannten verabschiedet. Dann gingen Vater und Sohn zügig in ihr Gasthaus, aßen noch einen kleinen Happen, tranken jeder einen Krug Bier und schliefen bis zum ersten Hahnenschrei.

Kapitel 3

1501

Es war gerade hell geworden, und die Vögel zwitscherten um die Wette, als Hans und Martin Ludher nach einem kräftigen Frühstück mit Ei und Speck abreisefertig die kleine Kutsche bestiegen und die Pferde auf die Via Regia über Gotha nach Erfurt lenkten. Der anfänglich bewölkte Himmel wurde klar und die ersten Sonnenstrahlen wärmten die beiden Reisenden. In Gotha hielten sie unterhalb der Burg Grimmenstein, um im Ostergottesdienst in der Margarethenkirche auf dem Neumarkt zu beten, dann fuhren sie weiter nach Erfordia turrita, die türmereiche Stadt. Ihr Weg führte sie durch Wälder, vorbei an Feldern und Wiesen, durch kleinere Dörfer und entlang schmaler Flüsse und Bäche. Sie machten nur kurze Pausen, um die Pferde zu tränken und selbst einen kleinen Schluck aus ihrer ledernen Flasche oder einen Bissen ihres Brotes und Käses zu nehmen. Einmal hielten sie noch in Kirchheim, als die Wegkirche St. Laurentius zum Abendgottesdienst rief. Sie hatten von der Hohen Straße auf die Nürnberger Geleitstraße gewechselt, die sie über Rockhausen durch den Steigerwald auf die südlichen Stadttore zuführte. Es war fast acht Uhr, es dämmerte bereits, der Tag neigte sich.

Noch einen kleinen Hügel bergan. Martin konnte die Stadt noch nicht sehen, aber er konnte sie riechen. Der stechende Uringestank, der von Ferne etwas milder roch, war ihm vertraut. In Magdeburg und auch in Eisenach gab es viele Waidjunker, die aus der gelb blühenden Färberpflanze »Waid«, genauer gesagt aus ihren Blättern, mithilfe von Urin ein wertvolles, blaues Farbpulver herstellten. Erfurt war neben Toulouse in Frankreich und Urbino in Italien bekannt für den großen Waidmarkt und die einzigartige Qualität des blauen Goldes.

»Man riecht es nicht mehr, wenn man einige Zeit in der Stadt verbracht hat«, sagte der Vater, der sah, wie Martin seine Nase rümpfte.

Nun, auf der Höhe, lag sie vor ihnen. Ein Meer von Türmen. Die hohen und schlanken Spitzen der auf dem Marienhügel und dem Petersberg gelegenen Kirchen grüßten zu ihnen herüber, und das Abendgeläut stimmte sie andächtig. Die letzten Sonnenstrahlen reflektierten auf den blanken Metallplatten, mit denen die Türme von St. Peter gedeckt waren. Beim Anblick des Sibyllentürmchens – eine Art Betsäule, die fromme Bürger dort an der Straße errichtet hatten – dankten Hans und Martin Gott für den gnädigen Reiseschutz. Rauch stieg aus den Schornsteinen empor. Vor der Stadtmauer sah man noch vereinzelt Fuhrwerke ein- und ausfahren.

»Das Tor dort vorne rechts scheint noch geöffnet. Auch hier ist um sechs Uhr Toresschluss an den Nebentoren. Das muss ein Haupttor sein. Auf geht's!«

Ihr Wagen setzte sich wieder in Bewegung und kam beim Acht-Uhr-Glockenschlag vor dem westlichen Tor zum Stehen. Der Torwächter machte sich schon von innen an den Riegeln zu schaffen.

»Wächter, lass uns noch passieren! Es ist Ostern – die Messe hat uns aufgehalten!«, rief Hans.

»Ist in Ordnung. Ab sechs ist die Gebühr fällig: zwei Kreuzer. Macht vier für Euch! Wo müsst Ihr hin?«

»Uns wurde die Ausspanne zum Rebstock in der Futterstraße empfohlen.«

»Ja, Futterstraße ist auf jeden Fall gut. Ihr kennt den Weg? Frohe Ostern!«

Hans hatte genickt, gab dem Mann ein paar Münzen, wünschte einen guten Abend sowie ein gesegnetes Osterfest, und dann kamen sie auf einer gut gepflasterten Straße in die Stadt, fuhren an der Reglerkirche der Augustinerchorherren vorbei, über den Waidanger nach rechts Richtung Kaufmannskirche mit ihren zwei Türmen, dann ein Stück durch die Johannesstraße, die von großen Waidhändler- und Brauhöfen gesäumt war, und schließlich links in die Futterstraße.

Sie kehrten im Haus zum Großen und Kleinen Rebstock der Familie des Otto Ziegler ein. Es war ein stattliches Haus, das die Zieglers vor fünfzig Jahren gebaut hatten. Otto war alt, aber sein Sohn führte die Geschäfte der Brauerei, des Getreidehandels, der Ausspanne und des Gasthauses fort. Martin und Hans waren gleichermaßen beeindruckt, obwohl das Anwesen ihnen von einem Freund aus Mansfeld empfohlen und bereits ausführlich beschrieben worden war. Da waren die achtzehn Zinnen, die in den Farben der achtzehn Königreiche angemalt waren, die Otto während seiner ausgedehnten Reisen besucht hatte. Es waren dies das Römische Königreich, Kroatien, Sizilien, Frankreich, das Reich des Priesters Johannis, Dänemark, Böhmen, Dalmatien, Cypern, Portugal, England, Schweden, Ungarn, Neapel, Armenien, Mavarra, Schottland und Polen. Rechts, in Höhe des ersten Geschosses, prangte das Familienwappen: ein roter Hirschkopf im roten Felde.

Den Hausnamen hatte der frühere Ratsherr Otto gewählt, nachdem er aus dem Heiligen Land einen Rebstock mitgebracht und bei sich eingepflanzt hatte. Angeblich ein Abkömmling der wunderbaren Reben des Landes Kanaan. Er stand noch immer im Innenhof und trug jeden Herbst reichlich Trauben.

Hans klopfte an der großen Tür des Hauses. Otto der Jüngere öffnete und sagte, er werde das Tor öffnen lassen und bitte sie, zunächst Wagen und Pferde hineinzuführen, dann könnten sie vom Hof aus ins Haus kommen.

Das weite, hohe Tor wurde von einem Stallknecht nach innen aufgezogen. Er übernahm auch gleich die Zügel und wies einen Stallburschen an, die Pferde von der Kutsche loszumachen und in den Stall zu führen.

Von der Straße aus war die Größe des Innenhofes nicht zu erahnen gewesen. Es gab dort auf einer Seite fünf Stalltore, die zu den Pferdeständen führten, auf der anderen Seite befand sich die Remise. Der vordere Hofteil bot Platz für den Ausschank in der Zeit, in der der Brauer jeweils für vierzehn Tage sein Bier verkaufen konnte, und ganz hinten gab es weitere Anbauten, vermutlich ein Brauhaus und eine Werkstatt.

Der Stallknecht zeigte ihnen den Eingang in das Gasthaus.

»Nochmals – guten Abend und frohe Ostern! Der Sohn soll wohl in Erfurt studieren?«, riet Ziegler richtig. Er wusste, wann die Väter ihre Söhne zur Intitulation brachten.

»Frohe Ostern. Ja, nach der Lateinschule das Studium! Kommen viele angehende Studenten zu Euch?«, fragte Hans.

»Lasst uns an die neunzehntausend Erfurter sein, davon gibt es fast achthundert Geistliche und immerhin fünfhundert Studenten«, berichtete der Wirt stolz, der er sich als Mitglied des Rates natürlich bestens auskannte. »Jedes Jahr werden es mehr. Hat einen guten Ruf, unsere Universität. Gratuliere! Mach was draus, Junge!«, wandte er sich an Martin. »Wie lange bleibt Ihr?«

»Ich werde übermorgen abreisen, und Martin zieht bereits morgen in eine der Bursen.«

»Ihr seid woher?«

»Aus Mansfeld.«

»Dann müsste er eigentlich in die Georgenburse für sächsische und thüringische Studenten. Augustinerstraße zwischen Georgskirche und Nikolaikirche, gleich bei der Lehmannsbrücke. Der Fluss fließt direkt am Hof vorbei. Die Lehmannsbrücke ist eine Marktbrücke. Da ist immer was los. Viel zu sehen. Ein Stückchen weiter ist das Augustinerkloster. Wird sicher eine schöne Zeit. Auch ich habe an der Universität studiert, ohne das Bakkalaureats-Examen. Die Arbeit hier musste gemacht werden.« Er lachte etwas wehmütig. Dann gab er ihnen einen großen eisernen Schlüssel für die Kammer mit den zwei Betten. »In der Gaststube bekommt Ihr noch bis neun Uhr eine warme Suppe und Bier.«

Hans und Martin bedankten sich, nahmen ihr Gepäck und gingen in die Kammer. Sie lag im ersten Stock. Die Decke des Raumes hatte bemalte Balken, zwischen den beiden Betten stand ein Tisch mit zwei Stühlen, und die Betten selbst hatten blaue Vorhänge, die an den Ecken zurückgebunden waren. Die Kissen und Zudecken – ebenfalls blau mit weißen Blaudruckmustern – waren dick mit Daunen befüllt. Ein kleiner Ofen stand neben der Tür. Ziegler hatte gesagt, er würde gleich nach der Magd schicken, die den Ofen anfeuern und heiße Bettpfannen bringen würde. Die

Aprilnächte wären noch recht kalt. Zufrieden, heile angelangt und so gut untergekommen zu sein, wollten Martin und sein Vater nur noch kurz in der Gaststube sitzen und etwas zu sich nehmen.

In der Stube gab es fünf große Holztische, die bis auf einen auch alle besetzt waren. Als sie saßen und sich umblickten, sahen sie zur Rechten zwei dunkelhäutige Männer mit schwarzen Schnurrbärten und roten Gewändern. Ganz in der Ecke saß ein Afrikaner mit einem Juden am Tisch.

»Ich hatte gehört, Erfurt hätte keine jüdischen Bürger mehr«, wunderte sich Hans. Er wusste, dass die Juden aus Mansfeld einst gekommen waren, weil sie aus Erfurt vor nunmehr siebenundvierzig Jahren vertrieben worden waren. Er hatte schon überlegt, ob er bei einem von ihnen einen Kredit für seine erste eigene Hütte aufnehmen sollte.

»Bürger, Vater, Bürger. Das heißt doch nicht, dass sie als durchreisende Händler nicht in Erfurt sind.«

»Hier geht's ja bunt zu. Na ja, ist halt ein Handelsort mit Stapelrecht. Hier kommen alle durch, die von West nach Ost, von Nord nach Süd wollen. Dann packen sie drei Tage hier aus, bevor sie weiterfahren können. Vielleicht musst du mir irgendwann einmal etwas besorgen, das es nur hier gibt. Dienstagfrüh sehen wir uns zusammen noch mal um. So viel Zeit habe ich, bevor ich fahre.«

Die Suppe war kräftig, das Bier süffig. Beim Neun-Uhr-Glockenschlag wurden ihre Krüge eingesammelt, und sie gingen in ihre Kammer, die nun behaglich warm war. Endlich am Ziel, fielen sie schnell in einen tiefen Schlaf und hörten noch nicht einmal mehr den Nachtwächter, der um zehn seine Runden drehte.

Am Ostermontag, so stand es in dem Brief, den Hans vor einigen Wochen von der Universität erhalten hatte, war für alle neuen Studenten die Ostermontagsmesse bereits Teil ihrer Einschreibung. Sie machten sich nach dem Frühstück zu Fuß auf den Weg zur Michaeliskirche. Martin blickte immer wieder staunend umher, so sehr beeindruckten ihn das bunte Treiben und die vielen Menschen auf den Straßen. Sie hatten es nicht weit. Nur die Futterstraße entlang bis auf den Wenigemarkt, dann durch einen Durchgang im Turm der Ägidienkirche über die Krämerbrücke mit ihren vielen Läden, am anderen Ende durch das Tor im Kirchenschiff der Benediktskirche wieder herunter und gleich die zweite rechts in die Michaelisstraße. Dort an stattlichen Häusern und der Großen Waage vorbei, dann rechts hinter der Dreifaltigkeitskapelle mit dem Erker zur Michaeliskirche. Sie wussten, dass sie richtig waren, denn gegenüber befand sich, nicht zu übersehen, das Collegium Maius, das große Hauptgebäude der ehrwürdigen Universität zu Erfurt. Studenten und Professoren in ihren Talaren gingen zwischen den beiden Gebäuden hin und her.

»Komm, wir fragen jemanden, ob wir dich irgendwo anmelden müssen«, sagte Hans.

Sie gingen auf einen etwas älteren Mann mit rot-weißem Talar zu, der dem Lehrkörper angehören musste.

»Verzeiht. Dies ist mein Sohn Martin, der sich heute zum Studium einschreiben möchte. Wo soll er sich melden?«

»Oh, seid willkommen!« Der Mann reichte beiden die Hand. »Sucht Euch einen Platz in der Kirche, alles Weitere wird dort angesagt, die Studenten, die wir erwarten, werden aufgerufen und dann auf spezielle Plätze verwiesen. Schön, es freut mich, Martin, dass Ihr zu uns kommen wollt.« Er nickte höflich und verschwand eiligen Schrittes in der Kirche. Hans und Martin folgten ihm.

Drinnen herrschte ein aufgeregtes Hin und Her, jeder hatte wohl noch Verschiedenes zu erledigen. Als Gast konnte Martin dem Treiben noch recht entspannt zusehen. Das würde im nächsten Jahr sicher schon anders sein. Es stellten sich noch andere Vater-Sohn-Gespanne neben sie, bei manchen war auch die Mutter dabei. Martin schaute sich um.

Die Kirche war nicht groß. Es gab eine Empore. Dort oben standen die älteren Studenten und blickten hinab auf die Neuankömmlinge. Über ihnen befand sich die Orgel, Grabplatten bedeckten den gesamten Boden. Auf der gegenüberliegenden Seite des Eingangs gab es eine große Tür, die noch offen stand und den Blick in einen Kirchhof freigab. Martin konnte etwas Gras und einige Grabkreuze erkennen. Es gab Bänke an den Seiten, auf denen nun einige Magister und Professoren Platz nahmen. Die Reihen mit den Kniebänken um sie herum füllten sich, und die Glocken begannen zu läuten. Der Chorbereich lag eine Stufe erhöht. Darauf stand der Altartisch mit dem Flügelaltarbild, das in der Mitte den Heiligen Levi zeigte. Licht fiel durch die Fenster auf die mittleren Reihen.

Die Letzten hatten sich nach dem stillen Gebet von ihren Knien erhoben. Jeder versuchte nun, ruhig zu stehen. Der Priester der Kirche trat nach vorne, begrüßte den Rektor, die Professoren und Doktoren, die Magister, die Bakkalare, Studenten, Neuankömmlinge und schließlich die Gäste und Erfurter. Er wünschte allen gesegnete Ostern und begann dann seinen Gottesdienst mit den Worten: »Der Herr der Kirche spricht: Wo zwei oder drei versammelt sind in meinem Namen, da bin ich mitten unter ihnen.« Es folgten die

Ostergeschichte, Gebete, die Predigt. Martin hörte nur mit halbem Ohr zu. Er war damit beschäftigt, sich der Reihe nach alle Anwesenden in seinem Blickfeld anzusehen.

Am Ende übergab der Geistliche dem Rektor und Priester, der bis vor Kurzem noch das Pfarramt an der St. Andreaskirche innehatte, das Wort. Er hieß Jodokus Trutvetter. Martin hatte bereits gewusst, dass er ihn hier wiedersehen würde. Er war sein Lateinlehrer in Eisenach gewesen und hatte ihm die Universität von Erfurt ans Herz gelegt. Trutvetters Blick schweifte über die neue Studentenschar. Er erkannte Martin, nickte ihm ganz leicht mit einem anerkennenden Lächeln zu und richtete seine Augen dann zurück in die Menge. Martin schätzte ihn auf etwa vierzig Jahre, ungefähr so alt wie sein Vater, wenngleich bei ihm nicht die äußerlichen Spuren harter Arbeit zu sehen waren. Er trug einen Talar, eine goldene Amtskette und übergab jetzt das Universitätszepter einem älteren Studenten, der unauffällig hinter ihm stand und assistierte.

Trutvetter stellte sich vor. »Ich komme aus Eisenach.«

Hier stupste Hans seinen Sohn mit dem Ellbogen und schaute ihn bedeutsam an.

»Fünfundzwanzig Jahre bin ich nun schon mit Unterbrechung hier, zunächst als Student, nun als Rektor. Ich bin sowohl in der Theologie zu Hause als auch in der Philosophie, und künftig ebenso in den Rechtswissenschaften. Damit will ich sagen, dass ich heute Eure Fragen beantworten und Sorgen und Zweifel ausräumen kann. Ihr alle wisst, es ist nicht nur Ostern, sondern es sind auch die neuen Studenten unter uns, die am 23. April ihr Studium beginnen werden und damit ihren neuen Lebensabschnitt, dazu Eure Väter, Mütter oder gar Geschwister. Ein ganz besonderer Tag also. Alle Neuankömmlinge werden nun von mir aufgerufen. Ich bitte die Anwesenden, kurz die Hand zu heben. Wir gehen anschließend hinüber ins Auditorium, wo Ihr die ersten Einweisungen bekommt und Eure Namen aufgeschrieben werden. Die Zeugnisse der Lateinschule sind vorzuweisen. Wer angemeldet ist, begibt sich zum Kassenbüro, um die Gebühr zu entrichten.« Nun studierte Trutvetter die Liste, die ihm der Student gerade gereicht hatte. »So, schauen wir mal: Eustachius Koler aus Kaufbeuren ... Henricus Stupher aus Würzburg ... Johannes Tendalen aus Hamburg ... Georgius Setznaghel aus Salzburg ... Andreas Schöneberg aus Elbingh ... Martinus Ludher aus Mansfeld ... Henricus Gran aus Brunswick ... Johannes Botz aus Frankfurt ... Alexis Schmied aus Mansfeld ...«

Martin und sein Vater staunten über den Wohlklang der lateinisierten Namen und über die weiten Wege, die einige auf sich genommen hatten, um an der Erfurter Universität zu studieren. Dann schauten sie sich überrascht an. Alexis aus Mansfeld? Den kannten sie gar nicht.

»Ich bitte Euch nun, nach vorne zu kommen«, sagte Trutvetter.

Martin tat, wie ihm und den anderen Neulingen geheißen, und überlegte dabei, wer von den Übrigen nun wohl dieser Alexis war.

Im Chor mit dem Priester beendete Jodokus Trutvetter den Gottesdienst mit den Worten: »Gelobt sei Gott, der Vater unseres Herrn Jesu Christi, der uns gesegnet hat mit allerlei geistlichem Segen in himmlischen Gütern durch Christus. Herrgott, himmlischer Vater, wir danken Dir, dass Du Dich uns gegeben hast in Deinem Wort und Sakrament, und dass auch wir mit Dir reden durften in Gebet und Lobgesang. Amen.«

Dann verließen die neuen Studenten, angeführt durch den Rektor, die Kirche. Als Martin an seinem Vater vorbeilief, schauten sie sich an. Martin war stolz – sein Vater schenkte ihm einen ernsten Blick, der dem Sohn Respekt zollte, und nickte ihm anerkennend zu.

Vor dem Collegium Maius übergab Trutvetter sie einem älteren Studenten, der sich als Johannes Lang vorstellte und sie durch das große Eingangstor hinein in den riesigen, roségetünchten Steinbau führte. Über eine breite Treppe gelangten sie in die Eingangshalle, von der zwei Flure nach rechts und links abgingen und weitere Treppen nach unten und in die oberen Etagen führten. Johannes Lang schritt voran zum rechten Flur, und dort klopfte er wiederum rechts an eine Tür, die bereits leicht geöffnet war.

»Immer herein mit den neuen Scholaren!« Ein freundlich dreinblickender Mann stand auf und stellte sich in den Türrahmen. »Willkommen an unserer Universität! Ich heiße Walter Schreiber und bin hier für fast alle Verwaltungsaufgaben zuständig. Die Intitulationsfeier und der Eintrag in die Universitätsmatrikel finden am Sonntag, 2. Mai, statt, einen Tag nach der offiziellen Ernennung des neuen Rektors. Heute nehme ich Euch auf, dann erkläre ich Euch, wo Ihr was findet und wo Ihr schlafen werdet. Kommt näher, nicht so schüchtern. Ihr werdet in alphabetischer Reihenfolge aufgerufen.«

Während Walter der Reihe nach Namen und die Herkunft der Neuankömmlinge aufschrieb und einen Zettel für das Kassenbüro und einen mit Zimmer-, Bett- und Schreibtischnummer ausgab, kam Martin mit den anderen ein wenig ins Gespräch. Er tauschte sich mit ihnen darüber aus, seit wann sie in Erfurt wären, mit wem sie gekommen seien, wo sie übernachtet hätten. Dann musste er ins

Kassenbüro und die Intitulationsgebühr von dreißig alten Groschen in voller Höhe zahlen. Der für ihn zuständige Taxator, Hermann Serges von Dorsten, hatte ihn als wohlhabend eingeschätzt. Er nannte Martin auch die Burse, in die er bald ziehen würde. Es war die Georgenburse, die schon ihr Wirt ihnen vorhergesagt hatte. Nachdem die Formalitäten erledigt waren, wurden alle neuen Scholaren wieder von Johannes Lang empfangen, der sie durch das Gebäude und zu ihren Schlafplätzen führen sollte.

»Hier, im Großen Kolleg – im Collegium Maius –, befinden sich die Hörsäle der philosophischen Fakultät. Das Gelände ist riesig. Es gibt hier zehn Häuser, zwölf Kammern, das Pädagogium. Im Pädagogium werdet Ihr auf das Universitätsstudium vorbereitet. Es liegt im Hof. Daneben fließt der Fluss. Die Häuser zur Arche Noä und zum Kleinen Drachen sind Gästehäuser. Der städtische Rat ernennt aus der Reihe der Magister acht Kollegiaten, die hier frei wohnen. Es handelt sich um ein Ehrenamt auf Lebenszeit. Sie führen die Aufsicht über die Mitbewohner, die Scholaren und Bakkalare. Die Oberaufsicht führt der auf ein Jahr gewählte Probst. Wir nennen ihn ›praepositus‹. Dann gibt es noch eine Bibliothek, ihr steht der ›librarius‹ vor. Ihr steht unter direkter Aufsicht der ›rectores bursae‹. Für das leibliche Wohl sorgt der Bierprobst, der ›praepositus cervisiae‹, der den Kellermeister beaufsichtigt und die Bierkasse führt. Den ›coquus‹, den Koch, findet man in der Küche. Ihr merkt schon, hier wird Latein gesprochen! Ich muss sicher nicht erwähnen, dass nicht gerauft werden darf, dass Unzucht mit Aus- und Einsteigern zu vermeiden ist, ihr zu Hause schlaft und keine unzüchtigen Frauen einführt. Im Sommer werden die Türen und Fenster der Bursen um halb neun, im Winter um acht Uhr abends verschlossen.

Ordentliche Kleidung wird erwartet, genauso Gehorsam gegenüber Älteren, gutes Benehmen, Ruhe und pflegliche Behandlung und Nutzung der Universitätsräume, Möbel und Gegenstände.«

Dann führte Johannes sie zu den Kammern. »Kammer drei: Martin Ludher und Alexander Schmied!«

Die beiden Scholaren betraten ihre kleine Stube in der Burse zur Himmelspforte, nur wenige Schritte vom Hauptgebäude entfernt. Hier sollten sie erst einmal ablegen. Danach waren sie frei, sich alles anzuschauen, ihre Reisebegleitung zu verabschieden und zu tun, was sie mochten. Nach der Sechs-Uhr-Andacht in der Michaeliskirche war eine kleine Runde durch die Stadt für die Neuankömmlinge zum Kennenlernen vorgesehen.

Martin schaute auf die zwei Betten, dann auf seinen Zettel, woraufhin er die dort angegebene Nummer auf den Möbeln suchte. »III.II« – er fand die römische Zahl auf einer kleinen Schiefertafel, die an einer Hakenleiste über dem linken Bett hing. Unter den winzigen Fenstern zwischen den zwei Betten stand ein Tisch. Zwischen Bett und Tisch jeweils ein Stuhl. Den Tisch mussten sie sich also teilen. Neben der Tür befand sich ein größerer Schrank, dessen rechte Hälfte Martin für seine Sachen beanspruchte. Die Betten hatten an ihrer vorderen Längsseite einen Vorhang. Auch die lange Seite des Bettes konnte zugezogen werden. Die Stoffe waren blau. Hätte Martin nicht gewusst, dass das Stadtwappen rot war mit einem silbernen Rad, er hätte geglaubt, Blau wäre die offizielle Farbe der Stadt.

»Na ja, ist doch ganz ordentlich«, fing er das Gespräch an. »Was denkst du?«

Alexander nickte. »Packen wir aus, oder was hast du vor?«

»Mein Vater wartet sicher irgendwo draußen auf mich. Ich will ihn noch verabschieden. Später richte ich mich ein. Dann sehen wir uns zur Erfurt-Runde, ja? Freut mich, dich als Zimmerkameraden zu haben.« Martin reichte Alexander die Hand.

Der lächelte, erwiderte seinen Händedruck und sagte: »Nenn mich Alexis. Meine Freunde sagen Alex zu mir, und da wir uns hier ja künftig in den alten Sprachen verständigen ...« Er zog die Augenbrauen hoch.

»Martinus, angenehm«, nickte Martin. Sie mussten lachen.

Sein Vater wartete draußen vor dem Eingang der Michaeliskirche.

»Ah, da bist du ja«, freute er sich, seinen Sohn wiederzusehen. »Und? Was habt ihr bisher gemacht?«

Martin stillte Hans' Neugier und berichtete von seinen ersten Eindrücken. Dabei liefen die Männer in Richtung Fischmarkt, wo Trauben von Leuten zusammenstanden. Um den Brunnen tanzten ein paar kleine Kinder im Kreis, deren Mütter sich mit Wasser gefüllten Holzbottichen in der Hand unterhielten. Die Häuser ringsum waren österlich geschmückt. An den Türen waren Kränze aus Weidenzweigen und bemalten Eiern befestigt. Kätzchensträuße schmückten Fenster, Tore und Zäune. Kruzifixe wurden in den verschiedensten Größen und Ausführungen aufgestellt. Am Platz gab es auch ein großes Gasthaus. »Ratskeller« hieß es. Zwei Männer in dunkler Amtskleidung betraten es, wobei sie sich angeregt unterhielten und der eine dem anderen die Tür aufhielt und ihm höflich den Vortritt ließ. Ein alter Mann mit Handwagen transportierte ein kleines Bierfass, das er sich bei einem Brauhof hatte abfüllen lassen. Hühner liefen gackernd vor einer Kutsche mit zwei schweren Arbeitsgäulen davon. Sie blieben aber in der Nähe und flatterten erneut auf den Platz, als die Kutsche vorübergefahren war. Eins der Tiere hatte einen Berg Pferdeäpfel hinterlassen, an dem sie nun pickten. Neben dem Brunnen entrollte eine ältere Frau ein rechteckiges dünnes Leder, in welches getrocknete Kräutersträuße eingewickelt waren, die sie jetzt darauf arrangierte. Hans Ludher trat näher. Er wollte Grete etwas aus Erfurt mitbringen. Vielleicht ein besonderes Kraut als Zutat zum Kochen.

»Was könnt Ihr empfehlen?«, sprach er die Frau an.

»Das kommt darauf an. Als Heilkraut oder Gewürz? Zum Kochen oder Brauen?«

»Einfach etwas, das meine Frau in Mansfeld nicht bekommt. Gibt es etwas Besonderes?«

»Vielleicht habt Ihr schon davon gehört, dass es hier in Erfurt den besten Waid gibt. Er ist nicht nur zum Färben gut. Er beruhigt auch den Magen.« Sie überreichte ihm einen Strauß getrockneter Waidblätter. »Gießt einfach heißes Wasser darüber und trinkt täglich von dem Aufguss!«

Martins Vater war einverstanden und bezahlte. Waid zum Trinken, das war ihm neu, und der Strauß sah gut aus. So große Blätter hatte er zuvor noch nirgends gesehen.

Sie liefen durch die Schlössergasse, beobachteten von der Brücke aus, wie das Mühlrad gleichmäßig ins Wasser stach, und drehten eine kleine Runde vorbei an der Barfüßerkirche, gingen weiter vorne links in Richtung Wigbertikirche, bogen am Haus zum Stolzen Knecht rechts ab und liefen bis zur Vitikirche geradeaus. Dann gingen sie über die lange Brücke und orientierten sich an den Türmen des Domes, der die Dächer der kleinen Häuschen überragte. Am Platz vor dem Dom angekommen, sahen sie sich erneut in Ruhe um. Hier gab es eine Apotheke, mehrere Gasthäuser und den großen Markt.

»Vater, gehen wir zurück. Wir machen gleich nach der Andacht noch einen Stadtrundgang mit den Studenten. Um drei muss ich wieder an der Michaeliskirche sein.«

»Geh nur schon vor, Martin. Ich finde den Weg zurück. Bin ja nicht zum ersten Mal hier. Ich wünsche dir eine erste gute Nacht alleine.«

Martin winkte seinem Vater zu und lief zügig die Breite Gasse bis zur Allerheiligenkirche hinunter, wo er dann zur Universität abbog. Die Erfurter Glocken schlugen gerade drei.

Nach der Andacht in der Michaelisstraße trafen sich die neuen Scholaren an der Ecke zur Studentengasse erneut. Ein älterer Mann stellte sich ihnen als Nikolaus Marschalk vor. Magister der artistischen Fakultät und Bakkalar der Jurisprudenz. Besitzer einer Druckerei seit diesem Jahr.

»Ich zeige Euch heute, wo sich hier im lateinischen Viertel alles Wichtige befindet. Ich verdinge mich auch als Stadtschreiber in Erfurt und freue mich jedes Mal, die Neuen in Erstaunen zu versetzen.«

Martin hatte sich schon gewundert, weil Nikolaus ihm für einen Studenten recht alt erschienen war, aber das erklärte es natürlich.

»Die Kirche habt Ihr bereits kennengelernt. Sie dient uns als Auditorium Maximum und Aula. Wenn Ihr nun dorthin schaut, dem großen Kolleg gegenüber, dann seht Ihr die Burse zum weißen Rad, Bursa Albae Rotae. An das Collegium Maius angrenzend hier um die Ecke in der Studentengasse befindet sich das sogenannte Domus nova, ein Kolleg für schlesische Studenten.«

Nikolaus Marschalk gab einen schnellen Schritt vor und kümmerte sich nicht sonderlich darum, ob ihm alle folgen konnten. Er zeigte im Vorbeigehen am Fluss auf kleine Fachwerkhäuser auf der linken Seite.

»Hier ist die Bursa pauperum, die Armenburse, für Studenten, deren Eltern sich das Studium für ihre Söhne nicht leisten können. Dort kommt die Horngasse.« Sie bogen links ab und überquerten eine kleine Brücke über einen der beiden Flussarme.

»Dies hier rechts ist das Universitätshospital. Alles am Fluss. Dort hinten die Krämerbrücke. Aber gehen wir wieder zurück.«

Martin gefiel, was er sah, wenngleich dieser Nikolaus Marschalk alle Sehenswürdigkeiten sehr schnell passiert hatte. Ihr kleiner Tross machte eine Kehrtwende und ging zurück in Richtung Hauptgebäude. Sie liefen nun an der Michaeliskirche vorbei in die gegenüberliegende Allerheiligenstraße.

»Dies ist eine unserer Druckereien. Das Haus zum Goldenen Stern. Hier wird mit beweglichen Lettern gedruckt. Ein ehemaliger Student unserer Alma Mater, Johannes Gensfleisch – auch Johannes Gutenberg genannt –, hat diese neuartige Druckmethode erfunden. Genial! Die Buchstaben werden einmal gesetzt, das Ganze mit Farbe bestrichen, und so lassen sich Schriftstücke beliebig vervielfältigen. Hier, daneben, die Burse der niedersächsischen Studenten.«

Martin las die lateinische Inschrift für Niedersachsen, während er von ihrem Pulk weitergedrängt wurde.

»Hier links geht es in die Waagegasse, das Speicherviertel für die durchreisenden Händler«, zeigte Nikolaus in eine schmale Gasse, die von hohen Speicherhäusern gesäumt war. Eins davon sah aus, als hätte es kein Dach, denn ebendieses war schmal, hoch und spitz an der Straßenflucht ausgerichtet, während die Hausfront und die Toreinfahrt so schräg gebaut waren, dass ein Fuhrwerk bequem frontal einfahren konnte. Vor der städtischen Waage standen Pferdefuhrwerke mit ihren Händlern, die ihre Waren wiegen lassen und die entsprechenden Steuern zahlen mussten.

»Und dort rechts, das Haus zur Windmühle, gehört dem Waidhändler Gerstenberg«, lenkte er die Aufmerksamkeit seiner Zuhörer auf die andere Seite. »Gegenüber das Haus zur Engelsburg mit seinen Nebengebäuden. Die Engelsburg beherbergte einst das kleine Hospital zur Elendenburg, zu dem die angrenzende Hospitalskirche Allerheiligen gehörte. Daneben einige Wohnhäuser. Der Turm der Allerheiligenkirche dient als einer von vier Wachtürmen, von denen aus die Stadt überblickt wird und die Türmer ins Horn blasen, sollte es irgendwo brennen oder Ähnliches.« Hier änderte er wieder die Richtung.

»Gehen wir durch die Waagegasse zurück und schließen die Runde. Am Kratzstein vorbei, hier rechts, befindet sich ein großer Speicher, der ein wenig an eine Kirche erinnert. Das war die jüdische Synagoge, die beschädigt wurde, als die Bürger sich an den Juden für die Pest rächten, die vor 150 Jahren über das Land zog. Das war dreizehnhundertneunundvierzig. Die Juden hatten die Brunnen vergiftet.«

Sie traten aus der Gasse hinaus.

»Jetzt sind wir wieder in der Michaelisstraße. Rechts seht Ihr den Platz vor der Benediktskirche und das große steinerne Handelshaus. Wir gehen aber gleich wieder links herum. Dort gegenüber ist die Druckerei von Matthes Maler und Wolfgang Schenk, Freunde von mir. Das Haus zum Schwarzen Horn.«

Dann wandte er sich nach links und fuhr mit der Führung fort.

»Hier das Collegium Amplonianum, Studienort der Mediziner.« Er eilte weiter und stellte sich wieder vor das

Hauptgebäude der Universität. »Links neben dem Collegium Maius, das ist das Haus zur Arche Noä mit der Werkstatt von Melchior Sachse. Dahinter befindet sich das Haus zum Kleinen Drachen, das das Große Kolleg zu Wohnzwecken angemietet hat. Das kennt Ihr ja – das Gästehaus.« Dann wies er mit der Hand in die gegenüberliegende Richtung. »Ach so, und dort hinten rechts, in der Pergamentergasse, fertigen die Pergamenter den unentbehrlichen Schreibstoff – sie bekommen ihr Material von den vielen Papiermühlen der Stadt.« Er deutete mit nach oben offener Handfläche die Richtung der Gasse an, wendete sich dann den neuen Studenten zu, öffnete beide Arme in ihre Richtung und schloss seinen Vortrag. »Das ist also das lateinische Viertel. Meinen Lieblingsstadtteil seht ihr ein anderes Mal. Wir Juristen halten uns westlich der Marienkirche auf – im Mainzerhofviertel. Dort befinden sich das Collegium Marianum und die Schola iuristarum, in der die juristischen Vorlesungen stattfinden. Die Theologen findet Ihr im Auditorium coelicum über dem Ostflügel des Kreuzganges der Marienkirche. Vielleicht zeige ich es Euch bei Gelegenheit.«

Die Neuen klatschten und Marschalk deutete mit dem Kopf eine Verbeugung an.

Er lieferte die neuen Studenten wieder am Hauptgebäude ab, wo sie von Jodokus Trutvetter in ihren freien Abend entlassen wurden.

»Um acht Uhr müsst Ihr eure Kammern beziehen, Ende der Woche übersiedelt jeder in seine Burse. In ein paar Tagen werdet Ihr Euch offiziell in die Matrikel eintragen und Euren Eid leisten. Viele werden heute noch von ihren mitgereisten Eltern erwartet, deshalb wünsche ich allen noch einen schönen Ausklang.«

Die Gruppe löste sich auf, und Trutvetter begrüßte seinen ehemaligen Schüler noch einmal persönlich, als zeitgleich Martins Vater die Michaelisstraße hinaufkam, um sich mit seinem Sohn zu treffen.

»Eine gute Wahl, Martin. Ich gratuliere Euch, Herr Ludher. Martin war ein fleißiger Schüler. Wenn er so weitermacht, wird aus ihm ein guter Student.«

Hans deutete mit dem Kopf eine Verbeugung an und bedankte sich für diese positive Einschätzung.

Als der neue Rektor zurück in die Universität ging, die zugleich die philosophische Fakultät war, spazierten Sohn und Vater zum Rathaus und zurück über die Stadtmünze durch die Durchfahrt des Warenhauses am Benediktsplatz, über den Steg entlang der Krämerbrücke in die Futterstraße, wo beide noch ein Bier tranken.

»Dein Pferd bleibt hier stehen. Meins kann den Wagen alleine ziehen, nachdem es nur noch mich und weniger Gepäck fahren muss. Otto Ziegler hat mir einen guten Preis gemacht für Futter und Stalldienst. Du musst den Rappen nur regelmäßig bewegen kommen. Die Weiden liegen vor den Stadttoren, dort wird es den Sommer über stehen. Na ja, mit Pferden kennst du dich ja aus. Morgen gehen wir noch mal über den Markt, ja?«

»Ja, Vater. Danke für alles. Wir sehen uns morgen!«

Martin winkte Hans nach und musste sich anschließend erst einmal auf eine Holzbank auf dem Wenigemarkt setzen, auf dem die Händler längst schon ihre Fleisch- und Brotbänke verschlossen hatten. Eine Wolke schob sich vor die Sonne, die sich allmählich zu senken begann, und er fröstelte. Erschöpfung machte sich nach all der Aufregung und den vielen Eindrücken breit.

Erfurt ist eine Schmalzgrube, dachte er. Wenn sie wegbrennen würde, müsste an selber Stelle sofort wieder eine Stadt entstehen.

Dies war nun sein neues Zuhause. Gegenüber des Platzes lag die Kürschnergasse. Hier roch es beißend nach Gerblösung. Die Ledermacher und Schuster hatten hinter ihren Häusern Stege über dem Fluss, von denen aus sie ihre Felle wuschen, bevor sie sie weiterverarbeiteten. Viele Menschen liefen an Martin vorbei, trugen Kiepen oder Körbe, zogen Handwagen oder Lasttiere hinter sich her oder ritten mit bepackten Satteltaschen vorüber. Fensterläden, auf denen Waren ausgelegt waren, wurden abgeräumt und geschlossen, in Werkstätten verklangen die Geräusche von Hämmern, Sägen und Hobeln. Es roch nach Waid oder Urin, nach Kot und nach Vieh. In den schmalen Wasserklingen, die die Straßen durchzogen, plätscherte leise das Wasser und trug den verschiedensten Unrat mit sich. Ein paar Schweine schnarchten dicht an einer Hauswand, Ziegen wurden in den Stall getrieben, und ein Hund schreckte ein paar Hühner auf, die sich flatternd auf eine Zaunlatte retteten.

Martin lächelte. Er war in Erfurt! Der Taxator hatte ihn als wohlhabend eingestuft und er war Scholar an einer der berühmtesten Universitäten des Kontinents. Vorbei die Zeit, da er sich klein und als Außenseiter fühlen musste. Er hatte ein Pferd, sein Studium war bezahlt, und sein Vater gab ihm ausreichend Geld für alle Tage. Er klopfte sich mit beiden Händen auf die Oberschenkel, um sich zum Aufstehen zu ermuntern, und freute sich darauf, erste Kontakte zu knüpfen.

Er lief zurück zur Universität und in seine Kammer. Alexis war schon dort und hatte begonnen, ein paar Dinge auszupacken und auf seiner Seite des Raumes zu arrangieren. So hatte er sein Schreibzeug genau auf eine Hälfte des

Tisches gelegt. Auf seinen Stuhl hatte er Kleidungsstücke gestapelt und an den Haken an seinem Bett hatte er sein leinenes Nachthemd gehängt.

»Alexis, schon zurück? Bist du alleine nach Erfurt gefahren? Ich habe noch meinen Vater zum Gasthaus begleitet. Du kommst auch aus Mansfeld?«

»Ja, ich bin alleine hier. Mein Vater hat in seiner Werkstatt zu tun. Die Tage werden länger, die Leute bestellen mehr. Er ist Schmied. Macht alles, was mit Eisen zu tun hat. Auch Hufe beschlagen. Alle zehn Wochen bekommt jedes Pferd in Mansfeld neue Hufeisen … Klar, es gibt noch andere und wir sind noch nicht lange in der Stadt. Er muss sich seine Kundschaft sichern.«

»Ach, deshalb kennen wir uns nicht. Na ja, ich war die letzten Jahre auch in Eisenach. Wo bist du zur Schule gegangen?«

»In Leipzig. Aber nun, da wir beide in Mansfeld wohnen, können wir unsere Reisen zusammen antreten. Hast du auch ein Pferd hier?«

»Ja, steht bei Ziegler in der Futterstraße.«

»Meins auch, aber im Haus zum Schwarzen Bären.« Sie machten es sich jeder auf seinem Bett bequem, streckten ihre Beine aus und unterhielten sich über Mansfeld, über die Leute dort und gemeinsame Bekannte und schöne Plätze. Sie sprachen über Erfurt, ihre ersten Eindrücke von der Stadt und über Gott und die Welt. Zwischenzeitlich war es dunkel geworden und Martin hatte die Kerze auf dem Tisch angezündet. Beide teilten sie sich den Proviant ihrer Mütter und ließen es sich schmecken. Alexis war in Ordnung. Ein aufrichtiger, offener, netter und humorvoller Kerl, wie Martin fand. Sein erster Freund in Erfurt: ein Mansfelder! Martin musste bei dem Gedanken schmunzeln, kurz bevor ihm die Augen zufielen, als sie weit nach Mitternacht endlich ihre Nachthemden angezogen, die Kerze gelöscht und sich schlafen gelegt hatten.

Am nächsten Morgen wuschen sie sich in einem Waschraum mit mehreren Waschschüsseln, die bereits mit noch lauwarmem Wasser aufgefüllt waren. Alle Neuankömmlinge wünschten sich einen guten Morgen und unterhielten sich durcheinander darüber, was sie am heutigen Tag erwartete, in welche Burse sie endgültig einziehen mussten und was sie am Vortag schon entdeckt oder in Erfahrung gebracht hatten. Martin traf ein letztes Mal seinen Vater vor dessen Rückreise. Hans wollte sich auf den Märkten umsehen und noch das eine oder andere aufladen. Er fand eine schöne Tischdecke mit Blaudruck, einen kleinen türkischen Teppich für den Eingang und getrocknete Früchte aus dem Orient.

»Grüß Mutter und die Geschwister von mir«, sagte Martin, als die Zeit des Abschieds gekommen war.

»Soll ich deiner zukünftigen Frau auch einen Gruß ausrichten?«, fragte Hans seinen Sohn mit vielsagendem Blick.

»Vater, lasst dieses leidige Thema. Ich heirate nicht des Geldes und der Beziehungen wegen.« Martin wunderte sich selber über seinen kühnen Ton, aber anders würde sein Vater es nie verstehen.

Hans schüttelte ärgerlich den Kopf: »Du wirst schon noch zur Vernunft kommen. Mit der Zeit kommt die Liebe, wenn das Leben sorglos ist!«

Martin verdrehte die Augen, lächelte versöhnlich und winkte seinem Vater hinterher, bis der Wagen um eine Ecke verschwunden war.

In den folgenden Tagen reisten noch ein paar Nachzügler an. Auch aus anderen Ländern. Latein war dann ihre einzige Verständigungsmöglichkeit. Wer da war, machte sich mit allem vertraut und wurde eingeteilt, im Brauhaus, in der Küche und in den Gastzimmern zu helfen. Martin ging täglich zu seinem Pferd. Er putzte es, kratzte ihm die Hufe aus und lief mit ihm spazieren. Sonnabend, nach dem Gottesdienst, sattelte er seinen Wallach und ritt mit ihm aus den Mauern der Stadt hinaus in die Natur.

Am Tag des heiligen Georgs, dem 23. April, begann das Semester. Während die Vorlesungen der höheren Semester bereits im alten Halbjahr auf die Dozenten verteilt worden waren, mussten sich die Neuen jetzt in Listen eintragen. Für die meisten Vorlesungen waren Vorlesungsgelder zu entrichten. Martin hatte deshalb aber nicht vor, sich zurückzuhalten, denn sein Vater hatte ihm deutlich zu verstehen gegeben, dass er das Studium nicht in die Länge ziehen sollte. Als er nun im Foyer der artistischen Fakultät stand, kam Johannes Lang auf ihn zu, den Martin bereits von dem kleinen Rundgang durchs Gebäude kannte.

»Und? Schon das Richtige gefunden? Lang, Johannes Lang, ist mein Name. Ich habe im letzten Jahr angefangen. Wenn ich dir helfen kann?«

»Oh ja, danke. Ludher, Martin Ludher. Einige Vorlesungen sind schon voll. Ich bin wohl etwas spät dran.«

»Die Hälfte aller Studenten sind an der artistischen Fakultät. Da erst nach dem Magister dort eins der drei Hauptstudiengänge begonnen werden kann, studieren etwa ein Drittel Theologie, ein Sechstel Jura und nur wenige Medizin. Wofür interessierst du dich?«

»Jura.«

»Wenn du es eilig hast, rate ich dir, dich überall auf die Liste zu setzen. Dann hast du die Möglichkeit nachzurücken. Nett, dich kennengelernt zu haben!«
»Bist du aus Erfurt?«
»Ja.«
»Hättest du Zeit und Lust, mir und meinem Freund Alexis gegen eine Kanne Bier die Stadt zu zeigen?«
»Kein Problem. Um sechs Uhr heute Abend vor der Kirche kann es losgehen!«

Martin und Alexis waren pünktlich da.
»Ich schlage vor, ich zeige euch zuerst die Georgenburse, die ihr beziehen werdet.« Sie bogen ganz in der Nähe der Universität in die zweite Straße rechts ein.
»Hier, zwischen Augustinerkirche und Lehmannsbrücke, wohnt Nikolaus Marschalk im Haus zur Rossbrücke. Es gehört zu jenen Häusern, die unter die Verwaltung des deutschen Ritterordens fallen. Bei Marschalk wohnt auch Georg Spalatin, ebenfalls ein Kommilitone. Aber gehen wir dort der Gera entlang durch die Schildchengasse zur Krämerbrücke. Sie ist die Marktbrücke der reichen Händler: Edle Stoffe, Steine und Gewürze gibt es hier. Wenn ihr auf die Brücke wollt, müsst ihr eine Brückengebühr entrichten. Ich rate euch also, den Steg auf der anderen Seite zwischen Rathaus und Wenigemarkt zu benutzen.«
»Das habe ich schon. Mein Pferd steht in der Futterstraße.«
»Oh«, war Lang erstaunt, »das ist der teuerste Ort, um sein Pferd unterzustellen. Ich empfehle euch einen Stall im Andreasviertel!« Dann fuhr er mit seiner Stadtführung fort. »Hier, neben unserem Hospital, ist ein Badehaus.« Er zwinkerte mit einem Auge und ergänzte: »Wenn ihr Erfah-

rungen sammeln wollt … Da seht ihr Leute, mit denen ihr nicht gerechnet hättet. Aber da sich niemand dort offiziell aufhält, herrscht eine einvernehmliche Schweigepflicht!«

Martin und Alexis grinsten peinlich berührt.

»Hier, im Gotthardtviertel, wohnen viele arme Leute – wie ihr an den kleinen Holzhäuschen seht. Gehen wir durch die Kürschnergasse zur Schlösserbrücke. Eine weitere Marktbrücke an der Tabaksmühle.« Hier rauschte laut die Gera, das Mühlrad schlug geräuschvoll ins Wasser ein. Von der Brücke konnte man die Stege sehen, von denen aus die Kürschner ihre Felle im Fluss wuschen.

»Hinter der Mühle, das ist das Franziskanerkloster. Gehen wir vorbei.«

Sie sahen zwei in ihren Sandalen barfüßige Mönche, die vor dem Kloster fegten. Dann führte sie Johannes zum Dominikanerkloster und erklärte: »Dies ist das Predigerkloster. Habt ihr schon mal von Meister Eckhardt gehört? Seine Lehre ist verboten. Aber natürlich gibt es sie noch als anonyme Ausgabe im Antiquariat. Ich habe sie mir gekauft. Johannes Tauler bezieht sie auch in seine Lehre ein. Ich sage nur so viel …«, er holte die beiden nahe zu sich und flüsterte fast, »Gott ist im Grund der menschlichen Seele dauerhaft anwesend – wenn auch gewöhnlich auf verborgene Weise – und kann dort erreicht werden. Gott ist in uns, nicht im Außen. Er ist ein Teil von uns, wir sind ein Teil von ihm.« Er wandte sich zum Weitergehen. »Ihr müsst meditieren, wenn ihr eine Gotteserfahrung sucht. Zur Meditation wird schon lange von den Benediktinern geraten, und Nikolas von Kues hat vor genau fünfzig Jahren höchstselbst direkt dazu aufgefordert. Hier in Erfurt. Auf dem Petersberg. Darüber wird dieses Jahr, zum Jubiläum sozusagen, sicher noch gesprochen.«

Für Martin waren dies unglaubliche Dinge, die er da hörte. Gott in seinem Inneren. Wie kühn! Seine Mutter hätte sich bekreuzigt, und von seinem Vater hätte er eine Backpfeife erhalten, wenn so etwas aus seinem Mund gekommen wäre.

Sie liefen an großen Waidspeichern vorbei, hörten den Bierrufer die Brauhäuser, die Ausschank hatten, ausrufen: »Ein wohlfeil Bier gibt's im Bären zu saufen und ist für ein paar Heller zu kaufen«, und erreichten den Platz vor den Graden. Sie sahen das Trillhäuschen, das auch leer unheimlich war. Martin hatte schon einmal eines mit einer Frau darinnen gesehen, die von den Leuten bespuckt und mit Unrat beworfen wurde. Einige Jungs hatten eine Freude daran gehabt, den Käfig anzuschubsen und wie ein Karussell schneller und schneller in Drehung zu versetzen. Die Frau war kreidebleich gewesen, ihr weißes Hemd gelb getränkt von den Gallensäften, die ihr dabei hochgekommen waren. Dieses hier drehte sich leise quietschend nur ein wenig mal nach links und mal nach rechts. Sie schauten sich den Hebearm mit dem Korb über dem Flusslauf für die Wasserprobe von Hexen an. Auch er bewegte sich leicht knarrend mit jeder Brise auf und ab oder zur Seite. Ganz nah befand sich das Gerichtshaus mit der Justicia als steinerne Figur vor dem Eingang.

»Eine Hinrichtung findet einmal im Monat statt, mindestens. Es ist ein riesiger Volksauflauf. Widerwärtig, wenn ihr mich fragt. Diese Gaffer, die vor Schadenfreude und Hass vergessen, wie schnell auch sie dort landen könnten.«

Martin und Alexis nickten angeekelt, wenngleich auch sie sich zu den ehrfürchtig Schaulustigen zählen würden.

»Na ja, zum Bischofssitz im Dom muss ich nichts sagen. Dort hinten, links neben dem Dom, ist die Frauengasse mit einem recht großen Frauenhaus, wo die Mumen nicht nur weltliche Herren glücklich machen.« Lang schüttelte den Kopf. »Daneben ein Findelhaus – passend, denn es geht nicht immer ohne Nachwuchs aus. Und weit und breit nur Gasthäuser: Die Hohe Lilie neben der Grünen Apotheke, auf der anderen Seite die Rote Flasche – das sind die zwei größten Wirtshäuser hier am Platz.«

Dann zeigte er in Richtung der Andreaskirche, als sie in die Breite Gasse abbogen. »Das Andreasviertel ist das Viertel der Handwerker und Bauern. Sie versorgen auch das große Benediktinerkloster auf dem Petersberg.« Am Fischmarkt blieb er stehen. »Hier seht ihr das Rathaus mit dem Gefängnis, das ›Paradies‹ genannt wird. Da drüben sind die Burse zum Löwenstein und das große Gasthaus Ratskeller, wo es das gute Einbecker und Naumburger gibt. Freitags kann man hier Fisch kaufen. Das soll erst einmal reichen. Meine Kanne Bier fordere ich ein anderes Mal ein. Ich muss noch mal zurück zur Schlösserbrücke, ihr geht dort vorne auf der Via Regia weiter durch die Michaelisstraße.«

Martin und Alexis bedankten sich und gingen, sich angeregt über alles unterhaltend, zu ihrer Unterkunft zurück. Es war inzwischen kurz vor acht.

Nach den ersten Tagen der Orientierung sollten sich alle Studenten in ihren jeweiligen Bursen melden, und Alexis schlug vor, dass Martin und er diesen Gang doch gemeinsam erledigen könnten. Von der Studentengasse führte gleich links hinter dem Universitätsgelände eine schmale Holzbrücke über die Gera an einer Mühle vorbei. Der Fluss war hier künstlich in zwei schmale Arme unterteilt worden, damit das Wasser mit mehr Druck fließen und so mehrere Mühlräder gleichzeitig antreiben konnte. Rechts lag die

Armenburse mit ihrem ausladenden Obergeschoss direkt am Fluss und geradeaus ging es über die nächste Brücke an der Schildchensmühle vorbei. Vor sich sahen Martin und Alexis das kleine Haus zum Handschuh und auf der Ecke den stattlichen Kompturhof des deutschen Ritterordens. Sie liefen links den Fluss entlang und gelangten so direkt auf die Lehmannsbrücke, auf der um diese Zeit die Händler ihre Stände aufgebaut hatten. Daneben befand sich ein Nonnenkloster der Zisterzienserinnen und dem gegenüber die Brückenkopfkirche St. Nikolai mit ihrem hohen Kirchturm, der wie der Turm der Allerheiligenkirche als Wachturm fungierte. Die Burse war nicht zu übersehen. Es war ein langer Bau hinter der Brücke, vor dem ein paar ältere Studenten standen. Sie traten näher an das Grüppchen heran.

»Seid gegrüßt, wir sind neu an der Universität und kommen beide aus Mansfeld. Wir möchten uns melden«, sagte Martin.

Einer der Studenten reagierte zuvorkommend: »Folgt mir. Ich bringe euch zum Bursenmeister.«

Auf ihrem Weg ins Gebäude wurden sie von unauffälligen, aber interessierten Blicken begleitet.

Der Bursenleiter hatte eine kleine Amtsstube gleich rechts hinter dem Eingang. Er erwartete die Neuen schon.

»Nur herein. Wen haben wir denn da?«

Alexis übernahm die Antwort: »Die beiden Mansfelder, Martin Ludher und Alexander Schmied.«

Der Bursenleiter schaute sie an, dann auf sein dickes Buch, in dem er seine Bewohner eintrug. »Martinus und Alexius ... In der Burse wird für gewöhnlich Latein gesprochen. Das dürfte kein Problem sein, oder? Ja, hier habe ich Euch. Seid willkommen. Ich zeige Euch gleich Eure Betten. Im Sommersemester werdet Ihr um vier Uhr morgens geweckt, im Wintersemester um fünf. Der Tag beginnt mit Gebeten und Lektionen. Um zehn Uhr gibt es die erste Hauptmahlzeit. Dann folgen weitere Lektionen, Übungen und was sonst auf dem Lehrplan steht. Die zweite Hauptmahlzeit ist um vier Uhr nachmittags, danach ist frei. Frei, um zu lernen, zu musizieren oder gar zu arbeiten. Ich rate Euch, tut etwas Sinnvolles! Im Sommer schließe ich die Burse um acht Uhr dreißig, im Winter um acht Uhr ab. Weiblicher Besuch ist nicht gestattet. Während der Mahlzeiten wird geschwiegen. Im Wechsel liest jeweils ein Student aus der Bibel vor.«

»Das ist ja wie im Kloster«, zischte Alexis Martin zu, als der Bursenleiter aufstand, um sie zu ihren Kammern zu führen.

»Genau, fast wie im Kloster.« Der Mann schien ein feines Gehör zu haben. »Ohne Sitte und Ordnung lässt es sich nicht gut studieren. Eure Eltern zahlen einen hohen Obolus, um Euch zu feinen und gebildeten Männern formen zu lassen. Wir bemühen uns, dem Vertrauen, das Eure Eltern in uns haben, gerecht zu werden.«

Im zweiten und dritten Stock befanden sich die Schlafkammern. Wie in den anderen Zimmern auch gab es in ihrem Raum zwei Doppelstockbetten, vor denen jeweils ein Vorhang als Sichtschutz angebracht war. In der Mitte der Kammer stand ein großer Tisch mit vier Stühlen, des Weiteren war an der Wand ein Bücherregal angebracht und hinter einem Vorhang eine lange Kleiderstange, an der schon ein Talar, ein Umhang, ein paar Hemden und Hosen hingen. Ein Zimmergenosse schien schon eingezogen zu sein.

»Crotus Rubeanus aus Dornheim wird noch erwartet. Euer anderer Zimmergenosse ist Hieronymus Buntz aus

Windsheim.« Er drehte sich zu ihnen um. »Es ist Sitte, um in den Kreis der älteren Studenten aufgenommen zu werden, sich der Deposition beanii zu unterwerfen. Ihr wisst, was ›beanus‹ heißt?«, er schaute sie fragend an.

»Handwerksgeselle ... der nicht freigesprochene Handwerksgeselle«, erwiderte Martin nach kurzem Überlegen eifrig.

»Richtig! Sehr gut! In Eurem Fall der ungetaufte Student. Es ist Brauch an den Universitäten, den Beanen einer Ablegung seines Beanenstandes zu unterziehen. Eine kleine Demutsübung. Ihr müsst erkennen, dass Ihr nichts wisst. Noch nichts. Deshalb studiert Ihr. Diese zugegebenermaßen etwas rohe Prozedur wird am Sonntag stattfinden. Wir wollen den Lehrbetrieb nicht stören.« Er lächelte, wie Martin fand, leicht sarkastisch und überließ die beiden sich selbst.

Alexis schaute Martin verzweifelt an. »Was wird das werden? Und ab sofort nur noch Latein.«

»Übung macht den Meister ... Sicher wird das Lateinische durch den täglichen Gebrauch besser und besser, und schließlich werden wir viel Latein lesen. Gerade im ersten Teil der Sieben Freien Künste, dem Trivium: Grammatik, Rhetorik und Dialektik!«

»Mein Latein war nie so gut. Aber natürlich hast du recht. Es kann nur besser werden! Gehen wir unsere Sachen holen.« Alexis klang ernüchtert.

Die ersten Nächte waren gewöhnungsbedürftig. Crotus Rubeanus, der sich ihnen mit bürgerlichem Namen als Johannes Jäger vorgestellt hatte, war ein netter Kerl, aber er schnarchte. Hieronymus kam zwei Tage später.

»Müsst ihr euch auch am Sonntag der Deposition unterziehen?«, fragte Martin.

»Wir sind eine Woche später dran«, gab Johannes zurück. »Schätze, die Anlässe zum Feiern sollen etwas gestreckt werden. Nach der Prozedur müssen wir ein Essen ausgeben.«

»Verstehe. Dann bin ich doch froh, dass wir es bald hinter uns haben«, machte Martin sich und Alexis Mut.

Als der nächste Sonntag kam, wurden Martin und Alexis noch vor dem Frühstück in den Speiseraum geführt. Gleich an der Tür mussten sie stehen bleiben. Der Bursenrektor saß am anderen Ende des Raumes, fast wie auf einem Thron. Alle Magister, Bakkalare und Scholaren des Hauses waren versammelt. Martin schaute sich um. Jeder schien sie zu mustern. Das war es nun also. Martin atmete tief durch und nickte Alexis fast unmerklich aufmunternd zu. Dann kamen zwei Studenten und machten sich daran, ihnen Eselsohren aufzusetzen. Zwei andere brachten Eberzähne, die mit einer dicken Schnur am Kopf festgebunden wurden. Alexis schaute erschrocken. Martin zuckte mit den Schultern und bedeutete ihm damit, dass sie da durchmussten. Er blieb gelassen, als man sie auslachte. Er stand ruhig, als man ihnen Scheuklappen und Hörner aufsetzte. Alexis schien den Tränen nahe, was mit noch mehr Gelächter und Hohn quittiert wurde. In Martin arbeitete es. Wie sollte er diese Situation meistern? Mit Humor – er musste es mit Selbstironie tragen! Ein Magister nahm eine Peitsche und trieb sie im Kreis, wie Pferde an der Longe. Sie sollten traben und galoppieren, sich im Kreis drehen und Männchen machen. Martin spielte mit und führte von sich aus ein kleines Schauspiel vor, in das er Alexis mit einbezog, der erleichtert mitmachte. Sie spielten austretende Esel, vor denen sich die Zuschauer in Sicherheit bringen mussten. Dann wurden ihnen Mohrrüben an einem Stock vor die Nase gehalten, die sie mit dem Mund fassen sollten. Während Alexis mehrere Runden hinter dem Stock hertrabte, ignorierte Martin die Mohrrübe so konsequent, dass der Halter unaufmerksam wurde, die Mohrrübe dicht und tief hielt und Martin ihm den Stock mit einem Biss in die Rübe aus der Hand zog. Die Menge klatschte. Dann wurden zwei Eimer voll mit Bier hereingetragen, aus denen sie um die Wette trinken sollten. Ohne Hände. Sie mussten sich also auf ihre Knie niederlassen und wie die Hunde mit der Zunge saufen. Da sie noch nichts gegessen hatten, stieg ihnen das Bier schnell zu Kopf. Zweimal wurden sie mit dem Kopf in die Eimer getaucht, dass sie den Gerstensaft durch Mund und Nase herausprusteten.

Die Demütigung erfuhr noch eine Steigerung: Mit von Bier verklebten, nassen Haaren, stinkend und in einer Kombination aus Eseln und Ochsen zur Hässlichkeit verunstaltet, wurden sie unter Gelächter und Gegröle hinaus auf die belebte Marktbrücke getrieben. Und wie bestellt, standen dort ausgerechnet zwei hübsche Mädchen, die kichernd auf sie zeigten. Martin spürte, wie ihm die Röte ins Gesicht stieg. Ein Student gab den beiden Eseln ein Löwenzahnblümchen in die Hand und befahl ihnen, sie den Mädchen zu überreichen und einen hübschen Diener zu machen. Martin kam sich mehr als dumm vor. Aber er entschied sich für die Flucht nach vorne und ging geradewegs auf die Hübschere zu, die intelligent genug war, das Spiel mitzuspielen. Alexis und die andere taten es ihnen nach. Eine Menschenmenge hatte sich versammelt, pfiff und applaudierte. Martin bedankte sich bei seiner Mitspielerin, indem er sich verneigte. Sie gab ihm zu verstehen, dass sie mitfühlte, und lächelte ihn mitleidig an.

Nun kamen zwei andere Studenten mit großen Scheren, einer Axt und einer Säge auf sie zu. »Leute, hört, hört!«, sagte der, der mit den Löwenzahnblumen die Moderation hier draußen übernommen hatte. »Dies sind die Neuen, die meinten, sie wären etwas Besonderes, weil sie sich an der Universität zu Erfurt eingeschrieben haben. Dummheit, Engstirnigkeit, Einfalt, tierische Rohheit und Unmäßigkeit haben bei uns nichts verloren. Deshalb erfolgt nun die Fuchsentaufe!« Den beiden Studenten mit den Werkzeugen befahl er: »Nun befreit die Täuflinge von ihrem Beanium!«

Jetzt wurden ihnen die Eselsohren abgeschnitten. Die Scheren waren sehr groß, und Martin trug eine leichte Verletzung am Ohr davon. Dann kamen andere, die ihnen nicht zimperlich die Scheuklappen abrissen. Es ziepte an der Kopfhaut. Die Ochsenhörner und die Schweinszähne wurden mit Sägen gekürzt, und schließlich wurde ihnen mit einem Striegel aus Eichenholz der Bart geschoren. Die Prozedur war schmerzhaft.

Wieder wurden die beiden Mädchen einbezogen, die noch immer neugierig in der Nähe standen. »Kommt, und verabreicht Euren Verehrern diese bitteren Pillen, denn jeder muss einmal eine bittere Pille im Leben schlucken«, wies der Wortführer die beiden jungen Frauen an.

Diese gingen auf Martin und Alexis zu und reichten ihnen die Tabletten.

»In den Mund damit! Füttern!«, skandierten die Zuschauer.

Martin und Alexis ließen sich die scheußlichen weißen Presslinge zwischen die Zähne schieben und schluckten sie herunter, so gut und so schnell sie konnten. Martin musste würgen, es schüttelte ihn, so bitter war der Geschmack auf seiner Zunge. Gerne hätte er noch mal aus dem Eimer gesoffen. Mit diesem üblen Geschmack, geteert und gefedert, wenigstens innerlich, sollten sie sich nun hinknien und ihre Sünden vor aller Ohren bekennen.

»Bekennt, um durch völlige Läuterung im Inneren wie im Äußeren ein würdiger Jünger der Wissenschaft zu werden!«
Martin wollte es hinter sich bringen und dem deutlich mehr leidenden Alexis ein Beispiel geben: »Ich bekenne, dass ich manchmal ein zügelloses Gemüt habe und mich nicht mehr kontrollieren kann.« Und dann fügte er humorvoll hinzu: »Insbesondere, wenn mich jemand demütigt und zur Weißglut treibt, kann ich zum Mörder werden, und er bekommt meinen Zorn zu spüren, wenn er am wenigsten damit rechnet!« Er spielte einen Wahnsinnigen und blickte seinen Peinigern böse ins Gesicht.

Die Menge grölte erneut. »Hört, hört!«

Alexis versuchte es ähnlich spielerisch: »Ich bekenne, dass ich nur schlecht verzeihen kann. Ich bin zwar nicht nachtragend, aber ich vergesse nie! Ich habe mir Eure Gesichter gemerkt«, drohte er mit dem Zeigefinger und lachte versöhnlich. Die Zuschauer applaudierten.

Nun sprach der Bursenrektor: »Ihr dürft Euch erheben! Gut habt Ihr Euch geschlagen. Es ist üblich, dass Ihr nun zu einem Schmaus und Umtrunk einladet, um Euch der Absolution zu versichern. Einen Drittelgulden je von Euch beiden.« Der Bursenmeister hielt die Hand auf.

Martin griff in seine Westentasche und zog eine Münze heraus. Alexis ebenso.

Martin schaute sich nach den Mädchen um. Sie waren im Begriff zu gehen. Aber nun drehte sich die Hübschere zu ihm um, lächelte ihn verlegen an und winkte unauffällig auf Hüfthöhe. Martin winkte genauso zurück und zwinkerte ihr zu.

Der Aufsicht führende Magister nahm das Geld und ging zur Fleisch- und Brotbank, kaufte ein paar leckere Sachen, und zusammen liefen sie gut gelaunt und einträchtig zurück in die Burse in den Speiseraum, wo sie gemeinsam aßen und tranken. Drei Bursalen holten ihre Instrumente und spielten Musik. Immer wieder legten ihre Bursengenossen beiden freundschaftlich die Arme um die Schultern und prosteten ihnen zu.

Martin erhob sich und lallte – denn so viel Bier war er nicht gewohnt: »Ich denke, das war nur der Anfang aller Depositionen, die uns allen ein ganzes Leben hindurch nicht erspart bleiben – nur ein Vorspiel dessen, was uns in Ausbildung, Ehe und Beruf bevorsteht. Wir danken für die Aufnahme.«

Der Bursenrektor nickte anerkennend. Der junge Martinus hatte die Lektion verstanden. Alle klatschten und stießen auf die klugen Worte an. Das Studium konnte beginnen.

Lange saßen sie beisammen. Bier und Wein machten sie redselig, und so lernten sie die anderen Bursalen schnell kennen und freundeten sich an. Martin wusste nun, dass man hier trinkfest sein musste, denn die älteren Studenten unterhielten sich lebhaft über ihre lustigen Zusammenkünfte in der Vergangenheit und stießen an, auf die, die noch kommen würden.

Am 23. April begannen die ersten Vorlesungen und Disputationen. Die Vorlesungen hielten entweder ordentliche Lehrstuhlinhaber oder Bakkalare sowie junge Magister, und sie wurden durch Übungen und Wiederholungen ergänzt. In den Disputationen wurde eine Frage in Rede und Gegenrede behandelt und gelöst. Anfangs war Martin zurückhaltend, aber als er merkte, dass er in Rhetorik den anderen in nichts nachstand, beteiligte er sich eifrig. Besonders mochte er die Quodlibet-Disputationen, in denen alles Mögliche zum Gegenstand der Diskussion gemacht werden konnte. Vor allem die Werke des Aristoteles wurden vorausgesetzt. Martin plante zum frühestmöglichen Zeitpunkt, nämlich anderthalb Jahre nach Aufnahme des Studiums, sein Bakkalariatsexamen abzulegen. Es war also keine Zeit zu verlieren.

Die Studien der Philosophie, die Urmutter der Sieben Künste, waren anspruchsvoll. Sein Professor war Bartholomäus Arnoldi. Er kam aus dem Ort Usingen, weshalb ihn die Kollegen auch Usingensis nannten. Er liebte Aristoteles, die Logik und den Nominalismus. Martin merkte sofort, dass er von diesen Themen noch wenig verstand. Es galt, die wichtigsten Philosophen und ihre Überlegungen kennenzulernen – Zeit, die Bibliothek aufzusuchen.

Beim ersten Rundgang hatten sie bereits kurz durch die Tür hineingucken können. Nun trat Martin ein und war überwältigt von der Menge der Bücher, den hohen dunklen Holzregalen mit den Tritten und fest arretierten Schiebeleitern davor, von den vielen Stehpulten und Lesetischen. Er schätzte die Zahl der Bücher auf über tausend Bände.

Der Bibliothekar sprach ihn an. »Ihr seid Bakkalar?«

»Noch nicht«, antwortete Martin. »Ich will es werden.«

»Nun, wenn Ihr etwas entleihen wollt, müsst Ihr Euch eines Magisters bedienen. Nur er darf sich eigenhändig mit Namen und Titel des empfangenen Buches, ferner Tag, Stunde und Ort, in das Registrum schreiben. Ich rate Euch, Euch schnell zu kümmern, denn immer zu Beginn der Semester werden die entliehenen Bücher zurückgegeben und sind dann auch sehr schnell wieder weg.«

Martin bedankte sich für den Hinweis, schaute sich noch ein wenig um und verließ dann die Bibliothek. Bald kam er jedoch mit einem Magister wieder und entlieh sich Johannes Baptista Mantuanus, danach die römischen Dichter Ovid und Vergil.

Alljährlich am Markustag, dem 25. April, fand eine Prozession von Erfurt nach der am Roten Berg gelegenen Markuskapelle statt. Dort waren einhundertfünfzig Jahre zuvor viele Pesttote beerdigt worden. Alle, die für diese Kapelle spendeten, anderweitige Werke der Frömmigkeit verrichteten sowie zur Kapelle pilgerten, um zu beten oder den dortigen Friedhof unter dem Gebet von fünf Vaterunsern und fünf Ave-Maria zu umschreiten, erhielten vierzig Tage Ablass.

Ganz Erfurt, so schien es, versammelte sich frühmorgens um neun Uhr auf dem Platz vor den Graden. Von der Außenkanzel an den Domstufen erinnerte der Priester die Menschenmenge an den Anlass und erzählte die Begebenheit, als am 21. März 1349 das Michaelisviertel brannte.

»Die Pest erreichte Erfurt erst ein Jahr später. Doch glaubte man, die Juden hätten das Wasser und die Brunnen vergiftet. Schließlich musste es eine Ursache für die Seuche geben. Juden schienen gegen die Krankheit gefeit. Immer wieder sehen wir, dass sie sich doch seltener anstecken. Nun, eine Gruppe um einen damaligen Ratsherrn, Hugo Lange, Stifter des goldenen Gemäldes der Kreuzigung unseres Herrn Jesus in der Ratskirche, nahm sich der Sache an und vertrieb die jüdische Gemeinde aus Erfurt. Aus Angst, sich den Erfurtern zu stellen, steckten sie ihre Häuser in Brand, die doch zum Teil gar nicht ihr Eigentum waren. So brannte es im Speicherviertel und beim

Collegium Amplonianum. Doch das Ende der jüdischen Gemeinde kam zu spät. Der schwarze Tod fand seine Opfer auch in unserer Stadt. Deshalb gedenken wir ihrer an diesem Tag.«

Der Priester segnete die Prozession, und dann setzte sich der Pulk in Bewegung: die Geistlichen vorneweg, gefolgt von den Ratsherren und Patriziern, unter ihnen und dahinter Professoren der Universität, denen sich die Studenten anschlossen. Dann folgte ohne bestimmte Ordnung, so schien es, das restliche Volk.

Martin lief neben seinen Zimmergenossen. Immer wieder schauten sie interessiert nach hinten. Sie waren neugierig auf die jungen Erfurter und Erfurterinnen. Plötzlich erblickte Alexis die beiden »Mädchen von der Lehmannsbrücke«, wie Martin und er sie in ihren Gesprächen nannten. Die hatten sie schon entdeckt, und die Hübschere bedeutete ihm nun, dass Martin sich umdrehen solle.

»Sieh mal hinter dich!«, stieß Alexis seinen Freund mit dem Ellenbogen in die Seite.

Martin tat, wie ihm geheißen, und winkte überrascht, als er die beiden Schönheiten erblickte.

Der Weg zur Kapelle dauerte über eine Stunde, in der die jungen Männer und die Mädchen immer wieder Blicke und Gesten austauschten. Am Ziel angekommen, fasste sich Martin schließlich ein Herz und ging auf seine neue Bekanntschaft zu.

»Guten Tag, ich bin Martin. Schön, dass wir uns wiedersehen! Darf ich dich nach deinem Namen fragen?«

Das hübsche Mädchen senkte verlegen die Augen, aber es war ihm anzusehen, dass es sich über Martins Aufmerksamkeit freute. »Ich heiße Anna«, sagte sie schließlich und hob erwartungsvoll den Blick.

»Anna. Ein schöner Name!« Martin lächelte ihr aufmunternd zu. »Danke wegen letztens«, sagte er dann. »Magst du mir deine Stadt zeigen? Morgen oder am Wochenende?« Er bemerkte, dass Alexis ihm hektisch Zeichen machte, zu ihm zurückzukehren. »Ich muss mich wieder einreihen.« Er sah Anna entschuldigend an. »Also – werden wir uns sehen?«

»Ja, gerne«, gab sie eilig zurück. »Am Samstag. Elf Uhr am Brunnen vorm Rathaus!« Sie strahlte.

»Bring deine Freundin mit. Alexis kommt auch«, rief er ihr bereits im Weggehen zu.

Seinen Freunden zeigte er unauffällig, aber triumphierend den erhobenen Daumen, als er sich wieder zu ihnen stellte.

Sie beteten gemeinsam vor der Figur des heiligen Markus und gingen dann die erforderlichen fünf Runden. Nach Abschluss der Zeremonie sprach der Priester erneut seinen Segen und auf dem Rückweg spielten Spielleute einen freudigen Marsch.

Die Studenten unterhielten sich über die Pest und was sie davon gehört und gesehen hatten. »Alle zehn Jahre fast sucht sie uns heim. Sechzig, manchmal bis zu neunzig Prozent aller Menschen sterben an ihr. Die, die rechtzeitig fliehen und wissen, wohin, sind klug«, sagte Alexis.

»Klug oder feige? Darf ein Christ sich davonstehlen, anstatt den Kranken zu helfen?«, warf Crotus ein.

»Die Angst sollte uns eher antreiben, für unsere Seelen zu sorgen, als die Flucht zu ergreifen. Die Pest erinnert uns daran, dass die Welt nicht unser bleibendes Zuhause ist«, sagte Ludher weise. Die anderen nickten zustimmend.

Die Vorlesungen der sprachlich und logisch-argumentativ ausgerichteten Fächer bildeten die Grundlage für jede Beschäftigung mit der Wissenschaft und das weiterführende Quadrivium der mathematischen Fächer.

»Die freien Künste sind höherrangig als die praktischen. Schon Seneca schrieb 65 nach Christus in seinem 88. Brief: ›Du siehst, warum die freien Künste so genannt werden: Weil sie eines freien Menschen würdig sind.‹ Frei ist, wer für sein Brot nicht arbeiten muss. Aber denken!«, leitete ihr Dozent Georg Spalatin, der zwei Jahre zuvor seinen Bakkalartitel erhalten hatte, seine erste Vorlesung ein und erhob mahnend seinen Finger.

Ludher war begeistert: »Alle übrigen Universitäten sind gegenüber unserer Erfurter kleine Schützenschulen«, flüsterte er seinem Sitznachbarn Crotus zu und fühlte sich privilegiert. Adelige, namhafte Professoren bildeten den Lehrkörper, der zukunftweisend die Organisation der Welt analysierte. Antike Autoren wurden gelesen, um die Universität mit den Strahlen der politischen Kunst zu erleuchten.

Trutvetter vertrat die Grundauffassung des Nominalismus: »Es gibt keine allgemeine Entität. Es sind nur zwei Kategorien anzunehmen, nämlich Substanz und Qualität. Es entspricht also eher der Philosophie, nach dem principium universalisationis zu fragen als nach dem principium individuationis. Zuerst muss man die Sprachanalyse und die Sprachkritik üben, um dann kritisch die metaphysischen und philosophischen Sachthemen zu behandeln. Dieser Vorgang kann nur mithilfe der Dialektik bewältigt werden. Der Weg zu einer kritischen Wissenschaft führt nur über eine präzise Sprachanalyse, die jedoch nicht etwa die Metaphysik und die Theologie ersetzen kann.«

Martin nickte zustimmend und schaute begeistert zu Alexis, der verzweifelt den Kopf schüttelte: »Ich verstehe kein Wort!«

»Ich erkläre es dir gleich«, raunte Martin und erläuterte seinem Kommilitonen nach der Vorlesung auf dem Flur die Universalienfrage: »Universalien sind Allgemeinbegriffe wie ›Mensch‹ oder ›Menschheit‹, auch mathematische Entitäten wie ›Zahl‹ oder ›Relation‹. Ein Allgemeinbegriff bezieht sich also auf Merkmale, die mehrere Gegenstände gemeinsam haben. Die Frage ist nun, ob diese Begriffe real existieren – wie in der Theorie des Realismus – oder ob es sich um rein künstliche Begriffsbildungen handelt – wie im Nominalismus.«

»Ah, die Ideenlehre Platons: die These, dass Ideen eine eigene Existenz haben.«

»Genau. Doch der Nominalismus sagt, dass es sich leidlich um gedankliche Abstraktionen handelt und die Realität nur den Einzeldingen zukommt. Den Nominalismus bezeichnet man als Via Moderna, den Realismus als Via Antiqua. Verstehst du?«

»Und wozu braucht man das?«

»Es geht um Macht und Legitimierung. Nimm beispielsweise die Einheit der Dreifaltigkeit. Ist sie real oder handelt es sich um eine Umschreibung? Du musst Thomas von Aquin lesen. Er steht für den Realismus. Wilhelm von Ockham für den Nominalismus. Ich habe mir die Bücher geliehen. Du kannst sie gerne lesen.«

Alexis konnte in dieser Nacht schlecht schlafen und zerbrach sich darüber den Kopf, ob in Wirklichkeit nur Einzelseiendes oder auch Allgemeines eine eigene Existenz hatte. Er wusste von seinem Vater, dass es ihm als Schmied nichts ausmachte, Gitter für eine Kirche zu schmieden, deren Fertigstellung er nicht erleben würde. Er sah sich als Teil der Entität der Menschheit an, die die Kirche über Generationen nutzen würde. War Menschheit nun real oder nominal? Er verstand es immer noch nicht.

Am nächsten Tag lehrte sie Nikolaus Marschalk: »Das studium trilingue gibt Euch sprachwissenenschaftliche Impulse von fürs Leben grundlegender Bedeutung. Wir werden in diesem Jahr darüber diskutieren, ob Glaube und Wissen vereinbar sind. Ob sich im Zweifel das Wissen dem Glauben unterordnen muss. Ich bin gespannt auf Eure Gedanken!«

Obwohl das Studium schon in vollem Gange war, erfolgten mit der Vereidigung des Rektors am 1. Mai und der der neuen Studenten am 2. Mai noch die formvollen Zeremonien.

Diese fanden wie immer in der Michaeliskirche statt. Am 1. Mai musste der neue Rektor vor dem Altar seinen Eid ablegen, damit er am nächsten Tag schon den seiner neuen Studenten abnehmen konnte. Martin freute sich immer wieder, dass der Zufall ihm seinen Lateinlehrer als Rektor in Erfurt beschert hatte, und er verfolgte die Zeremonie mit großer Aufmerksamkeit.

Jodokus Trutvetter sprach mit sicherer Stimme feierlich: »Ich schwöre bei Gott und den Evangelien, die Rechte und Freiheit der Universität zu wahren, ihren Nutzen und ihre Ehre zu fördern, für die Eintracht der Fakultäten und aller Angehörigen zu arbeiten sowie die das Rektorenamt betreffenden Statuten nach Kräften zu wahren. Auch verspreche ich, die Statuten und Bestimmungen über das schickliche Auftreten, die Bescheidenheit und Gemäßheit der Kleidung und die sittliche Zucht der Angehörigen, über das für die

Universitätsangehörigen geltende Verbot, sich Leistungen in Ware bezahlen zu lassen, insbesondere in Naumburger Bier und anderen Getränken und Speisen, über die mengen- und wertmäßige Wahrung des Buchbestandes der Universität in der Bibliothek des Universitätshauses, der Bücher des Kollegs zur Himmelspforte und der Bibliothek des Collegium Marianum auszuführen. Ich versichere weiterhin, nicht mehr als acht Gäste zur Feier meiner Wahl einzuladen, andernfalls bei der nächsten Sitzung des geheimen Consiliums an dieses einen viertel Rheinischen Gulden zu entrichten.«

Hier dachte sich Martin: welch sonderbarer Zusatz. So lädt er wohl doch mehr als acht Personen ein. Er musste schmunzeln. Die strengsten Regeln schienen aufweichbar zu sein.

Nach dem Eid folgte die offizielle Zepterübergabe des alten Rektors an seinen Nachfolger. Jede Fakultät verfügte über Insignien und Kleinodien als Zeichen ihrer Eigenständigkeit, Hoheit und Würde. Das Ornat des Rektors war aus kostbarem Stoff. Ein Magister übergab ihm seine Petschaft, eine Art Siegel, das die Rektoren und Dekane führten. Solch ein eigenes Zeichen, gleichsam wie ein Wappen, wollte Martin auch einmal besitzen. Als Jurist vielleicht mit der Justitia, dem Symbol der Gerechtigkeit, wenigstens aber mit einer Waage darauf. Er träumte vor sich hin und verpasste fast, sich zum Gebet zu erheben, hätte Alexis ihm nicht derbe seinen Ellenbogen in die Seite gestoßen.

Am nächsten Tag, am 2. Mai, erfolgte die feierliche Einschreibung in der Michaeliskirche. Um zehn Uhr in Verbindung mit dem Gottesdienst wurden die angehenden Studenten einer nach dem anderen einzeln nach vorne zum Altar aufgerufen, wo sie vor dem Rektor stehend ihre Eidesformel sprechen mussten. Als Martin Jodokus Trutvetter gegenüberstand, lächelte er ihn väterlich an und nahm ihm damit die letzte Unsicherheit. Nach dem Eid trat er zum Schreiber, der ihn als »Martinus Ludher ex Mansfeld« mit geschwungenen Lettern in die Universitätsmatrikel, ein dickes, schweres ledergebundenes Buch, eintrug.

Das Lernen bereitete Martin Freude. Er versäumte nie eine Vorlesung, befragte gerne seine Lehrer und besprach sich in Ehrerbietung mit ihnen. Alexis fiel das Studium schwerer.

»Komm, fleißig gebetet ist über die Hälfte studiert! Das eine kannst du bereits, das andere erkläre ich dir noch mal. Danach machen wir Übungen, die unseren Körper gesund halten. In einem gesunden Körper wohnt ein gesunder Geist!« Martin wusste immer einen klugen Spruch. Er hatte kürzlich den kleinen Weg zwischen der Burse und dem Frauenkloster entlang des Flusses für sich entdeckt und ermunterte seine Zimmergenossen, vor der Schließzeit der Burse bis zu den Inseln zu rennen und dort Liegestütze, Kniebeugen und Klimmzüge an einigen großen starken Ästen zu machen. Am Ende des Weges verzweigte sich die Gera und bildete kleine Inseln. Der Breitstrom ging hier in die Wilde Gera über, und die Schmale Gera trennte sich von ihr ab. Sieben Wassermühlen gab es hier. Martin hatte den Platz gleich zu seinem Lieblingsort auserkoren.

Kapitel 4

1501

ENDLICH WAR ES SONNABEND. Martin hatte jeden Abend an Anna und ihr Kennenlernen gedacht, an ihr Lächeln und die langen braunen Haare. Schwungvoll verließ er sein Bett und weckte Alexis.

»Los, raus aus den Federn! Wir sind verabredet!«

Alexis grummelte etwas vor sich hin, streckte sich und stand auf.

»Heute wird es knapp mit dem Gottesdienst. Es ist unser freier Tag. Lass uns schnell hier beten«, schlug Martin vor.

Er und Alexis knieten sich vor ihre Betten, beide mit zerzaustem Haar und schalem Geschmack im Mund. Martin kannte so viele Gebete aus der Zeit bei den Cottas, dass er nicht zögerte, laut die Worte vorzugeben: »Du Engel Gottes, den die göttliche Güte und Weisheit mir zum Beschützer gegeben hat, leite mich und führe mich unverletzt durch alle Gefahren dieses Tages. Belehre mich in Unwissenheit, warne mich in Versuchungen, tröste mich in Trübsalen, muntere mich auf zum Guten und bewahre mich vor allem Übel des Leibes und der Seele, bis du mich einführst in die ewige Glückseligkeit. Amen.«

»Amen«, pflichtete ihm Alexis laut bei.

»Ruhe!«, beschwerte sich Hieronymus und drehte sich in seinem Bett zur Wand um.

Unbeeindruckt davon machten Martin und Alexis sich daran, ihre Gesichter zu waschen, ihre Haare zu kämmen und sich anzukleiden.

Beim Zehn-Uhr-Glockenschlag bogen sie um die Rathausecke und sahen den Fischmarkt vor sich. In etwa der Mitte befand sich der Trinkwasserbrunnen, an dem, wie immer, einige Frauen mit Eimern anstanden. Gleich hinter dem Brunnen entdeckten sie die beiden Mädchen, mit denen sie hier verabredet waren.

Als sie näher kamen, deutete Anna in Richtung der Schuhgasse, hakte ihre Freundin unter und bog in die Straße ein. Martin und Alexis folgten mit Abstand. Am Ende der Gasse war es nicht so belebt wie auf dem Platz vor dem Rathaus.

»Grüßt Euch! Wozu dieses Versteckspiel?«, fragte Martin, als sie die Mädchen eingeholt hatten.

»Hallo, ihr beiden! Ein paar Frauen dort beim Brunnen kennen mich. Muss ja nicht sein, dass sie die Nachricht über unser Zusammentreffen gleich meiner Mutter weitertragen…«

Martin nickte verständig.

»Das ist übrigens meine Freundin Lotte. Ihr kennt euch ja schon!«, fuhr sie an Alexis gerichtet fort und lächelte vielsagend.

»Gewissermaßen«, gab der junge Mann etwas unsicher zurück.

»Was wollen wir nun machen?«, übernahm Martin wieder das Wort.

»Kennt ihr schon den Waidmarkt auf dem Anger? Wir können uns dort ein wenig umschauen und dann durch das Stadttor in Richtung Steigerwald laufen«, schlug Lotte vor. Sie schien weniger schüchtern zu sein als Alexis.

Alle waren mit ihrem Vorschlag einverstanden. In der Grafengasse, die sie unterwegs passierten, zeigte Anna auf ein kleines schmales Haus. »Hier wohne ich.« Sie lief neben Martin her den anderen beiden voraus.

Martin war erstaunt. »Zu wievielt seid ihr?« Er konnte sich beim besten Willen nicht vorstellen, mit einer ganzen Familie in so einem kleinen Haus zu leben.

»Zu zweit – nur ich und meine Mutter. Ich habe keinen Vater und keine Geschwister.«

»Jeder hat einen Vater.«

»Jeder, außer ich. Jedenfalls kenne ich ihn nicht.«

Martin merkte, dass es Anna unangenehm war, darüber zu sprechen, und daher begann er, von sich selbst zu erzählen. Wann immer er dabei ein wenig derber sprach oder etwas Lustiges sagte, musste Anna lachen, wobei ein kleines Grübchen auf ihrer linken Wange zum Vorschein kam. Sie war niedlich, musste Martin feststellen. Und auch Alexis schien sich gut zu unterhalten. Immer wieder hörte man Lotte kichern.

Beim Waidbrunnen stießen sie auf den Anger, der mit Ständen von Waidjunkern und Färbern gesäumt war. Hier wurde die Waidasche, das Farbpulver zur Blaufärbung, verkauft. Ein Gramm davon war so viel wert wie die gleiche Menge an Gold.

»Was macht eigentlich deine Mutter? Handelt sie vielleicht mit Waid?«, machte Martin eine Anspielung darauf, mit ihr möglicherweise eine gute Bekanntschaft gemacht zu haben.

»Nein, leider nicht. Sie arbeitet zwar für einen Waidhändler – aber als Magd. Heinrich Kellner heißt er und ist nicht nur Waidhändler, sondern auch Ratsherr. Trotzdem knausert er mit der Bezahlung. Er ist ein richtiger Geizhals!« Annas Gesicht verfinsterte sich.

»Sein Anwesen befindet sich links von der Vitikirche, die als Brückenkopfkirche am südlichen Ende der langen Brücke steht. Es heißt ›Haus zum Halben Mond‹.«

Sie liefen weiter, aus dem Stadttor hinaus, und setzten sich zusammen auf eine Wiese. Dort unterhielten sie sich zu viert über Erfurt, die Universität und über Mansfeld. Anna gefiel Martin, und auch sie schien ihn zu mögen. Wenn ihre Blicke sich trafen, schauten sie sich jedenfalls einen Moment länger an, als es sich ziemte. Anna war eine gute Zuhörerin, hatte ein freundliches offenes Wesen und lachte gerne.

Sie erschraken, als die fast vierzig Kirchen der Stadt die Mittagszeit einläuteten. Die Stunden waren schnell vergangen. Bis zum Anger zurück gingen sie wieder jeweils zu zweit hintereinander.

»Sehen wir uns morgen noch mal, vielleicht am Abend?«, fragte Martin Anna. Er wollte sie wiedertreffen, alleine. Die Woche sollte fürs Studieren und Lernen vorbehalten sein, aber morgen, am Sonntag, wäre es noch einmal günstig. Anna war einverstanden.

Martin und Alexis liefen den Anger bis zur Kaufmannskirche und dann auf Anraten der Mädchen weiter die Johannesstraße hinunter, bis diese in die Augustinerstraße mündete, die sie bis zur Burse führte.

Alexis war genauso gut gelaunt wie Martin. »Sie will mich wiedersehen!«, jubelte er leise. »Oh Gott, ich hatte noch nie ein Mädchen. Und du, Martin?«

»Nein. Natürlich gab es welche, mit denen ich Blicke gewechselt habe, aber in Eisenach bei meinen vornehmen Gasteltern wäre ich gar nicht auf den Gedanken gekommen, eine von ihnen näher kennenzulernen.«

Beide mussten sie lachen.

»Besuchen wir morgen mal den Domgottesdienst?«, fragte Alexis.

»Ich schlage die Georgskirche vor. So sehen wir, mit wem wir die Nachbarschaft teilen«, entgegnete Martin, ehe sie die Burse betraten.

Sogleich vernahmen sie aus dem Speiseraum fröhliches Lautenspiel und gesellten sich zu den anderen Studenten, die sich dort zum Zeitvertreib versammelt hatten. Ihre Zimmergesellen Hieronymus und Crotus waren ebenfalls anwesend. Hieronymus war ein begnadeter Lautenspieler und wurde gerade von Crotus auf der Leier begleitet. Johannes Lang schlug die Trommel und der Bursenmeister spielte den Dudelsack. Sie klatschten, sangen, tanzten, stießen ihre Krüge zusammen und tauschten allerlei lustige Geschichten aus. Martin gefiel diese Ablenkung. Die gute Stimmung passte zu seinem inneren Aufruhr und verhinderte, dass er sich zu viele Gedanken über Zukunft und Schicklichkeit machte.

Kapitel 5

1501

AM SONNTAG BESUCHTEN sie wie besprochen die Georgskirche. Sie war voll mit den Bewohnern der angrenzenden Häuser. Jung und alt, gesund und invalide, schön und hässlich, reich und arm. Lauter Gegensätze. Ohne das eine gäbe es das andere nicht, dachte sich Martin. Viele drehten sich neugierig nach ihnen um, machten sie aber schnell als zugezogene Studenten aus, was aufgrund der Nähe zur Universität keine Überraschung war.

Während der lateinischen Predigt des Priesters betrachtete so mancher andächtig die Kirchenbilder, und einige wenige hörten zu, als verstünden sie etwas. Die Mehrheit aber flüsterte leise mit dem Nachbarn, maßregelte die Kinder, begutachtete die eigenen Fingernägel oder staubte sich die Schuhe und die Kleidung ab.

»Wozu sind die alle hier? Keiner versteht, was gesprochen wird.«

Martin hatte sich zu Alexis geneigt, der zurückflüsterte: »Das Gebet. Das Vaterunser. Deshalb kommen sie. Und wegen der Beichte.«

Martin nickte. Und tatsächlich: Beim Vaterunser erhob sich ein gewaltiger Stimmenchor, der die Menschenmenge zu einer Einheit verschmelzen ließ.

Am Abend traf Martin Anna. Sie hatten sich am Fuße des Petersberges verabredet. Martin staunte, denn Anna hatte sich sehr offensichtlich für ihn herausgeputzt. Sie trug ein tannengrünes Kleid, die Lieblingsfarbe seines ehemaligen Hausherrn in Eisenach, das ihre grün-braunen Augen betonte. Ihr Haar trug sie offen, hatte aber die vorderen Strähnen hinten am Kopf zusammengebunden und mit Gänseblümchen verziert. Das weiße Hemd unter ihrem Kleid war am Dekolleté nicht ganz zugebunden, sodass der Spalt zwischen ihren runden Brüsten gut zu sehen war. Martin versuchte, sich nicht anmerken zu lassen, dass er sich von ihrem Aussehen angezogen fühlte und verlegen war.

»Schönes Kleid«, sagte er nur. Und: »Setzen wir uns auf die Wiese?«, wobei er nach oben auf eine freie Fläche zwischen den Weinreben deutete.

Er schlug vor, vorher noch etwas zum Trinken zu holen. Sie gingen hinunter in die Severisiedlung, wo ein Brauer Bier verkaufte.

»Einen Krug? Mitnehmen? Den bekomme ich zurück, sonst schicke ich meinen Knecht an der Universität vorbei. Ihr seid doch Student, oder? Eurem Erscheinungsbild nach zu urteilen … unseren Mädchen die Augen verdrehen und dann nach dem Abschluss wieder in die Heimat gehen.« Der Brauer schien nicht gut auf die jungen Angehörigen der Hochschule zu sprechen zu sein. »Macht einen Taler Pfand.«

Martin bezahlte, ohne die Worte des Brauers weiter zu kommentieren, und stieg gemeinsam mit Anna den schmalen Weg zum Weinberg hinauf. Bevor sie sich auf die Wiese setzten, zog Martin seine Weste aus und legte sie seiner Begleitung als Unterlage auf das Gras.

»Vielen Dank!«, sagte Anna mit einem scheuen Lächeln. Sie teilten sich das Bier. Er hatte die stärkere Schlunze gekauft, die sie beide schon nach wenigen Schlucken merkten. Wieder hatten sie sich viel zu erzählen. Martin erfuhr, dass Annas Mutter von einem Pfaffen geschwängert worden war, der sich nie wieder hatte blicken lassen, nachdem ihre Mutter ihm von der Schwangerschaft berichtet hatte. Deshalb war sie ohne Vater aufgewachsen. Martin verstand und fragte nicht weiter nach. Seines Wissens hatten Geistliche für ihre Bälger zu zahlen.

Als der Krug leer getrunken war, nahm Anna seine Hand. »Soll ich dir aus der Hand lesen?«

Martin erschrak und erinnerte sich, was seine strengen, gottesfürchtigen Eltern ihm über Frauen erzählt hatten, die die Zukunft in einer Glaskugel sehen konnten, Handlinien auslasen und sich in anderen Vorherschauen betätigten: Hexen. Verbündete des Teufels. »Kannst du das denn?«, spielte er den Furchtlosen.

»Natürlich nicht. Aber ich weiß, wo die Herz- und die Lebenslinie ist. Sind sie ohne viel Brüche und lang, steht der Liebe und der Gesundheit nichts im Weg.« Sie kicherte, und er legte beruhigt seine Hand in die ihre. Dort blieb sie, während sie streichelnd seine Handfurchen entlangfuhr. Im Anschluss durfte Martin die ihren begutachten.

Es schlug zweimal, dann achtmal. Nur noch eine halbe Stunde bis zum Zapfenstreich. Sie hüpften, sich immer noch an den Händen haltend, den Berg hinunter, lachten über ihre Stolperer und kamen schließlich ganz außer Atem unten an. Anna fiel vor gespielter Erschöpfung in Martins Arme. Er hielt sie fest und nahm dabei den Geruch ihres dichten Haares und ihrer Haut wahr.

»Lass uns schon hier voneinander trennen, damit wir nicht irgendwelchen Bekannten in die Arme laufen«, schlug Anna vor.

Sie sahen sich in die Augen und gaben sich einen trockenen, doch sehr weichen Abschiedskuss auf den Mund. Ihre Herzen pochten, und sie lachten danach vor Erleichterung. Der erste Schritt war getan, ein Wiedersehen besiegelt.

»Spätestens Samstag wieder um zehn am Brunnen, ja?«, sagte Martin.

Anna nickte und winkte, bevor sie, ohne sich noch einmal umzudrehen, in Richtung des Domes durch die kleinen Gassen des Severiviertels verschwand.

Martin fand, dass er genug Zeit hatte, ihr heimlich noch ein wenig zu folgen. Zu seiner Verwunderung sah er, wie sie an der untersten Domstufe einer älteren Frau begegnete, die auffällig grelle Kleidung trug. Anna ging ein Stück des Weges an ihrer Seite, dann verabschiedeten sie sich voneinander, wobei die Frau Anna über den Kopf streichelte. Anschließend lief Anna links in Richtung langer Brücke, während die fremde Frau in die Mariengasse einbog. – War da nicht besagtes Frauenhaus, das Johannes Lang erwähnt hatte? Was hatte Anna mit solch einem Weib zu tun? Diese Frage beschäftigte Martin auf dem Weg zurück zur Burse, aber er fand keine Antwort darauf.

Am Montag ging Martin in die Bibliothek der Universität. Vor Ort durfte man sich jedes Buch geben lassen, das man wollte, und es an einem Pult oder Tisch lesen. Er erbat sich die lateinische Bibel, woraufhin ihn der Bibliothekar an einen Tisch verwies, wo ein großes Exemplar davon an einer Kette befestigt zum Studium bereitlag.

»Das ist unsere Vulgata. Die lateinische Ausgabe. Ich kann Euch auch die hebräische oder griechische Fassung geben.«

Martin schüttelte den Kopf. »Nein, ich will nicht die Sprache üben, sondern den Inhalt erfassen«, scherzte er und beugte sich über das große Buch. Als er die Bibel aufgeblättert hatte und sich darin vertiefte, merkte er mit großer Verwunderung, dass dort viel mehr Text, Episteln und Evangelien zu finden waren, als man in gemeinen Postillen und in der Kirche auf den Kanzeln auszulegen pflegte. Im Alten Testament blieb er an der Geschichte von Samuelis und seiner Mutter Anna hängen, der Gott erschienen war und die, obwohl ihr Leib verschlossen schien, nach langer Kinderlosigkeit endlich doch Nachwuchs geschenkt bekam. Diese Erzählung und vieles andere waren ihm neu, und er spürte den starken Herzenswunsch, solch ein Buch als Eigentum zu besitzen.

Kapitel 6

1501

DER SOMMER WAR HEISS. Schweine und Geflügel ruhten im Schatten der Häuser oder blieben gleich gänzlich im Stall. Die Markthändler schwitzten an ihren Ständen und behalfen sich mit Stoffbahnen, die sie zur zusätzlichen Beschattung von ihren Standdächern herunterhängen ließen. Die Fleischer konnten sich der Fliegen kaum erwehren, die sich in Schwärmen auf den Fleischbatzen niederließen. Ein stechender Geruch entfaltete sich und die Kundschaft blieb aus. Die Erfurter stellten sich zum Schwatz unter Schatten spendende Bäume, und die Brauer, die gerade das Recht zum Ausschank hatten, machten guten Umsatz.

Das Studium bereitete Martin Vergnügen. Und gerade bei der Hitze freute er sich, in dem kühlen Universitätsgebäude oder in seiner steinernen Burse die Nase in alte Schriften stecken zu können. Herrlich kühl auch der Besuch der Gottesdienste. Noch mehr Spaß machte ihm seine Freiheit. Die Beschränkungen durch die Bursenregeln waren nichts gegen sein strenges Elternhaus und nichts gegen die Beaufsichtigung durch die Cottas in Eisenach. Er und seine neuen Freunde trafen sich auf Augenhöhe. Er genoss sogar ein recht gutes Ansehen, weil sein Latein korrekt und seine Sprache präzise war. Er war wach und interessiert. Kaum eine Runde nach vier Uhr nachmittags, in der er nicht dabei war. Wenn die Studenten beisammensaßen und musizierten, trug er mit seiner klaren, mittlerweile dunklen Stimme zur guten Atmosphäre bei und sang. Die Sommerabende waren lang, die Grillen zirpten und der Wein schmeckte bei Musik und der Gewissheit, ein Mädchen zu haben, geradezu himmlisch.

Umso schwerer wurde es ihm ums Herz, wenn die Zerstreuung ein Ende hatte und die Ruhe fast unerträglich war. Dann drang ihm schmerzlich ins Bewusstsein, wie viel Furcht ihm sein Vater mit auf den Lebensweg gegeben hatte. »Wie sehr ich mich doch vor Dir, oh Gott, ängstige. Alle sehen in mir den lustigen Burschen, doch wer bin ich wirklich?«

Nach einem geselligen Nachmittag im Speisesaal verfiel er – allein zurück in seinem Zimmer – mal wieder ins Grübeln und wollte sich gerade aufraffen, einen seiner Zimmergenossen zu suchen, um Zerstreuung zu finden. Wem nützte dieses Gedankenkarussell?

Alexis war inzwischen ebenfalls fest mit Lotte befreundet und daher nicht mehr zu jeder Zeit verfügbar. Nun aber kam er ins Zimmer. »Grüß dich, Martin!«

»Alexis, schön, dich zu sehen!« Er schmiss sich zurück auf sein Bett und streckte die Füße aus. Er wollte von sich ablenken. »Und? Wie steht es zwischen dir und Lotte?«

Doch Alexis gab die Frage direkt zurück. »Gut. Bei dir?«

Ein kleiner Ballwechsel begann. »Auch. Hat sie dich schon verführt?«

Nun hatte Martin das Richtige angesprochen. Alexis setzte sich zu Martin aufs Bett und schaute zur Tür, um sicherzugehen, dass niemand kam.

»Sie hat's versucht, aber ich habe es noch nie gemacht und stelle mich womöglich ungeschickt an.« Er schaute auf das obere Bett gegenüber. Es war leer, aber er hörte, wie sich Hieronymus auf dem Flur näherte. Er unterhielt sich draußen mit einem anderen Studenten. Alexis legte seinen Zeigefinger auf die Lippen, deutete mit dem Kopf zur Tür und flüsterte ganz leise. »Hast du da gar keine Sorge?«

Martin verfiel ebenfalls in einen Flüsterton: »Die Natur hat's eingerichtet. Auch der Hund braucht keine Anleitung. Bräuchte der Mensch eine Einweisung, so gäbe es ihn vielleicht heute gar nicht.«

Sie mussten lachen. In dem Moment trat Hieronymus ein.

»Worüber sprecht ihr?«

»Im Ernst: Wir könnten doch mal in dieses Badehaus gehen und ein wenig Erfahrung sammeln?«, sagte Alexis nun laut, ohne auf Hieronymus' Frage einzugehen.

Jetzt kam auch Johannes Jäger, genannt Crotus, ins Zimmer. »Was machen wir heute bis acht?«, fragte er und schaute in die Runde.

»Wir gehen ins Badehaus, wenn ihr euch traut!«, schlug Alexis vor.

»Badehaus? Neben dem Universitätshospital? Oh, oh!« Johannes gestikulierte mit seiner rechten Hand, als sei das eine heikle Sache.

»Wer dort hingeht, wird es auch uns nicht verübeln«, gab Alexis schmunzelnd zu bedenken.

»Ich bin dabei!«, kam es von Hieronymus, der sich kaum auf einen Stuhl gesetzt hatte.

Schließlich war auch Johannes einverstanden und der Ausflug beschlossene Sache.

Erfüllt von einer gewissen Abenteuerlust zogen die vier jungen Männer sich ihre Umhänge über und gingen los. Zuerst wollten sie etwas trinken und lenkten ihre Schritte zur Futterstraße, wo im Haus zum Wachsberg Bier ausgeschenkt wurde. Sie bestellten sich jeder einen Krug der starken Schlunze, kippten es ihre Kehlen hinunter und liefen vor der Ägidienkirche hinter die Krämerbrücke, wo sich neben dem Hospital das besagte Badehaus im Haus zur Güldenen Diestel befand. In der Nähe des Eingangs sahen sie sich um, ob niemand ihnen gefolgt war oder sie beobachtete, betätigten den Türklopfer und schoben sich so schnell durch die sich öffnende Tür, dass sie vor einem muskulösen Aufpasser abrupt zum Stehen kamen und aufeinanderprallten.

»Seid Ihr Kundschaft?«, fragte der Mann ernst.

»Ja, wir sind zum ersten Mal hier. Geld haben wir dabei.« Johannes zeigte seine Münzen.

Mit einer schnellen Seitwärtsbewegung seines Kopfes forderte der Hüne sie auf, ihm zu folgen. Die vier gehorchten und tappten dem Mann nach einen dunklen Flur entlang, der mit nur wenigen Laternen beleuchtet war. An dessen Ende schoben sie einen roten Samtvorhang zur Seite und standen vor einer Theke, hinter der eine üppige Frau mit hoch aufgetürmten roten Haaren auf einem hohen Hocker saß. Ihre Lippen waren knallrot, die Augenlider blau, wie die Farbe ihrer Augen.

»Was kann ich für Euch tun?« Sie schaute die Studenten belustigt an.

Alexis schubste Martin vor.

»Wir wollen ein Bad nehmen. Zahlt man für eine gute Einseifung extra?«, fragte der, bemüht um ein souveränes Auftreten.

»Aber selbstverständlich!«, gab die Frau zurück. »Ich schlage vor, wir nehmen vier kleine Zuber und eine Dame, die sich abwechselnd um Euch kümmert. Eine halbe

Stunde insgesamt.« Jetzt drehte sie sich um und brüllte in den Raum hinter sich. »Irina! Kundschaft!«

Als eine sehr kurvige, leicht bekleidete Frau erschien, deren lange blonde Haare über ihre Brüste fielen, die unter einem fast durchsichtigen Stoff bei jedem Schritt fröhlich wippten, drehte das rothaarige Weib eine Sanduhr um.

»Die Zeit läuft! Viel Vergnügen!«, sagte sie. Und zu Irina: »Einseifen, mal anfassen lassen. Denen fallen ja jetzt schon die Augen aus. Nicht, dass wir sie von den Professoren ohnmächtig abholen lassen müssen.«

Beide Frauen lachten.

Im Baderaum angekommen, zogen sich die vier Studenten rasch aus, legten ihre Kleidung auf eigens dafür bereitstehende Bänke und stiegen in die vorbereiteten Zuber. Zwischen den Wannen waren Vorhänge angebracht, die Irina nun zuzog. Es ging ziemlich laut zu, denn zwei Musikanten spielten Musik an der Drehorgel, und es gab viele Besucher, die man zwar nur erahnen konnte, die aber mit ihrem Getuschel, mit derben Sprüchen und Gelächter für einen ständigen Geräuschpegel sorgten. Außerdem gab es wohl eine Gaststube einen Raum weiter, denn man vernahm Gejohle und das Anstoßen von Krügen.

Nach einer gefühlten Ewigkeit, in der er voller Anspannung allein in seinem Zuber gewartet hatte, kam Irina schließlich zu Martin. Er war der Letzte in der Reihe. Sie nahm ein Stück Schafsseife, entledigte sich ihres leichten Umhangs und stieg zu ihm in das lauwarme Wasser.

»Zuerst seife ich dich ein«, erklärte sie ihm mit sanfter Stimme. »Steh dazu bitte kurz auf.«

Martin wurde heiß. Er konnte unmöglich aufstehen. Sein Glied hatte bereits auf ihre Fraulichkeit reagiert.

»Schäm dich nicht. Es ist Sinn der Sache, dass es dir gefällt!«

Zögerlich erhob er sich, und sie seifte ihn mit flinken Fingern am ganzen Körper ein. Dann gab sie ihm die Seife, erhob sich auf ihre Knie und ließ ihn ihre Brüste einreiben, ihren Bauch und schließlich den Bereich zwischen ihren Beinen. Martins Puls raste, er konnte nicht mehr klar denken. Welche Zügellosigkeit und Unzucht. Noch nie hatte er eine nackte Frau vor sich gehabt, die sich überdies überall anfassen ließ. Zwischen ihren Beinen fühlte es sich so weich an wie an der Schnauze seines Rappens. Kurz kam ihm sein Vater in den Sinn, aber er schob ihn sofort beiseite. Schließlich ist es die beste Schule fürs Erwachsenwerden, zwang er seine Gedanken zur Sachlichkeit, nicht mehr und nicht weniger. Sein Kopf wurde wieder klarer, und er dachte an Anna und dass er für *sie* diese Lektion durchlief. Immerhin hatten sie nicht wenig Geld dafür bezahlt. Von diesen Überlegungen beflügelt schaute er noch mal genau hin und bat Irina sogar, sich umzudrehen. In dem Moment erschallte draußen eine Glocke.

»Irina!« Die rote Frau hatte gerufen.

Irina stieg aus dem Bad, legte sich, nass, wie sie war, ihren Umhang über, zog die Vorhänge zurück, hinter denen sich Johannes, Hieronymus und Alexis bereits mit Leinentüchern abtrockneten, und verließ den Raum.

Die jungen Männer schauten sich an und grinsten verlegen. Zurück auf der Straße prahlten sie übermütig damit, wie sie das Prachtweib studiert hatten.

»Lasst uns noch ein Bier trinken gehen!«, schlug Johannes vor, und sie suchten das nächste Wirtshaus auf, um die erhitzten Gemüter bei einem guten Schluck abzukühlen.

Als sie erst kurz nach neun Uhr die Burse erreichten, stand der Bursenmeister bereits mit dem großen eisernen Schlüsselbund vor der Tür, um den Spätankömmlingen die Leviten zu lesen.

Nach außen hin reumütig, innerlich aber immer noch freudig aufgewühlt begaben die vier sich auf ihr Zimmer.

Endlich in ihren Betten, wurde Martin still.

»Was ist mit Dir?«, fragte ihn Alexis.

»Lasst uns wenigstens ein Gebet sprechen. Beichten werde ich unsere Unternehmung nicht«, antwortete Martin und begann: »Herr, ich bin nicht rein vor Dir, ich bin ein sündiger Mensch und fehle oft. Wenn Du der Sünden gedenken willst, Herr, wer wird vor Dir bestehen können? Es schmerzt mich in der Seele, dass ich Dich, meinen besten Gott und Vater, beleidigt habe, Dir bei all Deiner Güte so undankbar gewesen bin, mir dadurch gerechte Strafen hier und im andern Leben zugezogen habe. Veracht' nicht mein demütiges und zerknirschtes Herz und vergib mir um der Verdienste Jesu Christi willen alle meine Sünden. Ich mach vor Dir in allem Ernste und mit aller Aufrichtigkeit den festen Vorsatz, freiwillig Dich mit keiner Sünde mehr zu beleidigen, mit der zartesten Gewissenhaftigkeit im Kleinen wie im Großen. Deine heiligen Gebote zu halten und mit der größten Sorgfalt über all mein Tun und Lassen zu wachen. Dazu gib mir Deine wirksame Gnade. Amen.«

Die anderen drei murmelten das Gebet halbherzig mit und wünschten sich anschließend eine gute Nacht.

»Du kannst einem ganz schön den Spaß verderben mit deinem Gewissen und deinen Gebeten«, bemerkte Hieronymus, drehte sich um und schlief ein.

Martin hingegen lag noch lange wach und versuchte, die Vorstellung zu verdrängen, was sein Vater zu seinem heutigen Ausflug ins Badehaus gesagt hätte. Überhaupt kostete es ihn große Anstrengung, die Gedanken an seinen Vater wieder und wieder aus seinem Kopf zu verbannen.

Entsprechend müde konnte er am nächsten Tag während der Vorlesung kaum die Augen offen halten. Sein Professor Jodokus Trutvetter sprach ihn mehrmals an und wunderte sich, dass Martin heute gar so wenig bei der Sache war.
»Ihr müsst Euch ausschlafen. Nicht umsonst schließt die Burse um halb neun!«, erinnerte er alle Anwesenden, während er sich kopfschüttelnd von Martin abwandte.
Martin nahm es sich zu Herzen, und die nächsten Tage liefen besser. Beschwingt durch die Vorfreude auf seine Verabredung mit Anna am Sonnabend lernte er fleißig und schloss sich gut gelaunt seinen Kommilitonen beim gemeinsamen Singen und den körperlichen Übungen an.
Am Samstag schließlich, als ein Sonnenstrahl durch das Fenster direkt auf sein Gesicht schien und ihn die tanzenden Staubpartikel in der Nase kitzelten, wachte er von seinem eigenen Niesen auf. Er blieb noch ein wenig mit offenen Augen liegen und beobachtete das Schauspiel der Staubkörnchen, die ihn an die griechische Sage erinnerten, nach der Zeus seinen Sohn Herakles an seiner göttlichen Frau Hera trinken ließ, als diese schlief. Der Sohn saugte so ungestüm, dass Hera erwachte und den ihr fremden Säugling zurückstieß und damit ein Strahl ihrer Milch über den ganzen Himmel verspritzt wurde, so wie die Iringstraße am Firmament. Hähne krähten, Hunde bellten und Vögel zwitscherten um die Wette. Alexis schnarchte und drehte sich in Richtung Wand.
Martin stand auf, ging sich waschen, zog sich an, nahm ein Buch vom Regal und las noch ein wenig auf seinem

Bett, bis die Glocke zum Aufstehen läutete. Das Läuten bedeutete, dass sie genau zehn Minuten hatten, um sich dann zum gemeinsamen Gebet im Speisesaal einzufinden.

»Alexis! Aufstehen! Ich schätze, Lotte will dich heute auch sehen, oder?«

Bei dem Wort »Lotte« war Alexis sofort hellwach. »Ja, um zehn. Am Brunnen. Kommt Anna auch?«

Martin lachte. »Selber Ort, selbe Zeit. Wie einfallslos!«, sagte er ironisch.

Jetzt setze sich Johannes auf, der oben über Alexis schlief. »Was redet ihr da?«

»Nichts von Bedeutung. Wir wollen frühstücken. Komm!« Martin öffnete bereits die Tür, musste aber noch eine ganze Weile auf die anderen warten, die sich eilig wuschen und anzogen.

Sie liefen ins Haupthaus zum Speisesaal. Es war jeden Morgen ein freudiges Hallo, geschäftig, teilweise förmlich, denn auch Magister und Bakkalare, die bereits unterrichteten, sowie Professoren kamen zum Frühstück zusammen. Es war ein gutes Gefühl. Endlich erwachsen! Endlich respektiert! Und so konnte es bleiben, solange man keine Fehler machte.

»Denk ans Ausschlafen. Auch am Wochenende gibt es Regeln – die des gesunden Menschenverstandes und des Gewissens!«, ermahnte Trutvetter Martin, als der ihm vom Krug Wasser einschenkte, wie die Studenten es für ihre Lehrer taten.

Martin schaute auf den erhobenen Zeigefinger und lachte. »Keine Sorge, ich kenne meine Grenzen.«

»Alexis, ich will, dass wir getrennt zum Fischmarkt gehen. Schließlich haben wir uns auch getrennt verabredet. Mal sehen, wie's die Mädchen machen«, sagte er später zu seinem Zimmerkameraden und ging vor, ohne Alexis' Antwort abzuwarten.

Als er um die Rathausecke bog, sah er schon, wie die beiden Mädchen zusammenstanden und Lotte enttäuscht in seine Richtung blickte, als er alleine auf sie zusteuerte.

»Keine Sorge, Alexis kommt gleich«, beruhigte er sie mit einem verschmitzten Lächeln. »Hallo, Anna«, begrüßte er dann seine Freundin, »wohin führst du mich heute?«

Anna lächelte ihn glücklich an. »Ich dachte, wir nehmen heute mal dein Pferd. Steht es noch bei Ziegler?«

Martin fand das eine gute Idee und nickte. Sie verabschiedeten sich von Lotte und liefen Hand in Hand durch die Stadtmünze über die Rathausbrücke zum Wenigemarkt und zum Haus zum Rebstock. Martin meldete sich kurz bei Ziegler, ging dann in den Stall, informierte den Stallburschen und machte sich daran, sein Pferd aufzuzäumen. Anna stand neben ihm und beobachtete, wie seine Handmuskeln arbeiteten, während er das Pferd striegelte, wie er sich sicher bewegte, als er ihm die Hufe auskratzte und wie ruhig er dabei mit dem Tier umging. Ohne jegliche Widerspenstigkeit ließ es sich die Trense anlegen, den Sattel auflegen und den Gurt festziehen.

»Wir führen ihn bis zum Stadttor, und dann sitzt du mit auf. So ein Fliegengewicht wie dich kann Hanjo leicht noch zu dem meinen tragen!«

Sie verließen die Stadt zu Fuß durch das Johannestor, führten den Rappen noch durch den Zwinger – den großen Grabenbereich zwischen alter und neuer Stadtmauer – über die Brücke und saßen dann auf. Zuerst hob Martin Anna in den Sattel. Wegen ihres Kleides setzte sie sich seitlich ganz nach vorne. Dann bugsierte Martin den Wallach an einen

Stein, von dem aus er hinter Anna aufstieg. Sie saßen dicht zusammen und spürten die leichten Bewegungen des anderen im Takt mit dem Schritt des Pferdes. Insekten summten durch die Luft, die Sonne brannte inzwischen herunter und Martin lenkte Hanjo auf einen Weg unter Bäumen. Rechts zeigte Anna auf das Große Hospital und erzählte ihm von einer alten Geschichte, die sich in diesem Spital vor dem Krämpfertor einst begeben hatte: »Dort schändeten Siechen vor langer Zeit eine Jungfrau vornehmen Standes, die mit ihrer Begleitung bei ihnen ein Obdach erbeten hatte. Sie erschlugen sie danach und überwältigten auch ihren Begleiter und verscharrten beide. Als das Verbrechen ans Licht kam, ließ der Rat am Spital Feuer legen und es mitsamt den Insassen verbrennen.«

»Was für eine schaurige Begebenheit. Hoffen wir, dass dies nicht uns passiert!«

»Ja, lass uns wegreiten. Ich kenne eine gemütliche Stelle an einer Quelle, wo meine Mutter mit mir oft Brunnenkresse gepflückt hat, als ich ein Kind war. Ich durfte mir auch die Hände im kühlen Wasser waschen und etwas davon trinken. Die Quelle heißt ›Zu den Dreienbrunnen‹.«

Dort angekommen, band Martin sein Pferd an einen Baum, nahm die Decke, die er aus dem Stall mitgenommen und hinter dem Sattel verschnürt hatte, und breitete sie am Rand des Wassers aus. Er setzte sich und klopfte neben sich auf die Unterlage. Anna kam seiner Aufforderung nach und machte es sich bequem, sie sahen sich in die Augen und küssten sich. Es fühlte sich gut an. Martins Puls raste. Anna nahm seine Hand und legte sie auf ihr Herz. »Fühl mal, was du mit mir angestellt hast.«

Er spürte ihre weiche Brust, und sie küssten sich wieder und wieder, legten sich hin und verloren sich in dem anderen. Als das Pferd schnaubte und mit den Vorderhufen schabte, richteten sie erst ihre Kleidung, schauten zum Wasser, dann zum Pferd und wieder zum Wasser, zogen sich beide bis auf die Unterwäsche aus und gingen zusammen mit Hanjo in den Fluss hinein. Sie bespritzen den Pferderücken, dann sich gegenseitig und kamen aus dem Lachen nicht mehr heraus. Als Martin merkte, dass Anna übermütig und das Pferd unruhig wurde, meldete sich sein Verantwortungsgefühl, und er befand für sich, dass sie es lange genug bunt getrieben hatten. Er wurde ernster, nahm das Pferd am Strick und führte es wieder zum Baum, wo er es aufsattelte und für den Rückritt bereitstellte. Er zog seine Hose über die nassen Sachen und beachtete Anna nicht weiter, die sich ebenfalls wieder ankleidete.

»Was ist mit dir?«, wollte sie wissen, weil sie die Veränderung seiner Gemütslage bemerkt hatte.

»Nichts. Aber wir müssen zurück. Ich muss noch lernen«, gab er knapp zurück.

Als sie ihn fragend ansah, stupste er ihr mit dem Finger auf die Nase. »Alles in Ordnung. Die Pflicht ruft!«

Er half ihr wieder auf sein Pferd, und sie ritten zurück in die Stadt, wo er sich gleich hinter dem Stadttor von Anna verabschiedete. »Besser, man sieht uns nicht immer zusammen«, begründete er die abrupte Trennung.

»Sehen wir uns morgen?« Anna wirkte verunsichert.

Martin hätte es ihr gerne versprochen, aber seine innere Stimme sagte ihm, dass er es nicht übertreiben sollte. »Morgen muss ich in der Burse beim Brauen helfen und mich auf meine Disputation vorbereiten. Sagen wir Mittwochabend. Vor den Domstufen.«

Anna nickte erleichtert.

So hielten sie es den Sommer über, bis Martin nach Ende des Semesters das erste Mal in Begleitung seines Freundes Alexis mit den Pferden nach Mansfeld ritt. Am letzten Abend verabschiedete er sich unterhalb des Petersberges von Anna. Wie schon bei ihrem ersten Treffen ging er ihr nach und beobachtete erneut, wie sie auf diese auffällig gekleidete Frau traf. Martin hielt sich in der Deckung einer Hausecke. Nachdem Anna kurz mit der Frau gesprochen hatte, lief sie wie gewohnt in östliche Richtung, vermutlich nach Hause. Die Frau bog in westlicher Richtung in die Marienstraße links vom Dom ein. Als noch ein paar schwarz gewandete Benediktinermönche, ein Franziskaner mit braunem Umhang und ein Dominikaner in weißer Kutte nebst ein paar Frauen am Trinkwasserbrunnen und zwei anderen Bürgern über den Platz liefen, überquerte auch Martin wie selbstverständlich den geschlossenen Markt und folgte der Fremden in die Marienstraße. Er sah sie vor einem großen Steinhaus stehen, welches das von Lang beschriebene Mumenhaus sein musste. Sie sprach mit zwei anderen Weibern, die, wie sie, Kleider in bunten Farben trugen und unsittlich geschminkt waren. Jetzt öffnete sich die Tür, und ein Benediktinermönch trat hinaus ins Freie. Sogar das späte Tageslicht schien ihm zu grell zu sein, denn er kniff seine Augen zusammen, bis sie sich an die Helligkeit gewöhnt hatten. Ein dunkles Gewerbe, dachte sich Martin.

Plötzlich sprach ihn ein Geistlicher an, der sich von hinten genähert haben musste: »Was steht Ihr hier herum? Traut Ihr Euch nicht hinein? Ich kann Euch begleiten.«

»Nein, danke. Ich schaue nur. Muss gleich zurück«, stammelte Martin.

Der Geistliche gab sich mit der Antwort zufrieden und lief auf die drei Frauen zu. Annas seltsame Bekannte hakte sich bei ihm ein und ging mit ihm durch die geöffnete Tür, die einen kurzen Blick in einen rot beleuchteten Innenraum freigab.

Eine Pfaffenhure, dachte sich Martin. Wieso kennt Anna eine Pfaffenhure?

Diesen Gedanken nahm er an diesem Abend mit in sein Bett.

Der Gedanke begleitete ihn auch noch auf dem Ritt nach Mansfeld. Alexis und er verließen Erfurt durch das Johannestor bei Morgengrauen in Richtung Mittelhausen, dem uralten Sitz des Thüringer Dingstuhles. Sie wollten auf dem Weg zweimal übernachten. Dabei war ihr Ziel, ihr erstes Gasthaus in Hassleben bereits am frühen Nachmittag zu erreichen, um dann noch ein wenig durch den Ort zu schlendern, während die Pferde sich ausruhen und grasen konnten, es am selben Tag noch bis Weißensee zu schaffen, dort die Kirche St. Peter und Paul zu besuchen und in Ruhe und Gemütlichkeit den Abend bei einer guten Mahlzeit ausklingen zu lassen. Alles lief nach Plan. Sie waren hintereinander hergeritten. Beide genossen sie die reine Präsenz des anderen. Es war gut, in Begleitung eines Freundes zu reisen und sich nicht ständig durch Geschwätz ihrer Verbundenheit vergewissern zu müssen. Erschöpft fielen sie in einen tiefen Schlaf, als sie sich in einem einfachen Gasthaus auf Strohpritschen zur Ruhe legten. Am nächsten Morgen brachen sie nach einem kräftigen Frühstück mit gebratenem Speck bei Sonnenaufgang wieder auf und folgten der Sächsischen Straße dem Sachsenburger Engpass zu. Es waren viele Fuhrmannsleute unterwegs, entsprechend dicht die Gasthöfe am Weg. Die jungen Männer gönnten den Gäulen immer wieder kleine Pausen und sich selber einen guten Krug Bier.

Sie erreichten Sangerhausen rechtzeitig zur Abendmesse in der Jacobikirche. Ganz in der Nähe des Gotteshauses verbrachten sie ihre zweite Nacht. Der letzte Teil der Strecke führte über Kiestedt. Sie trieben ihre Pferde die Kloppgasse aufwärts durch den Wald nach Annarode und Siebigerode. Der Duft nach Moos und Nadeln, der Schatten der Bäume und die Ruhe waren eine Wohltat für Pferde und Reiter. Sie erreichten das Mansfelder Erzgebiet am späten Nachmittag.

Alexis' einziges Gesprächsthema auf der gesamten Reise war Lotte und was er mit ihr noch so alles anstellen wollte. Auch Martin ging Anna nicht aus dem Kopf – aber es waren nicht mehr nur unbeschwerte Gedanken, die er mit ihr verband. Erst als er das Haus seiner Eltern erreicht hatte und ihn die Geschwister laut plappernd mit Fragen überschütteten, rückte ihr Bild und das des Mumenhauses in den Hintergrund.

Der Vater klopfte Martin freundschaftlich auf die Schulter: »Komm, mein Sohn. Mutter hat etwas Gutes gekocht. Schön, dich zu sehen. Wir sind alle neugierig.« Auf dem langen Holztisch standen Schüsseln mit Kirschen, Walderdbeeren und Stachelbeeren. In der Mitte ein Apfelkuchen. Dann stellte die Mutter jedem einen Teller mit Kohl und gebratenem Täubchen hin. Martin kam die Ehre zu, das Tischgebet zu sprechen.

»Martin, erzähl von Erfurt!«, drängelte seine kleine Schwester, als er geendet hatte und es an die Mahlzeit ging.

Der Vater sah sie streng an. »Das Essen wird kalt. Erst lassen wir es uns schmecken, und dabei herrscht Ruhe. Martin kann danach berichten.«

Sie aßen schweigend. Nachdem schließlich alle ihren Teller geleert und Mutter mit den Mädchen abgeräumt hatte, entspann sich ein Dialog zwischen Vater und Sohn, dem die anderen stumm lauschten. Hans wollte wissen, wie es denn so wäre in der fernen großen Stadt, was er lernen würde an der Universität, wie die Professoren seien, ob ihm das Studium leichtfiele und vieles mehr. Martin antwortete bedächtig und ließ die gelegentlichen Trinkgelage und seine Erfahrungen mit dem weiblichen Geschlecht wohlweislich unerwähnt.

»Und dieser Alexis aus Mansfeld? Wo ist er?«, wollte sein Vater wissen.

»Er ist mit mir geritten, hat auch ein Pferd in Erfurt. Wir teilen uns dort ein Zimmer. Er ist ein netter Kerl – der Sohn vom Schmied.«

Hans nickte zufrieden. »Stell ihn uns vor! Wir würden ihn gerne kennenlernen.«

Bevor die Dämmerung hereinbrach, verlegten sie ihren Unterhaltungsort nach draußen. Grete tischte den Männern ein kühles Bier auf, das sie am Tisch unter der großen Linde im Hof genossen. Die Jüngeren beschäftigten sich mit den Hühnern und Hasen. Als es dunkel wurde, zündeten sie eine Laterne an. Durch die Baumkrone hindurch und über ihr am Himmel traten die Sterne immer heller und klarer hervor, die Grillen zirpten und Fledermäuse huschten zwischen Dachboden und Tenne im Hinterhof hin und her. Der Vater war zufrieden mit seinem Sohn und der mit seinem neuen Verhältnis zum Vater, das von Anerkennung ihm gegenüber geprägt war.

Martin nahm sich den Wunsch seines Vaters zu Herzen. Da er ohnehin vorgehabt hatte, Alexis während ihres Aufenthaltes in Mansfeld einmal zu besuchen, machte er sich gleich am nächsten Tag auf den Weg zu der Schmiede, die dem Vater seines Studienfreundes gehörte. Der war gerade dabei, ein Eisen an der heißen Feuerstelle zu schlagen, und kühlte es zischend mit der Zange in einem Bottich mit kaltem Wasser ab, als Martin eintraf und sich vorstellte.

Der Schmied schüttelte ihm die Hand. »Alexis hat schon viel von Euch erzählt. Euer Vater ist Stadtrat, ja? Alle Achtung!«, sagte er bewundernd.

Er wies seinen Sohn an, dem Gast Haus und Hof zu zeigen, und als sie ihre Runde beendet hatten, lud Martin Alexis sogleich zu einem Gegenbesuch ein. »Auch meine Eltern würden sich freuen, dich kennenzulernen. Du könntest mich direkt begleiten, wenn du möchtest.«

»Geh nur!«, sagte der Vater, als Alexis ihn fragend ansah. »Du kannst mir weiter zur Hand gehen, wenn du zurück bist.«

Das ließ sich Alexis nicht zweimal sagen. Der kleine Ausflug schien ihm eine willkommene Abwechslung zu sein. So liefen sie gemeinsam durch die kleinen Gassen Mansfelds zum Haus der Ludhers.

»Vater, wir sind da!«, rief Martin schon von Weitem.

Hans und Grete kamen zum Tor und baten den Gast, sich mit ihnen in den Hof an den großen Tisch unter der Linde zu setzen. Sie unterhielten sich einige Zeit über die Universität sowie die beabsichtigten Prüfungstermine der beiden, und natürlich fragte Hans Alexis ganz unauffällig über dessen Elternhaus aus. Als es Martin zu offensichtlich wurde, bot er Alexis an, ihm sein Lieblingsgasthaus in Mansfeld zu zeigen, wo sie ein kühles Bier unter einer schattenspendenden Eiche genossen.

Als Martin am Abend zurückkam, wollte Hans Ludher das Urteil seines gebildeten Sohnes zu seinem eigenen Aufstieg hören.

»Sehr gut. So könnt Ihr die Geschicke der Stadt und letztendlich Eure Geschäfte mitgestalten«, lobte der Sohn den Vater.

»Ja, als Ratsmitglied muss man sich einbringen. Woran, denkst du, fehlt es noch in Mansfeld? Was gibt es in Erfurt, das auch unserer Stadt gut zu Gesicht stünde?«, wollte Hans weiter wissen.

Martin lachte: »Erfurt ist eine der größten Städte des Heiligen Römischen Reiches Deutscher Nation. Vater, das ist nicht zu vergleichen. Die Universität, die Märkte, die großen Straßen. Mansfeld braucht ebenfalls gute Straßen und Wege, ein paar mehr Gasthöfe, einen über die Grenzen bekannten Markt. Euer Kupfer muss der Anziehungspunkt sein.«

Hans sah vor seinem geistigen Auge Trosse von Händlerwagen die Stadtmauern passieren. »Komm, gehen wir schlafen, morgen musst du mit mir unsere liebe Verwandtschaft besuchen!«, forderte Hans ihn auf.

In den folgenden Tagen hatte Martin seinen Vater zu allem und jedem zu begleiten und wurde stolz als Erfurter Student präsentiert.

Martin fügte sich in die Rolle des strebsamen Sohnes, und natürlich freute er sich, dass es seinen Vater glücklich machte und ihm vielleicht sogar Zugang zu höheren Kreisen verschaffte. Und selbstverständlich hatte er es allein ihm zu verdanken, dass er aus diesem kleinen Städtchen herausgekommen war, in dem er alles und jeden kannte und das ihm keinerlei Futter für sein Gehirn bot. Waren seine Gedanken in den vergangenen Jahren bei seinen Aufenthalten hier stets nach Eisenach gewandert, in die freundliche und höfliche Umgebung der wohlhabenden Cottas und deren wohlerzogener Tochter Clara, die ihn immer öfter verstohlen angesehen hatte und dabei errötet war, so gingen sie nun zunehmend zurück in die Stadt, in der es brummte, wo es bunt war, verdorben, zügellos und abgehoben, und zu Anna, ihren Lippen, ihren Rundungen. Wenn er sich beim Abdriften in sündige Gedanken ertappte, räusperte er sich, straffte seinen Rücken und vergegenwärtigte sich, dass er zu Besuch bei seinen Eltern war.

Nach zwei Wochen wollte Hans seinen Sohn zu einem gemeinsamen Treffen mit der reichen Eislebener Familie bewegen, damit sein Sohn die von ihm Auserwählte endlich kennenlernen und ihr näherkommen würde. Immer wieder hatte Hans Andeutungen gemacht und die Tochter des Hauses als durchaus ansehnlich und gut gebaut beschrieben. Vor allem aber, so wusste sein Vater zu betonen, wäre sie eine gute Partie und eher genügsam im Gemüt, was als Vorteil für einen friedlichen Hausstand nicht zu verachten sei. Martin war nicht interessiert. Er wusste, von wem sein Vater sprach. Gut gebaut hieß in diesem Fall pausbäckig und schwerfällig. Er dachte: Die Frauen haben einen dicken Arsch, auf dem sollen sie sitzen bleiben! Jedenfalls wusste er dieses Stelldichein zu verhindern, indem er sich mit Alexis besprach, dass sie dringend abzureisen hätten. Es sei genug. Und tatsächlich kam Alexis am nächsten Tag völlig aufgeregt zu Martin und erklärte aufgebracht, dass er ganz wichtige Vorlesungen vergessen habe, zu denen die Professoren in der Semesterpause eingeladen hatten. Er war ein begnadeter Schauspieler!

Hans Ludher verstand nicht viel von den Lektionen an der Universität und ließ Martin ziehen. Die beiden Studenten lachten noch lange über die gelungene Ausrede und witzelten über die feine Patriziertochter, die vergeblich auf ihn, Martin, ihren Prinzen wartete, während der sich schon auf seinem Heimritt befand.

Kapitel 7

1501

Die herbstlichen Tage im September und Oktober verbrachten sie mit Lesen, Lernen, Arbeiten und ihren Pferden, in fröhlicher Studentenrunde und bei geheimen Treffen mit ihren Mädchen. Anna war sehr lieb, und immer war sie hübsch zurechtgemacht. Dennoch, sie war die Tochter einer Magd. Dem Vater wäre das nicht gut genug, darüber machte sich Martin keine Illusionen.

»Du siehst wieder sehr schön aus. Schneidert ihr selbst, du und deine Mutter?«, machte Martin Anna ein Kompliment zu ihrem weinroten Kleid, das sie heute trug.

»Meine Mutter hat nicht viel Zeit, und ich würde es zwar gerne lernen, kann aber bei Weitem nicht so schöne Kleider nähen wie dieses. Nein, wir haben eine Schneiderin in unserer Gasse, bei der wir kaufen.«

»Ich bräuchte eine neue Hose. Ob ich ihre Dienste wohl auch einmal in Anspruch nehmen könnte?« Martin zeigte Anna sein an den Knien und am Hinterteil verschlissenes Beinkleid und lachte einnehmend.

»Sicher, ich könnte mit dir zusammen hingehen. Sie hat eigentlich kaum noch Zeit für neue Kundschaft, aber mit mir …« Anna legte den Kopf schief und grinste spitzbübisch.

»Gut, dann lass uns gleich morgen früh gehen. Wenn das

Semester erst wieder losgegangen ist, habe ich keine Zeit mehr, bei mir Maß nehmen zu lassen.«

So machte sich Martin am folgenden Morgen schon kurz nach Sonnenaufgang auf in die Grafengasse und wunderte sich nicht schlecht, als er von Weitem sah, wie Anna gemeinsam mit ihrer Mutter aus dem Haus auf die Straße trat. Die Mutter strich Anna eine Haarsträhne aus dem Gesicht, schien ihr noch Aufträge für Erledigungen zu erteilen, die Anna mit einem Nicken bestätigte, und lief dann in Richtung Anger. Sie kam Martin bekannt vor, nur dass … sie heute in Braun-Grau-Tönen gekleidet und völlig ungeschminkt war. Natürlich, es war die Frau, die Anna schon zweimal abends auf dem Platz vor den Graden getroffen hatte und die dann in die Mariengasse in Richtung Frauenhaus gelaufen war! Martin war verwirrt. Bei Anna machte er sich erst bemerkbar, als ihm sein offen stehender Mund bewusst geworden war und er seine erstaunte Miene in ein Gesicht des freudigen Wiedersehens verwandelt hatte.

»Grüß dich, Anna! Deine Mutter?«, fragte er mit gespielter Selbstverständlichkeit und deutete in die Richtung, in die die Frau vor wenigen Augenblicken verschwunden war.

»Ja, sie geht arbeiten. Komm schnell herein!«, forderte Anna ihn eilig auf, schob ihn durch die Haustür und sah sich um, ob sie von den oberen Fenstern der Nachbarhäuser aus beobachtet wurden. Einige Fenster waren geöffnet und hier und dort hingen Tücher zum Lüften heraus. Doch zu dieser frühen Stunde waren die meisten Bewohner damit beschäftigt, ihre Tiere zu füttern und anschließend zu frühstücken.

»Judiths Werkstatt öffnet gleich. Hier drin sieht uns keiner.« Sie nahm Martin an die Hand, führte ihn durch die

Küche nach oben in ihre Kammer und auf ihr Bett, wo sie den verdutzten Studenten mit Küssen überschüttete. Martin genoss ihre zarten Lippen und ihre gegenseitigen Berührungen, bis zu dem Punkt, als ihm ihre Zügellosigkeit auffiel und er das Bild dieser Frau, ihrer Mutter, vor dem Frauenhaus vor sich sah. Er schob sie etwas von sich weg.

»Ihr habt es schön hier. Für eine Magd mit Tochter und ohne Mann geht es deiner Mutter doch sehr gut. Du sagtest, der Ratsherr zahle nicht gut.« Martin schaute sie ernst an.

Anna biss sich auf die Unterlippe und sah betreten zu Boden.

»Raus mit der Sprache! Ich habe deine Mutter schon einmal woanders gesehen«, rutschte es Martin etwas forscher heraus, als er es beabsichtigt hatte. Doch Annas offensichtliche Geheimniskrämerei, verbunden mit der Angst davor, sich von ihr zu sündigen Handlungen verleiten zu lassen, machte ihn wütend.

Jetzt war es Anna, die ihn ärgerlich anblickte. »Ach ja?«, fragte sie herausfordernd.

»Du trafst sie jeweils, als wir uns abends in der Nähe des Doms verabschiedeten. Also? Ich warte auf eine Erklärung«, gab sich Martin unerbittlich. »Was verschweigst du mir?«

Anna senkte den Blick. Ihre Stimme war leise, als sie zu sprechen begann. »Meine Mutter verdient sich etwas Geld hinzu. Nicht, wie du vielleicht denkst. Aber da ist diese Kupplerin Kunne Rothemechin. Sie wusste, dass es bei uns knapp ist, und so hat sie meiner Mutter einen Kunden vermittelt. Einen Priester. Eher schüchtern. Verliebt in meine Mutter ... und in die Atmosphäre des Hauses dort, weißt du.« Sie schaute Martin verlegen an, als fürchte sie seine Zurückweisung. »Das Frauenhaus ist unter Ratsaufsicht.

Es wird regelmäßig visitiert und es gibt strenge Bedingungen an Reinlichkeit und Redlichkeit der Besucher. Mutter hatte eine Freundin, die gefänglich eingezogen wurde und acht Tage mit Wasser und Brot gespeist und dann der Stadt verwiesen werden sollte. Sie verdingte sich in der Diebsgasse, eine Seitenstraße der Johannesstraße. Und wie der Name schon sagt, treibt sich dort allerlei Gesindel herum. Ein, sagen wir, höherer Herr, beschuldigte sie, sie hätte seinen Münzbeutel geklaut. Natürlich war das erlogen. Sie hatte ihn abgewiesen, weil er Syphilis hatte. Das Geschwür befand sich dort, wo nur sie es sehen konnte. Und weil er nicht zahlen wollte und sie sich vor der herbeigerufenen Stadtwache rechtfertigte, drehte er den Spieß um. Nun, er war kein Unbekannter, und nun sitzt sie noch im Karzer. Im Mumenhaus ist es anders ...«

Martins Ärger war mit jedem ihrer Worte etwas mehr verflogen. Dennoch, ein ungutes Gefühl blieb. Aber wie sie da vor ihm saß, so jung und so verletzlich, weckte sie den Beschützerinstinkt in ihm. Er öffnete seine Arme und zog sie an sich. »Ist schon gut«, redete er beruhigend auf sie ein, weil er merkte, dass sie den Tränen nahe war. Er schüttelte ratlos den Kopf. »Und du, auch das Kind eines Geistlichen ...«

Anna atmete tief durch. »Wie ich dir schon erzählt habe, viel weiß ich nicht. Mutter spricht nicht darüber.«

»Dann lass auch uns nicht weiter darüber reden und endlich zu deiner Schneiderin gehen! Inzwischen wird sie wohl bei der Arbeit sein.« Er erhob sich schwungvoll vom Bett und ordnete seine Kleidung.

Bei der Schneiderin Judith war es gemütlich. Überall hingen Stoffe über Leinen, die von einer Seite des Raumes zur anderen gespannt waren. An der Wand gab es einen großen Spiegel, und der gesamte Raum wurde vom Tageslicht durchflutet, das durch das große Fenster neben der Eingangstür hereinschien. Außerdem gab es viele Talglampen für die dunkleren Arbeitsstunden. Ein großer Tisch stand in der Mitte des Zimmers, auf dem ein Stoff lag, den Judith offenbar gerade zuschnitt. Die Schneiderin selbst war mittleren Alters. Sie war gesprächig und freundlich, machte auf Martin jedoch auch einen recht neugierigen Eindruck. Allerdings konnte er ihr das nicht ganz verdenken – schließlich war Anna ihre Nachbarin und kam heute unvermittelt mit einem jungen Mann zu ihr in die Werkstatt.

»Ihr seid bei Anna und Frieda zu Besuch?«, fragte sie Martin mit einem Lächeln und hochgezogenen Brauen.

»Nein, Anna ist eine Bekannte. Ich hatte ihr von meiner zerschlissenen Kleidung erzählt, und sie sagte, sie kenne eine hervorragende Schneiderin. Und da habe ich gleich um Vermittlung eines Treffens gebeten. Eine wirklich beeindruckende Werkstatt habt Ihr hier!«, versuchte er sie mit einem Kompliment von noch mehr Fragerei abzubringen.

»Na, dann wollen wir mal«, sagte Judith und holte ein Maßband, erkundigte sich nach seinen Wünschen und Vorstellungen und verlangte, als alles getan war, eine Anzahlung. Als diese getätigt war, versprach sie, die neuen Sachen schon in einer Woche fertig zu haben.

Zufrieden verließen Martin und Anna die Schneiderei. Um keine weiteren Spekulationen zu nähren, ging Martin in Richtung Anger, während Anna in die andere Richtung nach Hause lief.

Den restlichen Tag über dachte Martin viel über Anna und die nicht so glückliche Partie, die er mit ihr gemacht hatte, nach. Er fragte sich, wohin das mit ihnen führen sollte. Anna war sehr hübsch, nicht dumm und im Gegensatz zu vielen anderen Mädchen – das hatte Martin teils von seinen Studienkollegen mitbekommen – nicht kompliziert. Das sprach für sie und ihre Beziehung. Doch er musste sich auf sein Studium konzentrieren. Eine ernsthafte Verbindung mit einer heiratsfähigen Frau hätte ihn erdrückt und all seine Pläne zunichtegemacht. Sich gänzlich zu verbieten, Anna zu treffen, befand er allerdings auch nicht für notwendig. So wälzte er die Gedanken hin und her und kam doch zu keinem vernünftigen Schluss. Er brauchte die Meinung eines Außenstehenden – vielleicht konnte Alexis ihm helfen.

Er traf seinen Freund später auf ihrem gemeinsamen Zimmer.

»Na, warst du wieder bei Anna?«, schmunzelte der.

»Nur heute Morgen kurz. Sie hat mich zu ihrer Schneiderin gebracht, damit ich mir neue Kleidung nähen lassen kann.«

»Du schaust nicht so glücklich. War was?«, fragte Alexis und machte ein besorgtes Gesicht. Martin schüttelte den Kopf und zwang sich zu einem Lächeln. Den Nebenverdienst von Annas Mutter wollte er lieber nicht erwähnen.

»Weißt du, Alexis, ich bin mir nicht sicher, ob es so gut ist, neben dem Studium eine Liebschaft zu pflegen. Hat sie doch keine Zukunft und ist äußerst unmoralisch.«

»Warum sollte sie keine Zukunft haben? Ich könnte mir vorstellen, Lotte zu ehelichen, sobald ich mein eigenes Geld verdiene.«

»Womit verdienen ihre Eltern ihren Unterhalt?«

»Ihr Vater ist Schmied wie meiner. Ihre Mutter geht ihm zur Hand.« Alexis lächelte stolz.

»Und? Worüber sprecht ihr, wenn ihr zusammen seid?«
»Du fragst sonderbare Dinge. Über das Wetter, die Menschen, ihre Familie und ihre Werkstatt. Das ist jetzt ein bisschen vorgegriffen ... aber sie hat keine Brüder. Ich könnte in die Werkstatt einsteigen, wenn ich ihr Mann bin.«
»Und dafür studierst du?«
»Nun, ich möchte meine Bücher schon selber richtig führen und die Geschicke der Stadt mit beeinflussen, ob Handwerk oder nicht. Was soll die Fragerei?«
Martin schaute nachdenklich aus dem Fenster und sagte nichts mehr.
»Komm, nimm's leicht. Lass uns am Wochenende zu viert mit dem Wagen in die Natur fahren. Lottes Vater leiht uns sein kleines Fuhrwerk, die Pferde dafür haben wir!« Er klopfte Martin auf die Schulter.

Was soll's, dachte der sich. Er hat recht. Wozu heiliger sein als der Papst? Und da kursierten schließlich die wildesten Berichte, von denen er natürlich erst hier in Erfurt gehört hatte. Wenn sich die Studenten zum Musizieren und fröhlichen Beisammensein trafen, wo auch die Professoren gern gesehen waren, wurde viel erzählt und diskutiert. Es gab auch Geschichten über die Päpste in Rom. Martin hatte sich am Anfang zurückgehalten, merkte er doch, dass er bisher ein wenig naiv gewesen war. Seine Eltern hatten ihn in Angst vor Gott und seiner Strafe erzogen und wähnten in allem ein ungutes Zeichen. Jeden ketzerischen Gedanken verboten sie sich aus Furcht vor dem Fegefeuer. Keine Autorität, war sie auch noch so zweifelhaft, wurde hinterfragt.

Wie anders war es doch hier! So erfuhr er mit Staunen, was den Päpsten nachgesagt wurde. »Habt Ihr schon mal vom Nero unter den Päpsten gehört?«, hatte zum Beispiel Jodokus Trutvetter seine Studenten erst letztens bei abendlicher

Runde gefragt, sie darüber aufgeklärt und so in Empörung versetzt. »Alexander VI. von Borgia. Er hatte sich als Soldat in ganz Venedig durch wüste Liebesabenteuer berüchtigt gemacht. Dann, als er sah, welch glänzende Karriere die kirchliche Organisation einem kühnen und skrupellosen Kopf ermöglichte, vertauschte er das Kettenhemd mit dem Priesterrock. Durch Vermittlung seines Onkels Alphonso Borgia, Bischof von Valencia, der ebenfalls auf den Papststuhl kam, gelang es ihm rasch, in der kirchlichen Rangfolge bis zum Kardinal emporzuklettern. War er davor ein Wüstling gewesen, so wurde er jetzt ein widerlicher Frömmler, und obwohl er eine Maitresse hatte, die schöne Rosa Vanozza, mit der er fünf Kinder zeugte, so vermochte er doch solch Ansehen zu erlangen, dass das Volk laut jubelte über den frommen Vater der Christenheit, als ihn das Kardinalskollegium zum Papst wählte. Aber bald zeigte sich, dass an dem morschen Holz des damaligen Papsttums kein frischer Zweig mehr sprießen konnte. Kaum hatte der Heuchler die Macht, so entpuppte er sich als der grausamste, lasterhafteste, eigensüchtigste und verkommenste aller Päpste. Das Lotterleben dieses Geistlichen rief nach dem Fegefeuer. In Alexander VI. reifte die Herrschsucht zu schrecklichen Verbrechen heran. Mit bluttriefendem Schwert, mit Söldnerhaufen und Meuchelmördern, mit Gift und Dolch strebte er dem Ziel seines Ehrgeizes entgegen: Er wollte die Papstwürde in der Familie der Borgia erblich machen und sein Haus zur Einkehr der mächtigsten weltlichen Dynastie erheben. Diesem Streben entsprechend sank die ganze Papstfamilie immer tiefer in den Sumpf des Verbrechens, und Cäsar Borgia, einer von Alexanders Bastarden und Kardinal von Valencia, wurde ein Ungeheuer von Arglist, Ruchlosigkeit und Sittenlosigkeit. Er ließ den eigenen Bruder nach einem

Nachtmahl bei der Mutter ermorden, weil er ihm im Wege stand, er zwang den wütenden Vater, ihm Absolution zu erteilen, er führte sich wie ein Räuber gegen den rivalisierenden Adel auf, und der eigene Vater zitterte in Todesangst vor dem Gift und Dolch des von ihm selbst gezeugten Ungeheuers. Je näher Alexander seinem Ziel kam, die Romagna nebst den übrigen Provinzen des Kirchenstaats zu einem Königreich der Borgias zu vereinigen, desto tiefer sank er zugleich in den Schmutz der Gemeinheit. Die Berichte enthüllen als Ungeheuerlichstes, dass, als seine Tochter Lukretia Borgia zu einer Schönheit herangewachsen war, Alexanders Sinnenlust an ihr Befriedigung suchte. Er ließ ihren Mann ermorden und lebte nun mit seiner Tochter, als wäre sie seine Frau. Das Leben und Lieben der berühmtesten Papsttochter ist in jeder Phase ein beredtes Zeugnis für die herrschende Skrupellosigkeit des Papsttums in der Wahl seiner Mittel zur Erreichung seiner Zwecke. Der Palast der Papstfamilie widerhallte vom Lärm der nächtlichen Gelage, der Orgien, an deren Schluss sich die männlichen und weiblichen Teilnehmer wollusttrunken die Kleider vom Leib rissen und nackt tanzten. Der apostolische Palast wurde ein Harem, in welchem sich ständig fünfzig bis sechzig Dirnen aufhielten, und in trunkener Laune ließ Alexander, seine neue Maitresse Julia Farnese auf der einen Seite, seine Tochter auf der andern, nackte Dirnen auf allen vieren im Zimmer umherlaufen und zwischen Lichtern Kastanien, die man auf den Boden gestreut hat, auflesen. Er ließ im inneren Hof des Vatikans rossige Stuten und Hengste zusammen und ergötzte sich mit seiner Tochter an den wilden Ausbrüchen der tierischen Besteigung. Er befleckte die Kirche mit seinen unzüchtigen Gedanken, indem er die schöne Julie Farnese als halbnackte Madonna, sich selbst aber als Hohepriester zu ihren Füßen malen ließ. Doch in seinem Schandleben vergaß er die Feinde der Kirche, also seine Gegner, nicht. Die Massen, besonders die des deutschen Volkes, welches unermüdlich seine Ablassgroschen nach Rom sandte, waren ihm eine feste Säule. Den Mönch Savonarola, den Ankläger gegen das schreckliche Verderben zu Rom, ließ er verbrennen. Als ihm gemeldet wurde, sein Sohn Cäsar Borgia habe im Brettspiel einhunderttausend Goldgulden verloren, erwiderte er lächelnd: ›Es sind nur die Sünden der Deutschen.‹ Selbst im Tod war er das Opfer seiner eigenen Ruchlosigkeit. Den vergifteten Wein, der für zehn reiche Kardinäle bestimmt war, tranken aus Versehen Alexander und sein Sohn Cäsar selbst. Der Sohn holte sich dauerndes Siechtum, aber um den päpstlichen Nero war's geschehen. Seine Leiche war der stumme, schreckliche Zeuge seines wüsten Lebens. Die Zunge soll ihm kohlschwarz und so furchtbar angeschwollen sein, dass sie weit zum Mund heraushing. Auch verbreitete sie einen wirklich pestilenzialischen Geruch, ebenso der übrige Körper, der noch darüber hinaus so grässlich und von Löchern entstellt aussah, dass ihn niemand mehr erkannte.« Jodokus schaute in die entsetzten Gesichter seiner Studenten.

»Oder denkt an Papst Johann XXIII., zuvor Kardinal Cossa, ebenfalls eine Inkarnation von Wollust und Grausamkeit. Der Initiator der Inquisition in Spanien. Unter ihm wurde Hus in Konstanz verbrannt!«, wusste Johannes Lang zu ergänzen.

Nach dem, was Martin nun von Anna wusste und mit eigenen Augen in der Mariengasse gesehen hatte, verwunderte ihn gar nichts mehr, wenngleich ihm diese Dinge doch unglaublich erschienen.

Der Oktober ging zu Ende, die Tage wurden immer kürzer, die letzten Blätter fielen nun endgültig von den Bäumen, und Regengüsse verwandelten die Straßen der Stadt in Matsch und Morastwege. Den Studenten wurden hohe Holzabsätze ausgeteilt, die sie sich bei nassem Wetter unter ihre Lederschuhe schnallten, damit sie nicht mit völlig durchnässtem und verdrecktem Schuhwerk die Universitätsräume betraten.

Martin traf sich seltener mit Anna, weil sie sich nicht mehr so gut und unauffällig im Freien aufhalten konnten. Wenn ihre Mutter weg war und sie die ihr aufgetragenen Hausarbeiten erledigt hatte, empfing sie ihn dann gelegentlich bei sich zu Hause. Martin war nicht ganz wohl dabei, wollte er doch keinesfalls bei ihr gesehen werden. Anna machte ihm stets etwas Leckeres zu essen, sie tranken süßen Honigwein, und ihren Zärtlichkeiten konnte Martin nur schlecht widerstehen.

Am 10. November feierten sie seinen achtzehnten Geburtstag. Erst gab Martin seinen Freunden und Mitbewohnern eine Runde Naumburger Bier im Ratskeller aus. Als die sich um acht Uhr pünktlich mit Läuten der Bierglocken zurück in die Burse begaben, ging Martin gut angetrunken zu Anna in die Grafengasse, wissend, dass die Mutter Frieda ihrer Beschäftigung im Mumenhaus nachging.

Anna hatte den Esstisch schön für ihn gedeckt. Sie hatte Tannenzweige in eine Vase gestellt und getrocknete rote Beeren dazwischen gesteckt. Über die Länge des Tisches hatte sie Efeu und Kastanien arrangiert. Auf einem Holzbrett lagen getrocknetes Fleisch, getrockneter Fisch und Käse, dazu kaltes Sauerkraut und Trockenobst. Die salzigen Speisen machten sie beide durstig, und so tranken sie noch einige Becher Wein dazu. So angetrunken stiegen sie die Stiege in Annas Kammer hinauf, warfen ihre Kleider von sich und liebten sich lange und leidenschaftlich. Als sie sich danach erschöpft und glücklich im Arm lagen und eine Weile gedankenverloren und zeitvergessen zur Decke starrten, hörten sie plötzlich eine Tür schlagen. Sie sahen sich erschrocken an.

»Meine Mutter! Versteck dich!«

Martin rutschte hastig unter das Bett. Anna schob seine Sachen hinterher, nahm die ihren an sich und warf die Bettdecke über sich.

»Anna?«, hörte man ihre Mutter von unten rufen.

»Jaaaa …«, tat sie verschlafen. »Was ist? Ich liege schon im Bett.«

Nun erschien ihre Mutter in der Tür. »Wie, du schläfst? Auf dem Küchentisch stehen zwei Teller, Becher, Reste meines guten Vorrats! Nichts weggeräumt? Wer war hier?«

»Oh, entschuldige. Lotte hat mich besucht. Sie brachte mir den Tannenstrauß und erzählte mir von ihrem Glück. Ein Student der Universität beabsichtigt sie zu freien, sobald er seinen Titel hat. Ich dachte, ich richte ihr eine kleine Feier aus. Dann wurde mir übel und ich legte mich hin. Ich wollte noch aufräumen, bin dann aber eingeschlafen. Ich komme gleich, Mutter, und mache Ordnung. Es geht mir wieder gut.«

Die Mutter seufzte: »Ist schon gut. Ich räume die Sachen in die Kammer, bevor die Mäuse daran gehen. Ist ja meine Schuld, wenn ich dich immerzu alleine lasse. Zum Glück hast du die Lotte!« Sie kam auf das Bett zu. Martins Herz klopfte so laut, dass er meinte, sie müsse es hören. Auch Anna wurde nervös, versuchte aber, entspannt zu lächeln. Frieda strich Anna über die Haare. Die zog sich die Decke bis zum Kinn und tat so, als wolle sie schnell weiterschlafen.

So verließ die Mutter den Raum, ohne etwas bemerkt zu haben. Noch lange verharrten Martin und Anna regungslos dort, wo sie waren. Martin lauschte dem Geklapper in der Küche, dann den Tritten auf den Stufen und den Geräuschen in der Nebenkammer. Schließlich nickte er ein. Als er wieder aufwachte, hörte er nur noch das gleichmäßige Atmen seiner schlafenden Freundin. Er griff seine Sachen und zog sich auf allen vieren über den Boden, damit die Holzdielen nicht knarrten. Umständlich schlich er sich aus der Tür, glitt sitzend die Stufen hinab und robbte weiter in Richtung Eingangstür. Er entriegelte die Tür und gelangte, die Schuhe in der Hand, auf die Grafengasse. Seine Füße wurden nass, denn es nieselte leicht. Erst bei der Schlösserstraße setzte er sich in einen Hauseingang auf eine Treppe, zog sich die Schuhe an und lief weiter in Richtung Burse. Sie war verschlossen. Einen Augenblick überlegte er, was zu tun sei, dann ging er hinter das Gebäude und warf kleine Steine gegen den winzigen Fensterladen seines Zimmers.

Endlich erschien Alexis in der Fensteröffnung. »Martin? Was tust du da? Du wurdest schon vermisst. Ich komme runter«, flüsterte er.

Auch wenn es Sache des Bursenmeisters war, sich um das Auf- und Abschließen der Burse zu kümmern, wussten alle Bewohner, wo sich der Schlüssel befand, denn im Falle eines Feuers sollten sie nicht gefangen sein. Er hing im Amtszimmer des Bursenaufsehers, der laut schnarchend im Nebenraum schlief. Alexis gelang es, den Schlüssel unbemerkt an sich zu nehmen, geräuschlos die Tür zu öffnen, Martin einzulassen und den Schlüssel anschließend wieder an seinen bestimmungsgemäßen Aufbewahrungsort zu bringen.

Martin war erleichtert, als er sich endlich in sein warmes, trockenes Bett legen konnte. Eine Weile überlegte er noch, wie er den nächtlichen Ausflug erklären sollte, denn die Frage würde ihm direkt am nächsten Morgen nach dem Gebet und vor dem Frühstück vor der versammelten Bewohnerschaft gestellt werden. Doch ehe er sich eine schlüssige Geschichte überlegt hatte, war er erschöpft eingeschlafen.

Am nächsten Morgen lief seine Nase. Er hatte sich bei seinem nächtlichen Ausflug durch die Stadt ordentlich erkältet.

»Ich muss mich bei Euch entschuldigen, Bursenmeister«, brachte er müde hervor, als er wie erwartet vor versammelter Mannschaft zu seinem Fernbleiben am vergangenen Abend befragt wurde. »Ich wollte Euch nicht beunruhigen. Ich hatte Geburtstag und war nach unserem Umtrunk nicht mit den anderen zurückgegangen.«

Hier nickten seine gestrigen Gäste.

»Stattdessen ging ich zu meinem Pferd. Wisst Ihr, es ist schon so lange mein treuer Begleiter, und ich war melancholisch und wollte es an meinem Ehrentag teilhaben lassen. Der Stall war so schön warm, das Stroh roch frisch und trocken, und draußen nieselte es so beruhigend. Langer Rede kurzer Sinn: Ich bin eingeschlafen! Verzeiht mir meine Nachlässigkeit.«

Alexis und Johannes, die während seiner Worte die Luft angehalten hatten, atmeten erleichtert aus. Der Martin war doch einfach ein Fuchs!

»Wenngleich so etwas nicht vorkommen darf, so kann ich es gut verstehen«, versetzte der Bursenmeister begütigend. »Und es war Euer Geburtstag. Also, vergessen! Ich wünsche allen einen guten Appetit! Der Magister erwartet die Zweitsemester im Vorlesungszimmer. Die anderen sind im Collegium Maius, richtig?«

Die Runde antwortete mit zustimmendem Nicken. Dann waren nur noch Schmatzen und Schlürfen zu hören. Der beginnende Winter war feucht und kalt und hatte es in sich. Das steigerte den Appetit.

In Trutvetters Vorlesung beschäftigten sie sich heute mit den Grundfragen Ockhams, des Vorkämpfers der Papst-Gegner.

»Alles in der Welt Seiende ist als solches nicht notwendig, es ist kontingent, sagt Ockham«, leitete Trutvetter seine Lehrveranstaltung ein. »Weiter verfolgt er die aristotelische Forderung der Widerspruchsfreiheit und betrachtet sie über den Bereich der Logik hinaus. Und schließlich fordert er den möglichst sparsamen Umgang mit theoretischen Annahmen.«

Martin meldete sich und gab sein Wissen zum Besten: »Die Welt ist für ihn nur eine unter einer unbegrenzten Menge von Welten, die Gott hätte erschaffen können.«

»Sehr richtig. Und was meint er mit Widerspruchsfreiheit? Alexis?«

Der junge Mann überlegte fieberhaft. Ihm wurde heiß, und seine Wangen nahmen eine rote Farbe an.

»Martin, übernehmt!«, erlöste ihn Trutvetter schließlich.

»Es ist unmöglich, dass dasselbe demselben in derselben Beziehung zugleich zukommt und nicht zukommt. Mit anderen Worten: Etwas Widersprüchliches ist nicht nur unlogisch, sondern ist weder ein Erkenntnisobjekt noch kann es existieren. Nur innerhalb widerspruchsfreier Alternativen kann Gott in geordneter Weise Dinge erschaffen.«

»So ist es. Ihr habt gut gelernt!« Trutvetter nickte Martin anerkennend zu. »Und was ist mit der dritten Aussage gemeint?«

Nun versuchte es Alexis noch einmal: »Ockham bestätigt Artistoteles, demgemäß eine begrenzte Anzahl von Prinzipien alles leisten kann, was sich mittels unendlich vieler erreichen ließe. Ockham will verhindern, dass die Schaffung und Verwendung überflüssiger Begriffe die wissenschaftliche Erkenntnis erschwert.«
»Sehr gut, Alexis! Umsonst geschieht mithilfe einer Mehrheit, was durch eines bewirkt werden kann. Ein Grundsatz, der schon bei Rigaldus vorkommt«, ergänzte Trutvetter.

Es wurde kälter, und auf den Straßen der Stadt ging es ruhiger zu, was allein schon durch die geräuschdämmende Schneeschicht an vielen Tagen erreicht wurde und durch die Kälte, die die Menschen nur zu den nötigsten Erledigungen auf die Gasse trieb. Langsam bereitete sich jeder auf das Weihnachtsfest vor. Es wurde gebacken und eingekocht, Gärfässer wurden angesetzt und Holz geschlagen, man schmückte, putzte, besserte im Inneren aus, dämmte, nähte und saß viel zusammen. Vor dem heißen Kachelofen wurden Geschichten erzählt und hinter verschlossenen Türen Spielzeuge für die Kinder als Geschenke zur Weihnacht gefertigt.

Weihnachten wurde sowohl in den Bursen als auch in der Universität und natürlich den Kirchen mit viel Aufwand begangen. Die Geburt Jesu wurde überall unterschiedlich gelungen und aufwendig nachgestellt, es wurden weihnachtliche Musikstücke einstudiert, Gebete und Gedichte erlernt und vorgetragen. Man machte sich gegenseitig eine Freude, besuchte herausgeputzt die Gottesdienste, die von noch mehr Weihrauch geschwängert und von Prozessionen begleitet waren und mit der Zurschaustellung von Reliquien einhergingen.

Das beeindruckendste jedoch war das Läuten aller Erfurter Glocken zugleich an Heiligabend zur Mitternachtsmette, zu der sich alle, die gehen und stehen konnten, aufmachten. Auch Martin und seine Freunde im Tross vieler Universitätsangehöriger folgten dem Ruf der Gloriosa, die mit ihrem tiefen Ton selbst das Michaelisviertel mit ihren Schwingungen erreichte und alle schweigend zum Platz vor den Graden in ihren Sog brachte.

Martin deutete mit dem Finger in den Himmel und flüsterte zu Johannes Lang, der neben ihm lief: »Sieh nur den sternenklaren dunklen Himmel und die dicken Schneeflocken, die gemächlich zur Erde rieseln.«

Auch Alexis und Crotus schauten ehrfürchtig nach oben.

»Frohe Weihnachten!«, wünschten sie sich einstimmig.

Anna und Martin schenkten sich am nächsten Tag gegenseitig eine Kleinigkeit, so wie die Heiligen Drei Könige das Jesuskind beschenkten. Frieda musste den ganzen Tag bei den Kellners arbeiten, die Gäste zum Weihnachtsessen eingeladen hatten. So waren die beiden alleine im Haus in der Grafengasse. Anna hatte gekocht und überreichte Martin nun ihr Geschenk. Sie hatte Räucherwerk für ihn besorgt.

»So kannst du es euch in eurer Stube in der Burse etwas gemütlich machen. Myrrhe für die Gegenwart Jesu.«

»Wie aufmerksam. Danke! Wo hast du das schöne Gefäß her?« Martin lächelte freudig.

»Ich habe es auf dem Markt von einem Marokkaner gekauft. Ich dachte, dass es dir gefallen würde.«

Martin gab ihr einen Kuss auf die Stirn. »Und hier habe ich etwas für dich.« Er überreichte ihr eine kleine Holzschachtel.

Anna öffnete den Deckel und stieß einen kleinen Schrei der Entzückung aus. In der Holzschachtel lag auf grünem Samt ein violetter Edelstein, glatt und rund wie eine Scheibe geschliffen, an einem Lederband.

»Ich studierte letztens in der Universitätsbibliothek die Heilmethoden von Hildegard von Bingen. Amethyst, und das ist einer, schützt dich vor dem Bösen und bewahrt dich vor Unglück!«

»Oh, diese Kette ist wunderschön. Ich werde sie immer tragen!« Anna freute sich sehr, zog sie sich über den Kopf und steckte sie sich unter ihr Hemd. »Ich möchte den Stein auf meiner Haut spüren. Außerdem soll Mutter mich nicht gleich darauf ansprechen.« Sie lachte und schlang ihre Arme um Martin. »Danke!«

Als Martin kurz vor acht zurück in der Burse war, hatten Alexis, Hieronymus und Crotus mit Kerzen bereits für eine weihnachtliche Stimmung gesorgt.

Martin hängte seinen Umhang auf und freute sich auf ihre Gesellschaft. »Gebt mir ein Zündholz. Ich habe Räucherwerk!«

Ein beruhigender Duft breitete sich in ihrem Zimmer aus.

»Und ich habe auch etwas für euch«, sagte Alexis. »Eine Kanne Einbecker aus dem Ratskeller. Holt eure Becher!«

»Dann muss ich wohl noch mal meine Laute erklingen lassen und wir singen das traditionelle Weihnachtslied, das noch vom zweiten Rektor Amplonius Rating de Berka unserer ehrwürdigen Universität auf uns gekommen ist: »Sei uns willkommen, Herre Christ«, forderte Hieronymus die anderen auf.

Sie hatten das dreistimmige Lied in den letzten Tagen schon mehrfach gesungen, und es gefiel ihnen.

»Sei willkommen, Herre christ,
weil du unser aller Herre bist,
sei willkommen, lieber Herre,
hier auf der Erde gar so schöne.
Kyrieleis.«

Sie sangen es einzeln, sie sangen im Chor und schließlich im vierstimmigen Kanon, bis der Bursenmeister in ihr Zimmer kam und sie – dank weihnachtlicher Stimmung freundlich – um Ruhe bat.

Kapitel 8

1502

IM FEBRUAR WURDE Anna vierzehn. Zu ihrem Geburtstag erlaubte sich Martin, bei den Vorlesungen zu fehlen.

»Alexis, sag dem Professor, dass es mir nicht gut geht. Mir platzt der Schädel. Ich muss schlafen!«

Sobald seine Kommilitonen die Burse verlassen hatten, schlich er sich am Zimmer des Bursenmeisters vorbei und trat hinaus auf die Straße. Die Luft war kalt, sein Atem bildete kleine Dampfschwaden. Der Boden war zart mit einer Schicht Neuschnee bedeckt, der Himmel wolkenlos und blau. Ein schöner Tag für einen Geburtstag, dachte er und pflückte entlang der Gera einen Strauß hübsch verschnörkelter Weidenäste, die er mit jungen Tannenzweigen kombinierte. Dann ging er auf den Wenigemarkt, wo er am Stand eines Seifenmachers eine duftende Creme erstand, und lief schließlich durch die Kürschnergasse, über die Schlösserbrücke und dann die zweite Gasse links in Richtung Grafengasse zum Haus von Anna und ihrer Mutter. Er hoffte, dass Frieda nicht da war, und hatte Glück. Gerade als er die kleine Straße einsehen konnte, sah er sie in Richtung Anger laufen.

Er trat ans Haus und klopfte. Anna, die noch bei der Tür stand, öffnete sofort und ließ ihn freudig eintreten. Martin hielt ihr den Strauß entgegen.

»Der ist aber hübsch. Danke!«

»Alle guten Wünsche für dich!« Martin rieb sich die verfrorenen Hände.

»Bekomme ich keine Begrüßung?«, fragte Anna und spitzte ihm ihre Lippen entgegen.

Martin küsste sie kurz. »Wie wär's mit etwas Warmem zu trinken?«, fragte er dann.

Anna setzte einen Topf Milch auf den Herd und machte sich daran, den Strauß, für den sie einen hohen Krug gewählt hatte, mit kleinen Tannenzapfen und getrockneten roten Beeren zu behängen.

»Martin, ich habe Neuigkeiten.« Sie hielt inne.

Er legte den Kopf schief und musterte sie interessiert.

»Ich bekomme ein Kind.« Glücklich und erwartungsvoll blickte sie ihn an.

Martins Gesicht versteinerte sich. Was hatte sie gesagt? Wut stieg in ihm auf, die sich in Panik verwandelte. Sollte er ihr den Geburtstag verderben und sie schelten? Wie konnte sie ihn in eine solche Lage bringen!

Er versuchte, ruhig zu bleiben, schluckte schwer, räusperte sich schließlich und sagte, sichtlich um Fassung bemüht: »Wie weit bist du?«

»Es müssten bald drei Monate sein.«

»Gut, dann ist es ja noch nicht unbedingt sicher. Du könntest vielleicht deinen monatlichen Blutfluss anregen. Bestimmt kann man da noch etwas machen …«

Anna schaute ihn verstört an. »Was meinst du?«

Martin hielt ihrem Blick stand. »Anna, ich werde nicht dein Mann, und ich erkenne das Kind nicht an. Wie deutlich muss ich das sagen?«

Anna war fassungslos. Mit dieser Reaktion hatte sie nicht gerechnet. Sie biss sich auf die Unterlippe und kämpfte gegen die Tränen, die sich in ihren Augen sammelten und ihr schließlich doch die Wangen hinunterrannen. Ihr Kinn bebte. Sie packte den Strauß, den Martin ihr eben noch überreicht hatte, und schmiss ihn mit Wucht vor seine Füße.

»Ich gehe dann wohl besser. Tut mir leid«, sagte er, trat aus der Tür und ließ die weinende Anna allein im Haus zurück.

Auf der Straße atmete er tief durch. Die kalte Luft tat gut. Mit starrem Blick lief Martin in Richtung Anger und dann weiter in die Futterstraße zu seinem Pferd.

Sein Rappe schnaubte zur Begrüßung. Martin setzte sich zu ihm auf einen Strohballen und vergrub sein Gesicht in den Händen. In was für Schwierigkeiten hatte er sich und sein Mädchen da gebracht?

In Anna erwachte indes der Kampfgeist. Alleine konnte sie das alles nicht durchstehen, das wusste sie. Sie war tief enttäuscht von Martins Reaktion. Bestürzt über seine Feigheit und Unehrlichkeit. Denn wie sollte sie es anders auslegen? Seine Liebe schien ihr nur vorgeheuchelt.

Als Frieda in der Abenddämmerung nach Hause kam, entschied sich Anna für die Flucht nach vorne. Stundenlang hatte sie darüber nachgegrübelt, was sie tun sollte. Als sie gemeinsam am Tisch saßen und etwas Wein tranken, fasste sie all ihren Mut zusammen.

»Mutter ...«

Frieda sah sie an.

»Ich bekomme ein Kind.« Anna lächelte, um Zuversicht bemüht.

»Oh, und der Vater?«, kam Frieda direkt auf den Punkt. Obwohl sie erschrocken und mehr als überrascht war,

wollte sie ihre Tochter nicht in Verzweiflung stürzen und die prinzipiell frohe Botschaft von vorneherein verteufeln.
»Wird er zu dir stehen?«
»Wer der Vater ist, spielt keine Rolle. Ich werde das Kind allein großziehen. Und nun möchte ich feiern. Ich habe Geburtstag!«
Frieda schluckte betroffen, doch beschloss, es fürs Erste dabei zu belassen. Es schien ihr nicht der richtige Zeitpunkt, das Thema weiter zu vertiefen. Sie hatte sich in der letzten Zeit schon so ihre Gedanken gemacht und insgeheim befürchtet, dass es eines Tages so weit kommen könnte ... Aber ihre Tochter hatte recht, es war ihr Geburtstag, und der sollte selbst durch eine Nachricht wie diese nicht getrübt werden.
Sie stand auf und ging zu ihrem Umhang, den sie bei der Tür an einen Haken gehängt hatte. Dort zog sie ein kleines Samtbeutelchen aus ihrer Tasche und übergab es Anna. »Für dich, mein Schatz!«
Anna lächelte dankbar. Nicht nur wegen des Geschenks, sondern auch weil ihre Mutter wegen des Kindes nicht weiter in sie drang.
Sie löste die Schleife des Beutels und schaute hinein. Voll Bewunderung brachte sie einen schmalen goldenen Ring mit einem kleinen Rubin zum Vorschein. Verblüfft sah sie ihre Mutter an. »Woher hast du den? Ist er nicht sehr teuer gewesen?«
»Jemand schuldete mir noch etwas«, antwortete Frieda geheimnisvoll und ließ es dabei bewenden. Anna sprang auf und umarmte sie. Dann streifte sie den Ring über, als wäre er ein Ehering. Sie sah ihn als Versprechen ihrer Mutter an, zu ihr zu halten!

Lotte vertraute sie sich an, als die Freundin sie am Abend besuchte, um ihr ebenfalls zu gratulieren.

»Alles Gute, meine Liebe«, sagte Lotte und übergab ihr eine Dose aus Glas mit Deckel. »Habe ich für dich besorgt!«

Anna freute sich aufrichtig. Nach einem Moment des Schweigens sagte sie zögerlich: »Lotte, ich bin guter Hoffnung.« Sie sah sich um und versicherte sich, dass ihre Mutter nicht in der Nähe war.

Lotte verstand und blickte sich ebenfalls im Raum um. Dann flüsterte sie: »Martin?«

»Ja, wer sonst?«, wisperte Anna zurück. Sie war kaum zu verstehen.

»Und?«, versuchte Lotte, sie an Stimmlosigkeit noch zu überbieten.

Anna zuckte mit den Schultern und machte ein enttäuschtes Gesicht. Sie schüttelte mit dem Kopf. »Es wird keine Familie geben. Aber ich mache das schon«, antwortete sie immer noch leise, jedoch mit fester Stimme. »Lass uns ein wenig feiern«, lenkte sie dann ab. »Ich habe einen Kuchen gebacken.«

Sie deckte den Tisch, die Mutter kam in die Küche und hatte die Schneiderin Judith im Schlepptau, die Anna ihre guten Wünsche überbringen wollte.

Frieda holte ein paar Instrumente aus der Stube, die sie leidlich spielen konnten, und so musizierten und sangen sie so laut, dass sich ein paar weitere Nachbarn hinzugesellten. Draußen konnte es noch so kalt sein, im Haus war es warm, sie lachten, und Anna gewann an Zuversicht. Sie fühlte sich stark und gesund und vergaß den unschönen Vorfall vom Morgen. In geselliger Runde ließen sie sich den Kuchen schmecken und saßen bis tief in die Nacht beieinander. Mit diesen lieben Menschen an ihrer Seite würde sie das Kind schon schaukeln. Sie schmunzelte über ihr eigenes Wortspiel.

Alexis sprach Martin am Nachmittag nach den Vorlesungen auf seine schlechte Laune an.

»Was ist mit dir? Mir kannst du nichts vormachen, du hattest keine Kopfschmerzen. Warum bist du nicht mit zu den Lektionen gegangen?«

Martin redete nicht lange drum herum: »Anna hat Geburtstag. Ich wollte ihr nur einen Strauß Blumen vorbeibringen, da hat sie mir eröffnet, dass sie ein Kind unter ihrem Herzen trägt.«

»Was? Von dir? Dann musst du sie heiraten!«, reagierte Alexis aufgeregt.

»Einen Dreck muss ich. Ich werde mich irgendwie kümmern, wenn ich mit dem Studium fertig bin. Solange mein Vater für mich bezahlt, bin ich ihm das fleißige Studieren schuldig. Das ist das Einzige, was ich muss! Und nun lass mich in Ruhe.«

Alexis schüttelte verständnislos den Kopf.

Martin besuchte Anna, nachdem er sich etwas beruhigt hatte und ihm klar geworden war, dass er sich wie ein Schurke benommen hatte. Sie war noch so jung, und er war schließlich nicht unschuldig an ihrer Situation.

Sie ließ ihn eintreten und hielt sich bewusst mit Vorwürfen zurück.

»Verzeih, dass ich dich zur Versündigung an der Kreatur unter deinem Herzen bewegen wollte«, kam er auf das heikle Thema zu sprechen. »Ich würde dich gerne weiter treffen, aber nichts von dem Kind hören. Das ist meine Bedingung.«

Beide wussten, dass das absurd war, aber Anna willigte ein, um Martin nicht ganz zu verlieren und in der stillen Hoffnung, er käme vielleicht doch noch zur Vernunft. Doch als ihr Bauch sichtbar dicker wurde und Anna ihm von Lotte berichtete, die ihr offenbart hatte, dass Alexis sie nach dem Studium heiraten wollte, fühlte Martin sich in die Enge getrieben. Er sah keinen anderen Ausweg, als ihr gegenüber deutlich zu werden.

»Es tut mir leid, Anna. Mein Vater hat sich den Rücken krumm gemacht, damit ich studiere. Ich kann dich nicht ehelichen, ich kann dir auch sonst keine Hilfe sein, und vor allem werde ich mich nicht mit einer schwangeren Frau oder vielmehr einem unverheirateten Mädchen mit Kind in der Öffentlichkeit sehen lassen. Ich muss meine Prüfungen bestehen, und danach werde ich selber unterrichten. Man kennt mich dann hier in Erfurt. Und wer garantiert mir überhaupt, dass ich der Vater bin?«

Annas Züge hatten sich mit jedem Wort, das er sprach, mehr und mehr verhärtet. Beim letzten Satz waren ihre Augen nur noch kleine Schlitze. Sie holte aus und verpasste ihm eine Ohrfeige. Wie konnte er es wagen! Schluchzend wandte sie sich ab.

Martin hatte für einen Moment den Reflex verspürt, sie zurückzuschlagen. Sogleich kam ihm jedoch sein Vater in den Sinn, dessen Hand nur allzu leicht ausrutschte.

Er näherte sich ihr und fasste sie von hinten sanft bei den Schultern. »Hör zu, du hast es nicht verhindert, es ist dein Balg, so ist meine Einstellung. Nie habe ich dir etwas versprochen! Wenn du mich nun nicht mehr sehen willst, verstehe ich das ...«

Jetzt drehte Anna sich mit weit aufgerissenen Augen zu ihm um. Ihr Blick war flehend. »Nein, bitte, verlass mich nicht! Ich kann warten, bis du mit allem fertig bist. Um das Kind kümmere ich mich alleine, solange du in väterlicher Verantwortung ab und zu meine Sorgen teilen wirst. Das wäre besser als nichts. Ich selbst hatte keinen Vater und wünschte nichts mehr, als wenigstens zu wissen, wer er ist, und dass er mir ab und zu in die Augen schauen würde.« Ihr Schluchzen wogte erneut auf.

Martin nahm sie in den Arm. Ihre Verzweiflung ließ ihn nicht kalt, und so wandelte sich seine vorhin noch empfundene Wut in Mitgefühl. »Ist schon gut. So werden wir es halten. Ich muss viel lernen in der nächsten Zeit, aber ich werde regelmäßig nach dir sehen. Ist dir freitags nach Sonnenuntergang recht?«

Seine Worte beruhigten Anna sichtlich. »Ja, ich werde eine brennende Kerze ins Fenster unten stellen. Dann bin ich da und alleine.«

Martins Herz war am Zerbersten. Sein Vater war mittlerweile Ratsherr in Mansfeld und Vorsitzender der Bergbauzunft. Hans hatte seinem Sohn die freudige Nachricht seiner Wahl per Briefboten übermittelt. Anna war, genau genommen, die uneheliche Tochter einer Hure. Martin fühlte sich hin und her gerissen zwischen Pflicht, Moral und Gewissen gegenüber dem Vater und gegenüber Anna, aber auch gegenüber Gott und sich selbst. Ein Kind passte da nicht rein. Wieso hatte Anna auch nicht aufgepasst? Bald würden ihre Schönheit und die Leichtigkeit ihrer Beziehung dahin sein. Dann wurde sie ein säugendes Muttertier, und er wäre um das lustige Studentenleben betrogen, wenn er seinen Pflichten als Vater nachkam.

Er betete und vertraute sich nun auch seinen anderen Zimmergenossen Crotus und Hieronymus an.

»Lotte hat es mir schon erzählt«, kommentierte Alexis, um die anderen beiden nicht wissen zu lassen, dass Martin ihm bereits von den Ereignissen berichtet hatte. Den Überraschten spielen wollte er nicht. »Anständig wäre, du würdest bei ihrer Mutter um ihre Hand anhalten und nach deiner Bakkalariatsprüfung ein ordentliches Fest ausrichten«, riet er dem Freund.

Crotus musste lachen. »Schätze, sein Vater würde nicht zur Feier kommen.«

»Ihr habt gut lachen. Wer den Schaden hat, braucht für den Spott nicht zu sorgen. Wer weiß schon, mit wem sich die Weiber so einlassen! Ich werde Anna nicht sitzen lassen, aber sicher werde ich sie nicht zur Frau nehmen. Ich bin noch lange nicht bereit, mir die Fußketten anlegen zu lassen.« Den Mienen der anderen konnte er entnehmen, dass sie seine Meinung nicht teilten, und beschloss, die Sache besser mit sich selbst auszumachen.

Ab jetzt betete er inbrünstig jeden Abend vor dem Schlafengehen mit den Worten: »Vor Deinen Augen ist kein Sterblicher rein, auch an mir wirst Du Makel finden und Schuld erblicken. Ich verabscheue an mir alles, was Dir missfällt, und es schmerzt mich, dass ich Sünde getan, Dir, meinem größten Wohltäter, undankbar gewesen bin, und Dich, das allerhöchste Gut, die größte Schönheit, nicht geliebt habe. Verzeihe mir, was ich verbrochen, und reinige mich immer mehr von der Sünde, gib mir Deinen süßen Frieden und lass mich in diesem Frieden schlafen und ruhen.«

Ansonsten lenkte er sich durch Studieren und Philosophieren mit seinen Kommilitonen ab. Oft saßen sie abends noch lange im Speisesaal oder im Zimmer und diskutierten über die Verhältnisse in der Stadt, über Beziehungen, über die Kirche, Moral und den Sinn des Lebens, Gott und die Welt. Seine Freunde wussten, dass sie das Thema Anna nicht ansprechen durften.

Wenn sie genug vom Theoretisieren hatten, schlossen sie sich den Studentensausen an, musizierten in der Burse, trainierten ihre Ausdauer bei sportlichen Übungen im Hof sowie draußen auf ihrem Lieblingsweg entlang des Flusses gleich neben ihrer Unterkunft oder gingen ins Wirtshaus. Dort ließ sich Martin gerne auf Schmeicheleien mit anderen Mädchen ein, ohne jedoch eine neue Verpflichtung einzugehen. Er hielt das Weibsvolk, wie er es nannte, weitestgehend auf Abstand. Er erlaubte den Frauen lediglich, sich zu ihnen zu gesellen und in lustiger Runde herumzualbern. Hin und wieder, wenn Wein und Bier reichlich geflossen waren, wagte er sogar ein Tänzchen. Dann konnte es auch passieren, dass ihn die eine oder andere Frau küsste. Aber er interessierte sich nicht wirklich für sie. Er merkte sich weder ihre Namen noch ihr Geschwätz. Wenn sich dann auf dem einsamen Heimweg oder im Bett vor dem Einschlafen sein Gewissen meldete und ihn an Anna erinnerte, rang er stets mit der Verzweiflung über seinen schwachen Charakter und nötigte sich selbst zur Gleichgültigkeit ihr gegenüber, für die er immer neue Rechtfertigungen ersann und schließlich mit Wut über Anna einschlief, der er die Schuld wegen ihrer Unachtsamkeit gab. Eine Frau musste doch schließlich wissen, wann sie empfänglich war, oder nicht?

Trotz seiner Wut und seines Versuchs, sich zu distanzieren, besuchte er Anna regelmäßig und erkundigte sich nach ihrer Gesundheit, bemühte sich, lieb zu sein und ihre Zärtlichkeiten anzunehmen. Sie gefiel ihm immer noch weitaus besser als die leicht zu verführenden Mädchen, die sich in den Wirtshäusern herumtrieben. Wenn die Gelegenheit es zuließ, aß und trank er gut bei ihr und legte sich auch zu ihr ins Bett. Inzwischen war es Frühling geworden, und viele seiner Freunde suchten sich eine Liebschaft. Er dagegen war froh, dass er diesbezüglich bereits versorgt war. Anna war ihm vertraut, und so musste er sich nicht auf ein neues, ungewisses Abenteuer einlassen, wenn ihn nach einer Frau gelüstete. Sie würde sein Kind gebären, und alles, was er für sie tun könnte, wäre, ihr als Alleinerziehender weiter ein Freund zu sein.

Im Mai dieses Jahres gab es ungewöhnlich viele Raupen, die nicht nur in den Gärten, sondern auch im Wald das Laub abfraßen, sodass die Bäume wie Besen aussahen. Sogar in den Straßen krochen sie herum, und man musste höllisch aufpassen, nicht auf ihnen auszurutschen.

In dieser Nacht träumte Martin von den Raupen. In seinem Traum waren sie zu Bälgern geworden. Sie schrien und saugten an den Brüsten verschiedener Annas, deren Haare dünn und fettig herabhingen und Ähnlichkeit mit den Ästen der kahl gefressenen Bäume hatten. Wohin Martin auch fliehen wollte, überall lagen die Bälger herum. Schweißgebadet wachte er auf. Verstört ging er in den Waschraum und schöpfte mit beiden Händen das kalte Wasser aus seiner Schüssel in sein Gesicht und über seine Haare. Dann trat er ans Fenster und blickte hinaus. Erst als er den Vollmond und die von ihm hell erleuchteten Bäume eine Weile betrachtet hatte, beruhigte er sich wieder und legte sich zurück ins Bett.

Der Sommer kam, und Annas Bauch wurde immer runder. Martin fand nun öfter Ausreden, sich nicht mit ihr zu treffen. Die Semesterferien hatte er teilweise in Mansfeld verbracht, um dort für seine erste Prüfung zu lernen. Er hatte sich zum frühestmöglichen Zeitpunkt zur Bakkalariatsprüfung gemeldet, nachdem er die erforderlichen Vorlesungen in Grammatik, Rhetorik, Logik, Philosophie und Astronomie gehört und die entsprechenden Übungen besucht hatte. Zur Vorbereitung musste er viel lesen. Sein Vater hatte ihm noch zwei notwendige Bücher in Mansfeld auftreiben können, doch dann hatte Martin abreisen müssen, denn er brauchte auch Schriften aus der Universitätsbibliothek.

Nun war er zurück in Erfurt und versuchte, der Hitze zu entfliehen, die draußen herrschte. Auch in der Burse war die Luft oft stickig und erschwerte das Lernen, sodass er sich geradezu auf die Kühle und den leichten Luftzug, der durch die schmal geöffneten Fenster der Bibliothek wehte, freute. Seit einigen Tagen herrschten warme Winde, und den Leuten fielen blutrote, teilweise eiterfarbene Dinge aus der Luft auf die Kleider und Schleier.

»Das ist ein schlechtes Omen«, hörte man die Menschen auf den Märkten sich gegenseitig prophezeien. Martin hoffte, es wäre kein schlechtes Omen für ihn. Auch in der Universität rätselte man über diese Merkwürdigkeit. Der Astronomieprofessor überlegte, ob es möglich sei, dass starke Stürme unbekannte Partikel aus dem warmen Afrika herüberwehten. Wer wusste das schon? Auch in der Kirche sagte der Priester nur: »Gottes Wege sind unergründlich!« und ging so über seine Ahnungslosigkeit hinweg.

Am 29. September trat Martin zur Prüfung zum Bakkalaurus Trivium an. Er hatte die Nacht zuvor kaum geschlafen. Natürlich hatte er sich intensiv vorbereitet, jedoch war er oft unkonzentriert gewesen, weil seine Gedanken um die Vaterschaft und seine Unaufrichtigkeit gegenüber den Eltern gekreist waren. Nicht selten hatte er erst wieder einen klaren Kopf bekommen, wenn er sich durch seine Freunde hatte ablenken lassen. In feucht-fröhlicher Runde spürte er, dass er jung war, dass ihm die Welt offenstand und er noch viel zu erleben hatte. Danach war er stets motiviert zurück an seine Bücher gegangen.

Nun war es also so weit. Er wusste, der frühe Termin war ambitioniert, aber er wollte seine erste Prüfung nicht weiter hinauszögern, dem Vater nicht länger als nötig auf der Tasche liegen.

»Wünscht mir Glück!«, forderte er seine Zimmergenossen auf, bevor er an diesem Tag nicht wie üblich mit ihnen an den Lektionen in der Burse teilnehmen würde, sondern – ordentlich gewaschen, gekämmt und mit geplättetem Talar – in Richtung Collegium Maius lief, um sich den Fragen seiner Professoren zu stellen. Er schickte ein kleines Stoßgebet gen Himmel, atmete noch einmal tief durch, blinzelte in die frühmorgendlichen Sonnenstrahlen und betrat entschlossen das mächtige Universitätsgebäude, wo er im Auditorium Maximum bereits erwartet wurde.

Der Dekan der Artistenfakultät und die Prüfer saßen an einem langen Tisch. Martin trat heran und sprach die Eidesformel: »Ich bekräftige eidlich, dass ich anderthalb Jahre an einem privilegierten Studium studiert, in dieser Zeit die entsprechenden Bücher gelesen und alle Gebühren für Vorlesungen und Übungen entrichtet habe. Hier sind meine Vorlesungs- und Übungsnachweiszettel, die cedulae.«

Er reichte sie dem Dekan, der sie kopfnickend annahm und kurz durchblätterte. »Ich sehe, Ihr habt den Priscian, den zweiten Teil des Alexander de Villa Dei und den Donatus gehört. In Logik Aristoteles und Petrus Hispanus, Papst Johannes XXI. In Rhetorik Laborinthus von Eberhard von Bremen. In der Philosophie ebenfalls Aristoteles und in der Astronomie Sphaera materialis von Johannes de Sacrobosco, so wie die Statuten es vorschreiben. Sehr gut!«

Dann stellten die Prüfer ihm abwechselnd verschiedene Fragen, während die anderen sich eifrig Notizen machten. Martin beantwortete sie alle zufriedenstellend. Schließlich wurde er hinausgeschickt, damit die Prüfer sich besprechen konnten. Als sie ihn wieder hereinriefen, übernahm sein Lieblingslehrer Trutvetter das Wort: »Martin, Ihr habt bestanden. Gratulation! Hier und da wäre eine differenziertere Auseinandersetzung mit der Frage vorteilhaft gewesen, aber im Großen und Ganzen war zu erkennen, dass Ihr die Hauptaussagen der Philosophen verstanden und das Handwerkszeug der wissenschaftlichen Ableitungen und Lehre erlernt habt. Wir freuen uns, Euch in den Kreis des Lehrkörpers aufzunehmen, denn von nun an dürft Ihr die Scholaren und Kollegiaten in den Übungen betreuen, während Ihr doch hoffentlich mit vielleicht noch mehr Ehrgeiz das Magisterstudium verfolgt.«

Kapitel 9

1502

DIE GEBURT, DIE zufällig auf denselben Tag fiel wie Martins Prüfung, überstand Anna mithilfe ihrer Mutter und einer befreundeten Hebamme. Die Nachgeburt wollte sich nicht lösen, sodass sie viel blutete. Die Hebamme griff beherzt in den Geburtskanal bis zur Gebärmutter hinein, fasste den glibberigen Mutterkuchen und zog daran. Zur Blutstillung beauftragte sie Frieda, einen großen Eimer kaltes Brunnenwasser zu holen und ihr damit Unterleibswickel zu machen, die sie, sobald sie sich erwärmt hätten, wechseln müsste. Die Schneiderin von nebenan, der Frieda beim Wasserholen kurz zugerufen hatte, dass Anna viel blute, kam mit Blut eines Kalbes herbei, das ihr Onkel gerade geschlachtet hatte. »Gib ihr davon zu trinken. Das Kalb war gesund. Das Blut ist ganz frisch. Ein roter Wein hilft auch.«

Die Hebamme stimmte dem Vorschlag zu. Sie fügten noch ein rohes Ei hinzu und gaben es der jungen Mutter löffelweise ein. Die Schneiderin, die sich weiter nützlich machen wollte, hielt derweil das Baby warm und begutachtete es. Es war ein gesunder Junge. Anna war zunächst noch blass, aber nach einiger Zeit nahm ihr Gesicht wieder Farbe an und sie konnte sich aufsetzen und ihr Kind in Empfang nehmen. Die Hebamme zeigte ihr, wie sie es an ihre Brust anlegen sollte. Als der kleine Kerl die Brustwarze fand und das erste Mal daran zog, biss Anna die Zähne zusammen, schaute aber staunend dem kleinen Bündel zu, wie es zufrieden saugte und darüber einschlief. Auch die junge Mutter machte ein Nickerchen, während Frieda neben ihr wachte, die Schneiderin sich nützlich machte und anfing zu putzen und die Hebamme ihre Instrumente abwusch und einpackte.

Obwohl die Mutter sie beständig gefragt hatte, hatte Anna den Vater nicht preisgegeben. »Ein Student, dessen Namen ich vergessen habe und der meines Wissens auch schon gar nicht mehr in Erfurt ist«, hatte sie stets geantwortet und damit Friedas Verschwiegenheit bezüglich ihres eigenen Vaters vergolten.

Im Oktober 1502 gab es eine Sonnenfinsternis, zu der sich die Studenten mit ihrem Astronomieprofessor auf dem Petersberg vor dem Kloster verabredet hatten. Als Martin das Schauspiel beobachtete und sich alle sicher waren, dass die Verdunkelung der Sonne ein Zeichen Gottes und eine Vorwarnung für dunkle Zeiten war, erinnerte er sich daran, dass Anna in der Zwischenzeit sein Kind geboren haben musste und er verpflichtet war, nach ihr zu sehen. Er verabschiedete sich von seiner Studiengruppe und lief in die Grafengasse. Frieda vermutete er bei Kellner, also klopfte er vorsichtig. Von drinnen hörte er schwaches Babygeschrei, das immer lauter wurde, je näher Anna zur Tür kam.

»Ja, wer da?«, fragte sie durch die geschlossene Tür.

»Ich bin's, Martin!«, gab er zur Antwort.

Sie öffnete und lächelte ihn erwartungsvoll an. Auf dem Arm trug sie den Säugling, der ein niedliches, ebenmäßiges Gesicht hatte und Martin sehr ähnelte. »Das ist dein Sohn«, sagte sie und drehte sich so, dass Martin ihn direkt von vorne betrachten konnte.

Martin lächelte. »Ich gratuliere. Ein hübsches Baby!« Dann streichelte er mit seinem großen Zeigefinger die winzige Wange. »Ich wünsche dir alles Gute und Gottes Segen.«

Nun blickte er Anna an, die ihn die ganze Zeit beobachtet hatte. »Wie heißt er?«, wollte er wissen.

»Martin, nach seinem Vater.«

Er schluckte und ging nicht darauf ein. »Wie geht es dir? Wie war die Geburt?«

»Ich wäre beinahe verblutet, aber nun geht es mir gut. Jedoch weiß ich nicht, was ich zuerst machen soll. Meine Mutter ist nicht da und ich bin mit allem allein.« Es klang vorwurfsvoll.

»Ich halte ihn«, bot Martin an. »Was willst du tun?«

»Es geht nicht um diesen Moment, sondern um alle Verrichtungen des Tages«, versetzte Anna.

»Ich kann auch wieder gehen, wenn du mich nur anfährst«, wurde Martin ungehalten.

»Nein, bitte bleib. Es war nicht so gemeint.« Sie sah ihn entschuldigend an. »Und nun erzähl, hast du deine Prüfung bestanden?«

Martin nickte.

»Ich gratuliere!« Sie machte ihm Platz, damit er eintreten konnte.

Martin schob sich an ihr vorbei und setzte sich an den Küchentisch. »Du wirst eine gute Mutter werden, Anna. Das ist nun mal die Aufgabe der Frauen. Du bist nicht die Erste, die es ohne Mann schaffen muss. Ich kann dir eine Wiege besorgen. Wäre das gut?«

Anna merkte, dass er sich bemühte und weiteres Klagen keinen Zweck hatte. »Ja, das würde mir helfen. Bis jetzt schläft der Kleine in meinem Bett.«

Martin versprach, sich darum zu kümmern. Anna bot ihm etwas zu trinken an, und so saßen sie noch ein wenig zusammen, bis auch der Säugling Durst bekam und Martin mit Interesse beobachtete, wie Anna ihn stillte. Als das Baby an der Brust einschlief, verabschiedete er sich mit einem Kuss bei ihr und versprach, bald wiederzukommen.

Er empfand es als Erleichterung, die beiden zurückzulassen und sich selbst auf den Weg in die Freiheit machen zu können. Wieder einmal wurde ihm klar, dass er noch zu jung war, um Ehemann und Vater zu sein und als Familie in einem engen Häuschen zu wohnen.

Kapitel 10

1503

ENDLICH BEGANN DAS Quadrivium. Einige Vorlesungen in Astronomie hatte Martin schon während des Triviums besucht, doch nun studierte er Musik, Arithmetik und Geometrie.

Die ersten Vorlesungen in Musik mit praktischen Übungen begeisterten ihn. Der Professor sprach von der Lehre der musica mondana, der Weltenmusik. Martin staunte, dass die Anordnung der Planeten zur Sonne einer Oktave entsprach. Die musica humana – hier musste er Sokrates lesen – besagte, dass in der Seele des Menschen Proportionen herrschten und die Geige vier Saiten habe, so wie der Mensch vier Temperamente zeige. Und schließlich lernte er, dass in der musica instrumentalis der Mensch an unterster Stelle stand, weil er von Gott die Musik geschenkt bekommen hatte, um dadurch eine Vorstellung vom Kosmos zu erhalten. In ihm erwachte der Wunsch, ein Saiteninstrument zu spielen. Die Flöte war ihm zu wenig.

Seinen Eltern hatte Martin gleich nach seiner Prüfung einen Brief mit einem Boten gesandt, dass er die erste Stufe in allgemeiner wissenschaftlicher Bildung erlangt hatte und sich nun Bakkalaureus nennen durfte. Ihre Freude war übergroß gewesen, und sein Vater hatte ihm mehr schlecht als recht postwendend zurückgeschrieben, dass es ihr sehnlichster Wunsch wäre, er käme auf Besuch in die Heimat. Seitdem war nun gut ein halbes Jahr vergangen. Zusammen mit Alexis, der seine Bakkalar-Prüfung erst zu einem späteren Zeitpunkt absolvieren wollte, machte er sich endlich kurz vor Ostern auf den Weg.

»Es war ein guter Einfall von dir, unsere Eltern zu besuchen. Über die Mädchen haben wir ganz vergessen, wer uns das Leben hier möglich macht«, sagte Alexis, als sie an einem wolkenverhangenen Morgen im Schritt die Stadt verließen. Die Pferde patschten durch Pfützen, und der Matsch spritzte an den Reitern hoch. Es hatte die Nacht über geregnet.

»Sauwetter zum Reisen, aber der Himmel scheint aufzureißen. Ja, das ist wohl die Demut, die wir üben müssen. Es ist gut, wenn wir mal wieder vom hohen Ross herunterkommen und das Leben im kleinen Mansfeld schätzen lernen.«

Als nach einem halben Tagesritt die Sonne gegen die Wolken gewonnen hatte, machten Martin und Alexis eine Pause bei einem Gasthof, der ihnen sein Bier im Freien servierte. Die jungen Männer genossen die warmen Sonnenstrahlen des Frühlings und bestellten sich eine kräftige Suppe. Dann verschnürten sie ihre warmen Umhänge am Sattel, wobei Martin seinen Degen umpacken musste. Mit Erreichen des Bakkalartitels war es den Studenten erlaubt, einen solchen zu tragen. Natürlich tat Martin dies mit Stolz, und auch Alexis hatte seinen Degen im Gepäck. Im Fechtunterricht waren sie Partner und fühlten sich auf der Reise mit ihren Waffen sicherer.

»Wirst du deinem Vater nun vielleicht endlich erzählen, dass er Großvater geworden ist?«, fragte Alexis schmunzelnd, während er sich zum Aufsteigen bereitmachte.

Martin schaute ihn verärgert an. Sie hatten abgemacht, das Thema Anna vollständig zu meiden. Er wollte die Kritik des Freundes nicht hören, und noch weniger wollte er sich verspotten lassen.

Sein Blick fiel auf seinen Degen. »Komm, Alexis, zieh deine Klinge!«, forderte er, einer spontanen Eingebung folgend. »Machen wir eine studentische Fechtübung. Gewinnst du, darfst du mich weiter aufziehen, gewinne ich, hältst du dein Maul!«

Alexis war einverstanden. Sie banden ihre Gäule wieder an und zückten die Waffen. Es dauerte nur ein paar Schlagwechsel, bis Martin mit einem Schmerzensschrei zu Boden sank und sich das blutende Bein hielt.

»Was ist los? Was ist passiert? Wo tut es weh?« Aufgeregt lief Alexis zu ihm und kniete sich neben ihn.

»Es ist meine Pulsader«, stöhnte Martin. »Schnell, hol Hilfe!«

Nur mühsam vermochten die beiden durch Zudrücken der Wunde seine Verblutung zu verhindern. Alexis zog schließlich sein Hemd aus und schnürte die Wunde mit einem festen Zuknoten der Ärmel ab. Der Wirt war inzwischen mit seiner Frau nach draußen gekommen, kühlte Martins Stirn, redete ihm gut zu und lagerte Kopf und Bein des Verwundeten auf Kissen. In großer Angst kam das kurze Stoßgebet »Maria, hilf!« über Martins Lippen, während Alexis in den nächstgelegenen Ort galoppierte, um Hilfe zu holen. Endlich, aber noch rechtzeitig, kehrte er mit einem Wundarzt zurück, der die Blutung stoppte und die verletzte Stelle verband.

»Ihr könnt nun vorerst weiterreiten. Ich empfehle den Ritt zurück nach Erfurt. Dort kann ein Wundfieber, sollte es sich einstellen, am besten behandelt werden«, riet der

Doktor dem Verletzten. »Und meldet Euch dort gleich im Hospital!«, ergänzte er noch.

»Schaffst du das?«, fragte Alexis und schlug vor: »Du legst das Bein hoch, während ich dein Pferd neben meinem führe.«

»Ja, es geht schon.« Martin machte ein schmerzverzerrtes Gesicht, als der Arzt, der Wirt und Alexis ihn auf seinen Hanjo hievten.

Am späten Nachmittag erreichten sie Erfurt und ritten direkt zum Universitätshospital, wo der blasse Martin als Student der Universität sofort aufgenommen und untersucht wurde. Jetzt erst merkte er, wie schwach er war und wie schlecht es ihm ging. Zunächst wurde ihm Weihrauchharz aufgelegt, der die Wunde austrocknen sollte. Es folgte ein längeres Krankenlager, denn Martin hatte viel Blut verloren.

Sein Krankenzimmer war nur mit dem Nötigsten möbliert. Es gab acht Patientenbetten. Schmal, aber weich, mit warmen Decken. Er teilte sich den Raum mit einem Studenten, der sich den Arm gebrochen hatte und nun sehr lange dort liegen musste, bis die Knochen wieder zusammengewachsen waren. Der erwachte Frühling reichte mit seinen Sonnenstrahlen nicht bis zu ihnen herein, und sein Zimmernachbar war nicht besonders gesprächig. Martin hatte das Gefühl, als würde er das gesamte Leben da draußen verpassen. Er schrieb einen Brief an seinen Vater, in welchem er ihm seine Lage und sein Bedauern schilderte. Oft stellten sich trübe Gedanken ein. Gerne hätte er in der lateinischen Bibel gelesen, die an der Kette befestigt in der Universitätsbibliothek lag.

»Ich wünschte, Gott bescherte mir ein solches Buch als

eigen!«, sprach er, als der Priester ihn besuchte und eine kleine Heilige Schrift mit sich führte. Im ersten Moment war er über den Besuch erschrocken gewesen. Stand es so schlecht um ihn? Sollte er etwa schon die letzten Sakramente empfangen?

Doch der Priester stellte sich ihm vor und sprach: »Ich bin Johann Bohnemilch von Laasphe. Seid getrost! Ihr werdet auf diesem Lager nicht sterben. Unser lieber Gott wird noch einen großen Mann aus Euch machen, der viele Leute trösten wird. Denn wen Gott liebhat und aus dem er etwas Seliges ziehen will, dem legt er zeitlich das heilige Kreuz auf, in welcher Kreuzschule geduldige Leute viel lernen.«

Martin verstand nicht ganz, was er sagte, schrieb das aber seinem leichten Fieber zu. Dennoch bewirkte der Besuch des Geistlichen, dass er sich zusammenriss und sich vornahm, die dunklen Gedanken zu vertreiben, indem er ohne Lehrmeister das Lautenspiel erlernen wollte. Natürlich bekam er regelmäßig Besuch von seinen Freunden, die aber nur zu einer bestimmten Zeit und auf kaum eine Stunde begrenzt bei ihm sein durften.

Hieronymus, als guter Musikant, brachte Martin auf Wunsch eine Laute und zeigte ihm, was er üben konnte. »Ich komme morgen wieder, und dann kannst du den Oktavenwechsel spielen!«, gab er ihm auf. Bei jedem Besuch stellte er ihm eine neue Aufgabe, die er bis zum nächsten Tag zu erlernen hatte. Martin war geschickt und vertrieb die grauen Wolken, die sich ihm in Gedanken des Öfteren aufdrängten, und die Langeweile mit Geklimper und Gesang. Die wechselnden Patienten, die ihm meist nur kurz Gesellschaft leisteten, stimmten mit ein und ermutigten ihn, weiterzuüben.

Nach der Genesung griff er das Studium wieder auf und betreute nun Scholaren und Kollegiaten in den Übungen. Die neuen Herausforderungen bereiteten ihm Spaß, sein Bein heilte und der Sommer flog nur so an ihm vorbei. Er vermied es, zu seinem – er nannte es Annas – Kind eine Beziehung aufzubauen. Anna hatte ihn einmal im Hospital besucht. Sie hatte sich als Botin seiner Tante aus Eisenach ausgegeben, die ihm zur Stärkung einen Kräuterschnaps schickte. Mit dem Baby auf dem Arm war sie in sein Patientenzimmer eingetreten, das zu der Zeit mit drei weiteren Patienten der Universität belegt gewesen war. Martin war zutiefst erschrocken. Dies war das Universitätshospital, und er wollte nicht zur Unterhaltung der Fakultäten beitragen. Aber Anna hatte ihre Rolle perfekt gespielt, sodass sie sich seine Achtung verdient hatte und er letzten Endes doch froh über die Unterbrechung seines eintönigen Tagesablaufs gewesen war.

Nach seiner Entlassung besuchte er sie mit einem Strauß Blumen in der Hand.

»Danke, dass du zu mir gekommen bist und dabei Rücksicht auf meine Studentenlaufbahn genommen hast. Du bist die geborene Schauspielerin«, fand er anerkennende Worte und holte hinter seinem Rücken eine blaue Decke hervor, die ihm sein Freund Johannes Lang besorgt hatte. »Für die Wiege des Kleinen«, lächelte er und gab sie ihr.

»Oh, so weich. Und was für ein schönes Blau! Dein Sohn wird sie in Ehren halten«, freute sich Anna.

Diese Worte waren Martin ein bisschen zu viel. Er glaubte zu spüren, wie sie ihn damit wieder in die Verantwortung nehmen wollte, und entschied sich für den Rückzug in die Uni. »Ich wollte mich nur kurz bedanken. Ich habe nun einiges im Studium nachzuholen. Vermutlich werde ich mich die nächsten Wochen in der Bibliothek verschanzen.« Er versuchte, locker und humorvoll zu klingen. »Wenn du etwas brauchst, lass es mich durch Alexis wissen. Ansonsten werde ich mich wieder blicken lassen, wenn ich auf dem neuesten Wissensstand bin.« Er gab ihr zum Abschied einen Kuss auf die Stirn.

Durch seine Zeit im Hospital hatte er die Verabschiedung des Nikolaus Marschalk verpasst.
»Das bedauere ich sehr«, gab er Alexis gegenüber zu.
»Ja, er hat eine schöne Abschiedsrede gehalten und eine kleine Feier veranstaltet. Er ist an die Wittenberger Universität gegangen. Wir können ihn besuchen, wenn wir das nächste Mal in Mansfeld sind. Es ist nicht weit von dort«, tröstete ihn Alexis. »Und es gibt einen neuen Weihbischof: Maternus Pistoris, ein Vertreter des Humanismus. Sehr netter Mann! Er hat etwas für die Poeten übrig.«
Martin lernte ihn bald kennen und füllte auch seine Informationslücken mit der Aufnahme seines weiteren Studiums und seiner Lehrtätigkeit schnell auf. Ab und zu musste noch ein Arzt nach seiner Verletzung schauen, aber mehr und mehr konnte er mit seinen Freunden die alten Sportgewohnheiten wiederaufnehmen und neben seinem Geist nun auch seinen Körper wie gewohnt trainieren. Während er im Sommer noch Vorsicht walten lassen musste, fühlte er sich im Herbst bereits wie der Alte. Und als die Tage kürzer wurden, machte er neue Pläne für eine baldige Heimreise.

Seinen neunzehnten Geburtstag hatte Martin mit seinen Bursenmitbewohnern gefeiert und ein klein wenig auch mit Anna, die auf einen kurzen Besuch bei ihr bestanden hatte, um ihm ein Geschenk zu überreichen. Aus einem schönen Stück Rindsleder hatte sie ein langes Lesezeichen gefertigt, an dessen Ende sie eine Troddel aus goldenen Fäden befestigt hatte. Martin hatte sich sehr darüber gefreut und benutzte es regelmäßig.

Dann kam – beinahe über Nacht – der Winter und mit ihm die Weihnachtszeit. Die adventlich geschmückten Häuser, die feierlichen Gottesdienste, der frisch gefallene weiße Schnee, der die matschigen, mit Unrat übersäten Straßen sauber malte, und die Vorfreude auf das Weihnachtsfest verstärkten Martins Wunsch, nach Hause zu seinen Eltern und Geschwistern zu fahren.

Drei Tage vor dem Heiligen Abend endlich trat er erneut den Heimweg an, fest entschlossen, diesmal auch anzukommen. Er ritt alleine, denn Alexis war zu Lotte eingeladen. Anna hatte ihn auch innigst gebeten, zu Weihnachten bei ihnen zu Gast zu sein und ihn vielleicht doch der Mutter vorstellen zu dürfen. Er war froh gewesen, ihr den Brief seines Vaters zeigen zu können, in welchem dieser darauf bestand, dass sein Sohn die Familie über Weihnachten besuchen käme. Trotzdem tauschten sie vor seiner Abreise Geschenke aus. Martin hatte über Johannes kleine Handschuhe für seinen Sohn besorgt. Es war auch Johannes' Großmutter gewesen, die schon die Decke für ihn gestrickt hatte. Nun hatte sie warme Fäustlinge gefertigt. Für Anna hatte Martin eine schöne Schüssel besorgt.

Als er Annas Geschenk entgegennahm, mussten beide lachen. Es waren ebenfalls Fäustlinge. Zufällig in demselben Blau wie die Kinderhandschuhe. »Damit du beim Reiten keine kalten Hände bekommst«, sagte Anna und lächelte fürsorglich.

Martin hatte Glück. Am Tag seiner Abreise war es trocken. Der Neuschnee glitzerte, als er mit seinem Rappen aus den Stadtmauern ritt. Er hatte sich warm eingepackt. Hatte Annas Weihnachtsgeschenk dabei und freute sich nun sehr über ihre selbst gestrickten dicken Handschuhe, die seine Finger wunderbar wärmten. Auf die Handinnenflächen hatte sie Leder genäht, damit ihm die Zügel nicht aus der Hand rutschten. Er würde ihr und ihrem Kind noch etwas aus Mansfeld mitbringen. Etwas aus Vaters Kupferhütte.

Er ritt in die Stille der offenen Landschaft hinaus. Das Schnaufen seines Pferdes und das Geklapper der Hufe wurden lauter. Martin trieb seinen Rappen zu einem leichten Trab an. Das rhythmische Aufstehen und wieder Setzen im leichten Trab hielten ihn in Bewegung. Fast wurde ihm heiß unter den verschiedenen Lagen Wollhemden und seinem Umhang. Beim ersten Rasthof bezahlte er die Geleitgebühr und bog auf eine Geleitstraße ab. Hier kamen ihm vereinzelt Fuhrwerke und andere Reiter entgegen. Wenn es die Geschwindigkeit des Passierens erlaubte, grüßte man sich freundlich und wünschte sich eine besinnliche Weihnacht. Martin tätigte zwei Übernachtungen in Gasthöfen, in denen er es sich stets bei deftiger Kost gut schmecken ließ. Eine ordentliche Portion Speck durfte nicht fehlen, denn er musste warm und kräftig bleiben. Sein Pferd wurde satt mit Hafer versorgt. Es geht mir doch gut, dachte er sich jeden Abend und schickte ein Dankesgebet zum Himmel.

Die Freude war groß, als er endlich sein Elternhaus erreichte. Kaum war er angekommen, musste er mit seinem Vater in den Ort gehen. Stolz schleppte Hans seinen Sohn zu Verwandten und Freunden. Als er nach einem detaillierten Bericht und nach Vorlage des Zeugnisses über den

Bakkalaureus Trivium erfuhr, dass Martin nur als einunddreißigster von siebenundfünfzig Prüflingen abgeschlossen hatte, wurde er unzufrieden und etwas mürrisch. Es war bekannt, dass immerhin fast ein Drittel der Studenten den Bakkalar schafften, zum Magisterstudium, so hatte es schon der Professor in der Michaeliskirche zur Einführung gesagt, meldeten sich hingegen gerade zehn von hundert an. Die Prüfung war sehr anspruchsvoll. Er sah sich schon enttäuscht, den Neidern berichten zu müssen, dass der Sohn das Magisterexamen nicht geschafft hatte.

»Martin, ich verlange von dir mehr Einsatz. Saufen und Faulenzen habe ich dir nicht beigebracht. Über die Hälfte deiner Kommilitonen waren besser als du!«

»Vater, sie haben sich auch nicht gleich nach einem Jahr schon zum frühestmöglichen Zeitpunkt der Prüfung gestellt. Ich habe gute Rückmeldungen, die Professoren sind zufrieden mit mir. Ich werde mich noch mehr anstrengen. Macht Euch keine Sorgen!«, versicherte er Hans, der es wohlwollend zur Kenntnis nahm.

»Martin, Ihr seid nun mündig und verdient meinen Respekt. Sei es, wie es ist.« Von da an siezte ihn sein Vater anerkennend als Zeichen seiner Mündigkeit und um ihm Respekt zu zollen.

Das Weihnachtsfest zu Hause war behaglich. Es war angenehm, wieder im eigenen Bett in der alten Kammer zu schlafen. Schön, von den Geschwistern zu Tisch gerufen zu werden, und herrlich, in den Genuss von Mutters Kochkünsten zu kommen. Zu Weihnachten gab es gefüllte Gans. Es wurde mittlerweile auch im Hause Ludher musiziert, sogar eine Laute hatte der Vater da, sodass sie dem Onkel, der zu Besuch kam, ein kleines Konzert bieten konnten. Doch der stolze Vater, die stets um sein Wohl besorgte Mutter und der Trubel der kleinen Geschwister wurden Martin nach einigen Tagen zu viel. Zum Jahreswechsel wollte er wieder bei seinen Freunden sein.

Zurück in Erfurt fühlte er sich eigenständig. Er trug die Konsequenzen seiner Handlungen alleine und, wie er fand, verantwortungsvoll genug. Schließlich traf er Anna weiter, wenn auch in der Öffentlichkeit nur ohne Kind und maximal zweimal im Monat. Er gab ihr einen kleinen Geldbetrag, damit sie hin und wieder etwas für den Sohn kaufen konnte, gerade jetzt in der kalten Jahreszeit. Anna hielt diese Situation nur aus, weil sie weiter hoffte, dass Martin sie heiraten würde, sobald er Magister wäre.

Kapitel 11

1503

DIE VORLESUNGEN AN der Universität waren anspruchsvoll. Martin lernte, unterrichtete und half seinem Freund Alexis, sich auf die Bakkalariatsprüfung vorzubereiten. In den freien Stunden musizierte er mit Hieronymus, philosophierte mit Johannes Jäger, der nur noch Crotus gerufen werden wollte, las in der Bibliothek und liebte es, mit Johannes Lang in den Erfurter Gasthäusern zu sitzen. Lang kannte in Erfurt einfach jeden und konnte Martin die entsprechenden Geschichten erzählen.

Besonders im Gasthaus zur hohen Lilie unterhalb des Domberges gefiel es den beiden. Martin ging gerne dorthin, denn die Schankfrau war ein junges hübsches Mädchen mit langen blonden Haaren und unwirklich großen, blauen Augen. Sie war stets gut gelaunt, lachte mit allen Gästen und hatte auf jede plumpe Annäherung eine schlagfertige Erwiderung. Sie konnte sich die vielen Zurufe mit Getränkewünschen merken und schwere Krüge tragen. Immer wenn sie etwas einschenkte, sah sie kurz von ihrer Tätigkeit auf, blickte Martin direkt in die Augen und senkte die ihren dann lächelnd wieder auf die Krüge oder Teller, auf denen sie eine Brotzeit arrangierte. Martin hätte sie ansprechen können, aber er dachte an die Schwierigkeiten, in die er Anna gebracht hatte – oder sie ihn. Das brauchte er nicht noch ein zweites Mal, auch wenn die Versuchung groß war. Doch diese kleinen unverhohlenen Blickkontakte beflügelten seine Fantasie und sorgten für ein warmes Gefühl in der Herzgegend.

Auch Johannes beobachtete das anwesende Weibsvolk mit Interesse. Gemeinsam mit Martin kommentierte er Aussehen und Kleidung der Mädchen und spekulierte über ihren Anstand. Das Gasthaus war immer gut besucht, war es doch groß und ging über zwei Stockwerke. Die Ausstattung – große dunkelbraune Kirschholztische, mit Stoff bezogene Stühle, polierte Kupferschüsseln, bunte Krüge, aufwendig verzierte Wände und Decken sowie nicht zuletzt die einheitliche Kleidung des Wirtes und seiner Bediensteten – war hochwertig und rechtfertigte höhere Preise, die wiederum dafür sorgten, dass die meisten Gäste aus dem Kreis der reichen Waidjunker, Brauer, Universitätsangehörigen und Klerikern stammten.

»Sehen und gesehen werden, Martin! Hier trifft man die wichtigsten Erfurter«, brachte Johannes es auf den Punkt und prostete Martin zu.

Es sollte der letzte unbeschwerte Sommer für lange Zeit in Erfurt sein.

»Am 30. Juni nachmittags zwischen sechs und sieben Uhr wurde Herzog Johann Friedrich Kurfürst zu Sachsen geboren. Er brachte ein goldgelbes Kreuz auf dem Rücken mit aus dem Mutterleib«, verkündete der Herold seinen Zuhörern vor dem Rathaus am Fischmarkt. Doch diese wunderlichen Zeichen nützten nichts, denn kurz darauf brach die Pestilenz aus. Die Erfurter schotteten sich ab. Plötzlich gab es weniger Stände auf den Märkten. Händler wurden an den Stadttoren auf Krankheitsanzeichen untersucht, bevor sie eingelassen wurden. Viele Händler aus den umliegenden Küchendörfern verzichteten auf ihre Einnahmen durch den Verkauf auf den Erfurter Märkten und blieben in ihren Ortschaften, wo die Pest nicht ganz so schnell um sich griff.

Jeder beäugte den Nachbarn argwöhnisch und suchte nach Anzeichen der Seuche. Die Stadt, die bereits in der Vergangenheit immer wieder mit dem Schwarzen Tod umzugehen gehabt hatte, erließ eine Reihe von Vorschriften, die unter Strafe einzuhalten waren. Plötzlich war alles anders, wie aus dem Nichts fielen nun massenhaft die Leute der Krankheit zum Opfer. An den Enden der Gassen brannten auf Geheiß des Rates immer wieder große Feuer, durch die man die Luft reinigen wollte. Einige Straßenzüge waren geradezu verödet, weil ein Todesfall die Nachbarn in die Flucht getrieben hatte. Wenn sich zwei Menschen begegneten, so hielten sie Tücher vors Gesicht und flohen mit Entsetzen voreinander. Auf die Haustüren hatten die Bewohner rote Kreuze gemalt mit der Aufschrift »Herr, erbarme Dich unser!«. An manchen Tagen war nichts als das Glockengeläute für die Toten zu hören und die Sterbegesänge der Geistlichen, die aus leeren Kirchen hohl herausschallten. Aus vielen Häusern erklangen das Jammern der Sterbenden und das Wehklagen der Angehörigen. Dann wieder hörte man das Rattern der Totenkarren in den Gassen, das von Zeit zu Zeit durch den blechernen Ton der Schellen und den Ruf »Bringt Eure Toten heraus« unterbrochen wurde. Als die Situation sich weiter verschlimmerte, musste der Rat schließlich die Verbrecher aus den Verliesen freigeben, um Transporteure für die grässlich entstellten Leichen zu haben. Das lange Wüten und Wiederhervorbrechen der Pest brachte es mit sich, dass viele Menschen gefühllos wurden. Sie warteten erst gar nicht mehr ab, bis es mit den Kranken zu Ende ging, sondern warfen schon die Sterbenden zwischen die Toten auf die Karren, die sie zur Grube befördern sollten.

Unfähig, dem Grab zu entrinnen, wurden etliche Leute von einer wilden Verzweiflung gepackt. Wie eine ungeheure Geisteskrankheit ergriff ein Angst- und Bußtaumel das ganze Stadt- und Landgebiet. Teilweise war es schwer, Ärzte zu bewegen, in die Pestviertel zu gehen.

Die Universität mit der medizinischen Fakultät verfügte über einen Schatz an medizinischer Literatur. Die Abhandlungen und Schriftensammlungen des ersten Medizinprofessors Amplonius Rating, der der Bibliothek über sechshundert Handschriften hinterlassen hatte, beinhalteten Berichte vergangener Pestausbrüche und anderer Seuchen, Behandlungsvorschläge, Erfahrungsberichte und Überlieferungen des Pariser Pestgutachtens, das in den Vorlesungssälen nach wie vor gelehrt wurde. Um die Professoren und Studenten, um überhaupt den Bestand und den Betrieb der Universität zu schützen, wurden alle Universitätsangehörigen im großen Hörsaal des Collegium Maius zusammengerufen. Der amtierende Dekan der medizinischen Fakultät richtete sich an seine Zuhörer, die in großer Zahl erschienen waren. Vielen war die Angst ins Gesicht geschrieben. Es gab junge Studenten, die noch keine Berührung mit dem Tod gehabt, aber in letzter Zeit sehr viel darüber gehört und auch gesehen hatten.

»Liebe Zuhörer, ich bin froh, dass Ihr alle heute hier zusammengekommen seid. Die Pest ist eine böse Krankheit, deren Ursache nicht ganz klar ist. Vermuteten wir – damit meine ich die Mediziner – vor einhundertfünfzig Jahren, es wären die Juden gewesen, die die Brunnen vergifteten, so sind wir uns da nicht mehr so sicher. Eine Strafe Gottes? Vielleicht. Vielleicht auch nicht unbedingt eine Strafe, sondern eher eine Mahnung, weniger zu sündigen. Wie dem auch sei, man kann sich schützen. Vor allem, indem man sich von Erkrankten fernhält. Woran erkennt man jedoch den Kranken?« Jetzt rollte er ein großes Bild eines infizierten Menschen mit den typischen Merkmalen aus und deutete mit einem Zeigestock auf die entsprechenden Stellen.

»Zunächst sieht man Drüsenschwellungen im Leistenbereich oder unter den Achseln. Diese Schwellungen brechen auf. Es gibt giftige Brandbeulen. An den Armen findet man häufig bläuliche Flecken. Der Kranke klagt über unlöschbaren Durst, extreme Müdigkeit und unerträgliche Fieberhitze. Manche spucken Blut und klagen über zeitweilige Lähmungen. Die Toten, die wir gesehen haben, zeigen auf dem Körper schwarze Punkte, die wie Blumen aussehen. Es gab keinen, der keine Schwellungen oder Pusteln hatte.«

»Wie hoch ist die Gefahr, sich anzustecken, Professor?«, fragte ein eifriger Medizinstudent.

Alle horchten interessiert auf.

»Alt wie Jung sterben innerhalb weniger Tage. Am Morgen noch fühlt man sich gesund, am folgenden Tag kann man schon tot sein. Gewöhnlich gibt es jedoch zwei Verläufe. Amplonius beschreibt es so: Der erste zeigt sich mit anhaltendem Fieber und blutigem Auswurf – der Tod tritt innerhalb von drei Tagen ein. Der andere Verlauf geht ebenfalls mit ständigem Fieber einher, zeigt aber auch die genannten Geschwüre und Beulen. Hier tritt der Tod binnen fünf Tagen ein.«

Ein anderer Mediziner erhob sich, um eine Frage zu stellen: »Das Pariser Pestgutachten, das immer wieder konsultiert wird, was sagt es uns Hilfreiches?«

»Gegen die Pestbeulen empfiehlt es den Aderlass an Armen und Knöcheln. Klistiere sollen den Körper offen halten. Natürlich ist der Umgang mit Frauen oder Baden zu vermeiden. Pillen aus Aloe, Myrrhe und Safran und vor allem Theriak bringen Erleichterung. Vor allem gilt es die fünf F zu fürchten: Fatigua, Fames, Fructus, Femina und Flatus!«

Alexis, der mit Martin zusammen zur Vorlesung gegangen war, schaute ihn fragend an. Sein Latein ließ noch immer zu wünschen übrig.

»Müdigkeit, Hunger, frische Früchte, Frauen und Blähungen«, flüsterte Martin ihm zu und ergänzte belustigt: »Furzen!«

Der Dekan sprach weiter. »Wir nehmen an, dass sich die Krankheit über die Luft verbreitet. Nur ein Pestdoktor sollte zu den Kranken gehen. Er trägt eine Gipsmaske mit langem Schnabel und einen knöchellangen Mantel, dazu einen Stock, um die Erkrankten auf Abstand zu halten. Abstand, Abstand und noch mal Abstand! Der Schnabel ist mit Kräuteressenzen gegen schlechte Gerüche gefüllt, wie Ihr wisst.«

Der eifrige Student meldete sich nochmals. »Was können wir als Ärzte tun?«

»Man kann versuchen, die Pestbeulen aufzuschneiden und die Wunden mit Essiglösung zu säubern. Außerdem muss die Luft mit Weihrauch, Sandelholz und Myrrhe gereinigt werden. Papst Clemens VI. wurde geheilt, indem er sich zwischen rauchende Kohlebecken setzte. Probieren und noch mal probieren.«

Jetzt stand der Professor für Astronomie auf. »Verehrter Kollege, erlaubt mir eine Ergänzung: Die im Pariser Pestgutachten erwähnte Annahme über die Konstellation der Planeten Saturn, Jupiter und Mars, die ursächlich für die Krankheit sein soll, ist mittlerweile überholt. Nur zur Klarstellung.« Er schaute belehrend zu seinen Studenten, die interessiert nickten.

Dann zeigte der Dekan ein Bild, um mit seinem Zeigestock die Schutzkleidung zu erklären: »Ein langes Kleid von Wachstuch, vor dem Gesicht einen engmaschigen Stoff, auf den Augen große Kristallgläser, auf der Nase einen langen, mit wohlriechenden Spezereien gefüllten Schnabel, in der behandschuhten Hand den langen Stab, mit dem man wortlos andeutet, was der Kranke zu tun habe.«

Die Universitätsangehörigen fühlten sich gut informiert, dennoch schauten sie ängstlich und verunsichert. Jeder bangte um sich und seine Familie.

Martin wollte Anna in Zukunft noch mehr meiden, denn das Gewerbe ihrer Mutter gab zu befürchten, dass sich die Ansteckungsgefahr erhöhte. Er überbrachte Anna seinen Entschluss persönlich. »Anna, zu deinem und deines Kindes Schutz werde ich dich während dieses Ausbruchs nicht besuchen. Ich komme mit zu vielen Menschen an der Universität in Kontakt. Und … deine Mutter … Sie sollte nicht mehr ins Frauenhaus gehen. Die Mönche gehen zu den Kranken und kommen danach in das Haus eines Gesunden. Ich habe viele Mönche ins Mumenhaus gehen sehen. Wenn sie es nicht einsieht, verbiete ihr, euch nahe zu kommen, und beobachte, ob sich ihre Haut oder ihr Zustand verändert.«

Anna war dankbar für die Fürsorge, erkannte aber zugleich, dass Martin mit einer gewissen Erleichterung ihr Einverständnis aufnahm. Bedauernd sah sie ihm hinterher, als er wieder ging.

Auch Martin drehte sich noch einmal zu ihr um: »Wenn es dir oder dem Kind schlecht gehen sollte, lass dennoch nach mir schicken!« Er lächelte sie aufmunternd an.

Das war erledigt. Er hatte viel um die Ohren, und diese unterschwellige Sorge, krank zu werden, belastete seine Nerven zusätzlich.

Sonst war es ein fruchtbares Jahr. Die Bauern freuten sich, dass wenigstens ihr Korn und ihr Wein wohlgeraten waren. Ein Malter reiner Weizen verkaufte sich in Erfurt für zwei Rheinische Gulden. Der Weinertrag war so üppig, dass man nirgends genug Fässer hatte, sondern Kübel und alles, was man auftreiben konnte, damit befüllte. Ein Maß Wein kaufte man für einen Schneebergischen Pfennig. Die Weinernte dauerte von Michaelis bis Martini. Entsprechend groß war das Angebot und folglich häufig die Trinkgelage der Studenten, denen sich Martin nur noch kontrolliert anschloss.

Manch einen verwunderte der plötzliche Wohlstand seines Nachbarn. Anna hatte Martin von ihrer Schneiderin erzählt, die nicht mehr arbeitete, doch neuerdings in feinstem Zwirn und Goldbehang durch die Gassen stolzierte: »Ihr Nachbar auf der anderen Seite starb an der Pest. Als er noch lebte, standen Wachen vor dem Haus, die ihm Essen brachten und darauf achteten, dass ihn niemand besuchte und er das Haus nicht verließ. Es stand noch nicht allzu schlimm um ihn. Einmal kam sie zu mir und bat um Salz und Met. Ich gab es ihr und ging oben ans Fenster, um ihr nachzuschauen. So lief sie doch tatsächlich zu den Wachen, verstand es, sie von ihrem Posten zu locken, und betrat das dann unbewachte Haus mit einem großen Bündel. Ich nehme an, sie bringe ihm Essen. Doch als sie wieder herauskam, war ihr Bündel dicker als zuvor. Ich rief hinunter: ›Wie nett, dass du ihm zu essen bringst, wie geht es ihm?‹ Sie schaute ertappt nach oben und stammelte nur, es ginge zu Ende, aber er habe sich gefreut. Dabei verbarg sie ganz schnell das Bündel unter ihrem Umhang und verschwand eilends in ihr Haus. Ungewöhnlich dafür, dass wir sonst immer ein kleines Schwätzchen halten. Die Wachen kamen nach kurzer Zeit mit einer Kanne Bier wieder. Ich nehme an, danach hatte sie sie geschickt. Einer ging hinein, kam wieder heraus und schüttelte mit dem Kopf. Wenig später kam jemand mit einer Totenbahre.«

Martin hatte ein angewidertes Gesicht gemacht. »Keine Moral unter den Menschen!«

Auf den Dörfern verhungerte das Vieh im Stall, wenn die Bauersleute starben. Felder blieben unbestellt, und Erfurt wartete vergebens auf die Lieferungen von Getreide, Gemüse und Obst vom Land.

Auch in Mansfeld grassierte die Pest. Brieflich hatten sich Martin und seine Eltern verständigt, dass ein jeder bleiben solle, wo er war, und die Besuche auf später verschoben werden müssten.

Im September, als Annas Kind ein Jahr alt wurde, schenkte Martin dem Jungen eine Trommel. »Vielleicht wird er mal musikalischer als ich«, sagte er nüchtern, als er Anna das Geschenk übergab.

Sie lächelte ihn traurig an. »Wenigstens einen kleinen Kuss könntest du für ihn übrighaben.«

Martin drückte dem Kleinen kurz seine Lippen auf die Stirn, ohne ihm anschließend ins Gesicht zu blicken.

Anna nahm es betroffen zur Kenntnis. Dass sie keine Liebe mehr in Martins Augen sah, schob sie auf die lange Trennung. Immerhin hatte er sich an den Geburtstag erinnert und war genau am richtigen Tag vorbeigekommen. »Ist es nicht ein Geschenk Gottes, dass wir alle bisher von der Beulenpest verschont geblieben sind?«, fragte sie, um sich selbst aufzumuntern.

»Ja, ein Segen. Hoffen wir, dass es so bleibt. Pass gut auf euch auf!«, sagte Martin zum Abschied.

Kapitel 12

1504

IN DIESEM JAHR wurde Jodokus Trutvetter die theologische Doktorwürde verliehen. Maternus Pistorius nahm die Handlung vor. Dieser schloss sich eine aufwendige Feier an, auf der auch Martin zugegen war. Nach der Zeremonie in der Kirche folgte eine Prozession, bei der dem Doktor Fackeln vorangetragen wurden. Er selbst ritt, hoch dekoriert, flankiert von den Autoritäten der Universität. Alle Geladenen waren besonders gekleidet und geschmückt. Die Erfurter Bürger bildeten ein Spalier am Straßenrand und applaudierten, als die Akademiker an ihnen vorbeiritten. Am Fischmarkt vor dem Haus zum breiten Herd sah Martin Anna und Lotte stehen. Anna lächelte ihn an, und er nickte ihr fast unmerklich zu, wandte seinen Blick aber schnell wieder nach vorne. Ein wenig rührte es ihn, dass dort jemand nur seinetwegen stand. Doch er merkte, es ging ihm nicht um ihre Liebesbezeugung, sondern lediglich um sein eigenes Ego.

Martin freute sich, dass alle, die dort hoch zu Ross voranschritten, ihm auf Augenhöhe begegneten und er sie seine Kollegen nennen durfte. Martin hatte seine sprachlichen Studien erfüllt und durfte unterrichten. Er hielt Vorlesungen in Grammatik, Rhetorik und kleine Logik. Hörte selbst Vorlesungen über artistotelische Logik, Metaphysik und

Moralphilosophie und hörte zum ersten Mal aus Schriften des Johannes Reuchlin in einer der Allotria, den fakultativen Vorlesungen. Als Bakkalar war er nun mehr im Collegium Amplonianum, das in seiner Bedeutung dem Collegium Maius gleichgesetzt war.

Maternus Pistorius besprach sich hin und wieder mit ihm über ihre gemeinsamen Studenten. Als sie nach der Verleihung der Doktorwürde an Trutvetter beisammenstanden, berichtete er ihm über einen neuen Scholaren, der ihm von Anfang an positiv aufgefallen war, und fragte Martin nach seiner Meinung. »Martin, was denkt Ihr? Ihr seht ihn bei den Übungen. Eobanus Hessus, ein talentierter junger Mann. Erst sechzehn Jahre alt. Ein Poet geradezu! Ich werde ihn in unseren Bund der Poeten aufnehmen.«

Martin fühlte sich geehrt, von dem Weihbischof um seine Einschätzung gebeten worden zu sein. Pistorius Maternus leitete einen großen Kreis von Schülern an, die klassischen Vorbilder nachzuahmen. Sie nannten ihn den »Führer der Poeten«, wie man die jungen Nachahmer der Alten rief. Und Hessus hatte ein besonderes Talent. »Ja, mir ist er ebenfalls als sehr wortgewandt und ehrgeizig aufgefallen«, gab er zur Antwort. Pistorius hatte auch Martin eingeladen, an den Gesprächsrunden der Anhänger des Humanismus teilzunehmen. Durch seine angenehme Bescheidenheit, seinen tadellosen Wandel, seine Mäßigung und Friedfertigkeit gelang es dem Geistlichen und Philosophen, ein gutes Verhältnis zwischen seinem Kreis und seinen der Scholastik treu gebliebenen Amtsgenossen zu erhalten. Martin ließ sich von den Gesprächen, an denen er ab und an teilnahm, inspirieren und hörte begeistert die Erläuterungen des Wanderhumanisten Hieronymus Emser zu der Komödie »Sergius« des deutschen Humanisten Johannes

Reuchlin, der damit den Reliquienkult, die Zügellosigkeit und die Raffgier mancher Mönche geißelte. Die humanistische Literatur weckte in Martin die Liebe zu römischen Autoren und förderte eine kritische Einstellung zu Missständen in der Kirche.

»Letztes Jahr wurde ein Johannes von Staupitz Generalvikar der Reformkongregation des Augustinerordens. Dieses Jahr wurde seine Konstitution beschlossen, die zum Ziel hat, sich mehr mit der Heiligen Schrift zu befassen. Wir sehen ihn als einen Förderer unserer Bestrebungen«, sagte Pistorius. Martin war nun nicht mehr neu an der Universität und kritische Auseinandersetzungen gewöhnt, aber er konnte seine Herkunft nicht vergessen, nicht beiseiteschieben, was seine Eltern in ihn hineingedroschen hatten, diese Gottesfurcht und den vorauseilenden Gehorsam und unbeugsamen Respekt gegenüber den Vertretern Gottes auf Erden. Hier, in Erfurt, in seinen neuen Kreisen, stand deren Autorität zur Disposition. Immer wenn er sich dessen bewusst wurde, fiel eine Last von ihm ab. Diese heilsame Erleichterung verlangte allerdings nach Absicherung, und so suchte er immer wieder nach Belegen und Hinweisen in der Bibel. Die Abgründe, die sich hier dem Eingeweihten auftaten, waren erschütternd.

Nach allem, was er von Annas Mutter wusste, und von den Erzählungen Annas über andere ähnliche Verfehlungen der Mönche schimpfte er vehement auf die Geistlichen in dieser großen Handelsstadt und kam sich fast wie ein Moralapostel vor. Seine Einwände fanden Eingang in die Protokolle, die sie bei ihren Treffen verfassten und die zum Ziel hatten, die Geistlichkeit zu diskreditieren und die Missstände anonym zu veröffentlichen. Martin konnte sich besonders ereifern, weil ihn seine ganze Wut über die missliche Lage Annas, die zugleich die seine war, grämte. Er war schließlich kein Geistlicher, er hatte sich nicht viel vorzuwerfen.

Inzwischen hatte die Stadt noch mehr Wachen aufgestellt. Die Pest grassierte weiter. Es gab in jeder Straße und Gasse wenigstens ein Haus, auf dem ein großes rotes Kreuz prangte. Zertrümmerte Türen und Fensterläden waren Zeichen von Plünderungen. Jeder hatte Angst, sich anzustecken, und so kam es nicht selten vor, dass Angehörige ihre Pestkranken und Toten einfach zurückließen. Als Martin eines Abends von einem kurzen Besuch bei Anna zurück in Richtung Burse ging, fiel ihm wieder einmal auf, aus wie vielen Häusern Klagerufe und Gejammer zu vernehmen waren. Vor einem Haus mit einem Kreuz blieb er kurz stehen und lauschte.

»Diebe, Diebe, wieso hilft mir niemand? Soll euch der Teufel holen, Gold und Silber habt ihr genommen und mich in meinem Unrat liegen gelassen ohne einen Funken Mitleid. Fahrt zur Hölle!«

Die Stimme war teils schwach, dann kurz aufbrausend, um dann wieder in Wimmern überzugehen. Martin überlegte kurz, ob er hineingehen sollte. Wenigstens auf Abstand könnte er doch fragen, ob er etwas bringen solle, wie er helfen könne. Aber dann erinnerte er sich an die Belehrung seines Vaters, als der ihm das Schwimmen beigebracht hatte. »Ich will, dass du schwimmen kannst. Manch Brücke ist schon eingestürzt, und der Reiter im Fluss ertrunken, auch zwingen einen die Hitze und langes Reisen zum Baden und Abkühlen im See. Wehe, wenn es plötzlich tief wird und die Strömung dich ergreift. Aber merk dir eins, wenn jemand in Not und am Ertrinken ist, überlege dir gut, ob du zur Hilfe eilst und zu ihm schwimmst. In seiner

Todesangst zieht er dich mit hinab! Ein Sterbender kann für kurze Zeit eine unmenschliche Kraft aufbringen. Hole Hilfe oder wirf ein Seil, wenn es Zweck hat!«

Martin dachte nach und entschied sich, am nächsten Tag noch einmal hier vorbeizugehen und mithilfe eines langen Steckens Essen in einem Bündel ins Haus zu reichen. Klagte der Mann morgen noch, so lebte er und es hätte Zweck.

Mit bereinigtem Gewissen erreichte er seine Burse. Er erzählte seinen Zimmergenossen von seinem Vorhaben. Sie sprachen angeregt über die praktische Umsetzung und was sie bringen könnten – doch wohl vor allem Bier –, dann schliefen sie ein.

Als Martin, Alexis, Hieronymus und Crotus am nächsten Tag mit einer Kanne Bier, einem Laib Brot und einem Schinken, in ein Tuch eingeschlagen und an einem langen Stecken befestigt, zu dem Haus gingen und in der Nähe des offenen Fensters lauschten, war kein Ton mehr zu hören. Sie sahen sich an, schüttelten alle drei ihre Köpfe und suchten sich einen Platz auf der Wiese, auf der sie für gewöhnlich ihre Leibesübungen machten. Hier schnürten sie ihr Bündel auf und ließen es sich selber schmecken. Andere Studenten kamen hinzu und leisteten ihnen Gesellschaft. In Gemeinschaft waren die Seuche und ihre Umstände auszuhalten.

»Irgendwie bin ich schon abgestumpft! Esse das, was ich gerade noch einem Todgeweihten geben wollte, und schere mich nicht um dessen Schicksal«, gab Alexis kopfschüttelnd zu.

Die anderen pflichteten ihm nickend bei und ließen es sich weiter schmecken.

Kapitel 13

1504/1505

DEM FEUCHTEN SOMMER folgten ein verregneter Herbst und ein kalter Winter, und die Zahl der Pesttoten ging endlich zurück. Es war das zweite Jahr des Schwarzen Todes. Es verbreitete sich die Kunde, dass die Mediziner vermuteten, über das Peststerben seien andere Krankheiten übersehen und möglicherweise falsch behandelt worden. Die Angst hatte blind gemacht, doch endlich konnte wieder sachlich über Verbesserungen im Umgang mit dem Großen Sterben gesprochen werden.

Annas Sohn war nun zwei Jahre alt. Diesmal verbrachte Martin das Weihnachtsfest in Erfurt und tat Anna den großen Gefallen, sein Pferd vor einen Schlitten zu spannen und mit ihr und dem Kleinen eine Fahrt hinaus in den Steiger zu machen. Aber da seine Magisterprüfung anstand, hatte er noch immer wenig Zeit für die beiden. »Sag nicht immer: ›Schau, Papa macht dies, Papa macht das.‹ Ich werde ihm kein Papa sein. Weck in ihm keine falschen Hoffnungen!«, machte er Anna nicht das erste Mal Vorhaltungen.

Die schlug die Augen nieder. Sie wollte Martin nicht verärgern. Dennoch erwiderte sie: »Du bist es nun mal, ob du willst oder nicht.«

Für Januar hatte Martin sich zur Magisterprüfung gemeldet, und mit ihm sein Zimmergenosse Hieronymus Buntz, mit dem er nun immer zusammen lernte. Sie sprachen über die Himmelsgestirne, über die Musik, zeichneten geometrische Figuren und rechneten. Durch ihre gemeinsamen Erlebnisse, die Zimmergemeinschaft und die Freude am Lautenspiel war Hieronymus Martin sehr ans Herz gewachsen.

Als die beiden eines Abends im Gemeinschaftsraum der Burse saßen, Laute spielten, sangen und tranken, forderte ihn Hieronymus zum Scherz zu einem Duell heraus.

»Genug gelernt und genug gesessen. Mein Hintern ist schon ganz breit. Ich vermisse unsere Übungen am Wasser. Lass uns eine kleine Fechtpartie austragen!«

»Worum duellieren wir? Eine neue Kanne Schlunze?«, fragte Martin.

»Nein, um die Ehre. Nur zum Spaß«, antwortete Buntz und zog den Degen.

Die anderen anwesenden Studenten machten Platz und stellten sich entlang der Wand um die beiden herum auf. Martin erhob sich und taumelte kurz, denn das Bier wirkte bereits.

Um die Ehre. Das war eine Ansage. Er war ehrgeizig und verlor ungern. So zog er ebenfalls seinen Degen und hieb kräftig zu. Hieronymus war geschickt, wich Martins Schlägen behände aus und landete seinerseits einige Punkttreffer. Die anderen Studenten feuerten sie an. Mal hörte Martin seinen Namen, oft allerdings auch den seines Duellpartners, dessen Bewegungen eleganter waren. Martin wehrte einen Hieb ab, holte aus, machte einen großen Schritt nach vorn, den er wegen seines Alkohols nicht gut steuerte, und hieb seinen Degen unbeabsichtigt rechts in Hieronymus'

Brustkorb. Der stieß einen Schmerzensschrei aus, hielt sich die Seite und setzte sich auf den Boden. Alle eilten zu ihm, auch Martin, der sich erschrocken entschuldigte.

»Das wollte ich nicht, verzeih. Geht es wieder? Holt den Doktor!« Er war entsetzt, als er die Wunde betrachtete, die er seinem Freund zugefügt hatte.

Bis zum Eintreffen des Arztes stillten sie abwechselnd die Blutung, indem sie Martins Hemd, das er sich sofort vom Leib gerissen hatte, auf die Wunde drückten. Der Verletzte war inzwischen ohnmächtig geworden. Als der Arzt erschien, öffnete er sofort seine Doktortasche, zog Verbandsmaterial hervor sowie ein Horchrohr, um den Herzschlag zu prüfen. Dann gab er Anweisungen, was zu holen sei. Und so wurde Martins Kommilitone versorgt, kam wieder zu sich und stand sogar alleine wieder auf. Ein Raunen der Erleichterung ging durch den Saal.

»Es sieht nicht so schlimm aus. Die Wunde war nicht tief, die Blutung ist gestillt. Geht und ruht Euch aus!«, riet der Doktor.

Gemeinsam mit Alexis stützte Martin den Verwundeten und brachte ihn in ihr Zimmer. »Euer Ungestüm wird Euch noch mal in Schwierigkeiten bringen!«, ermahnte der alte Arzt ihn, als Martin wieder hinunter in den Speisesaal kam, wo sich die restlichen Studenten noch aufgeregt über die Begebenheit unterhielten.

Martin war erleichtert, dass es Hieronymus am nächsten Tag schon wieder besser ging und er sogar an den Vorlesungen teilnahm. An den kommenden Abenden lernten sie weiter gemeinsam für die Magisterprüfung, für die sie sich beide angemeldet hatten. »Was bin ich froh und stolz, wenn ich den Magister geschafft habe!«, sagte Hieronymus nicht zum ersten Mal.

Am nächsten Tag bekam er Fieber. Es wurde so hoch, dass er ins Hospital gebracht werden musste, wo er nach nur zwei Tagen plötzlich aus dem Leben schied.

»Eine heftige Rippenfellentzündung, die möglicherweise durch die Degenwunde ausgelöst worden ist«, sagte der Arzt, als Martin ihn schockiert nach dem Grund für den plötzlichen Tod seines Freundes fragte.

Am Abend saßen Crotus, Alexis und er noch lange neben der Totenbahre, hielten Wache und beteten. Der Anblick des Verstorbenen, die Augen geschlossen, die Hände steif wie zum Gebet aneinandergelegt, verfolgte Martin noch viele Tage und Nächte, und seine Seele schrie: »Wenn ich also sterben würde! Wohin würde ich fahren? Nicht gen Himmel, an dem ich durch Frömmigkeit kein Bürgerrecht mir erworben habe, sondern an den andern Ort des Judas würde ich gehen!«

Oft weinte er sich leise in den Schlaf und träumte von der Magisterprüfung und seinem Freund Hieronymus, wie er von der Bahre aufstünde und leichenblass vor die entsetzten Prüfer trat.

Im Januar 1505 bestand Martin seine Magisterprüfung. Er wurde zweiter unter siebzehn. Freude und Leichtigkeit wollten sich nicht so recht bei ihm einstellen. Bis zur Prüfung hatte er die Burse kaum noch verlassen. Er hatte die Gesellschaft der anderen gemieden, denn er merkte, wie sie ihn beäugten. Mitleid oder Schuldzuweisung oder einfach nur Neugier, wie er mit dem Tod des Freundes umgehen würde? Er verspürte keinen Drang, ihre Sensationslust zu befriedigen. Er hatte für die Prüfung gelernt, und auch für Hieronymus. Damit ihr gemeinsamer Fleiß nicht umsonst gewesen sein würde. Er wusste, Hieronymus hätte gewollt, dass er ein gutes Ergebnis erzielte. Er hätte es ihm gegönnt.

Und tatsächlich: Unaufgeregt hatte Martin am Tag der Prüfung jede Frage mit all ihren Aspekten beantwortet. Die Professoren waren begeistert, alle gratulierten ihm überschwänglich. Wenn schon er sich nicht richtig freuen konnte, so wollte er doch wenigstens schnell seinem Vater von dem Ergebnis berichten. Vielleicht würde dessen Stolz ihn anstecken und aus seinem Tal herausholen. Er machte sich mit seinem Pferd auf den Weg nach Mansfeld.

»Du armer Gaul, wie lange war ich nicht hier! Gut, dass sich wenigstens die Stallburschen kümmern. Ganz elend siehst du aus.« Er ritt dieselbe Strecke wie schon zuvor mit Alexis, nahm dieselben Gasthöfe und erreichte Mansfeld in derselben Zeit. Die Konzentration auf sein Pferd und seine Monologe mit ihm waren heilsam. Mit jeder Meile wurde sein Herz etwas leichter.

Die Freude des Vaters war übergroß, als er seinen Sohn begrüßte. Er sah ihn schon in Amt und Würden, und um ihm ein Zeichen seiner Zufriedenheit zu geben, opferte er einen beträchtlichen Teil seiner Ersparnisse. Er schenkte seinem Ältesten ein für das Rechtsstudium sehr wichtiges Buch, ein Corpus Iuris – eine römische Rechtssammlung. Das wertvolle Buch sollte ein Lohn, vor allem aber ein Ansporn zu neuer Arbeit sein. Martin blieb nicht nur ein paar Tage, half seiner Mutter Holz hacken, die Tiere füttern, spielte mit seinen jüngeren Geschwistern und flanierte mit dem Vater durch die Stadt. Ihren Abschied hielten sie kurz, denn bereits im Februar folgte die feierliche Promotion zum Magister Artium, zu der Hans der Pest zum Trotz anreiste, um dem Sohn Respekt zu zollen.

Den Magistern wurden zur Feierlichkeit Fackeln vorangetragen, und sie durften auf ihren Pferden der Prozession voranreiten. Der Stolz des Vaters, der an der einen

Straßenecke stand, und der ihm zuwinkende Kleine auf Annas Arm auf der gegenüberliegenden Seite lösten ein kurzes Glücksgefühl in Martin aus. Die anschließenden Gespräche unter seinesgleichen, mit den Professoren und Doktoren, lenkten ihn ab. Auch ihre Anerkennung tat gut.

Doch Martin hatte selbst danach noch nicht wieder zu alter Fröhlichkeit zurückgefunden. Dies verwunderte niemanden, denn nach der Promotionsfeier hatte sein Vater, als Martin mit ihm ganz privat auf seine bestandene Prüfung anstoßen wollte, ihm schlechte Nachrichten eröffnet. Zwei von Martins kleinen Brüdern waren an der Pest gestorben.

»Zum Glück hat es nicht die ganze Familie erwischt«, versuchte Hans, zuversichtlich zu klingen. Vater und Sohn bemühten sich beide, die Tränen wie Männer zurückzuhalten, weinten dann aber doch hemmungslos und klopften sich gegenseitig zum Trost auf die Schulter. Als Martin zurück zur Burse kam, berichtete er seinen Freunden von dem traurigen Schicksal. Daher hatte jeder Verständnis für seine gedrückte Stimmung.

Martin hatte seit seiner Bakkalariatsprüfung Übungen begleitet – nun, mit dem Magister in der Tasche, lehrte er sogar in den Fächern des Triviums, was ihm die Bursengebühren ersparte. Die Vorbereitungen und die ernsthafte Auseinandersetzung mit grundlegenden Themen verschafften ihm Ablenkung, schenkten ihm neue Energie und die Erkenntnis, dass eben alles sehr komplex war, vor allem aber endlich und ohne ein inhärentes Anrecht.

Konrad Muth, dessen studentischer Name Mutianus Rufus war, und die Humanisten Herbord von der Marthen, Georg Spalatin, Heinrich Urban und Ulrich von Hutten riefen in Konrads Haus in Gotha einen literarischen

Zirkel ins Leben. Auch Martin fand dort Inspiration auf der Suche nach einer Möglichkeit, über seine persönlichen Rückschläge hinwegzukommen.

Helius Eobanus Hessus und Johann Crotus Rubianus brachten ihre Kenntnisse der antiken Literatur dort ein und tauschten sich darüber aus. Mutianus war Mitschüler von Erasmus von Rotterdam gewesen und erhielt dadurch einen besonderen Status unter den Gelehrten. Über Crotus und Ulrich von Hutten, der ab dem Sommersemester in Erfurt studierte, setzte auch Martin sich noch mehr mit humanistischem Gedankengut auseinander. Hutten stammte aus einem fränkischen Adelsgeschlecht. Weil er sich nicht als Ritter eignete, sollte er die geistliche Laufbahn einschlagen, weshalb ein Benediktinerstift zunächst sein Studium finanzierte. Zum Wintersemester wollte er nach Köln gehen.

Ein weiterer neuer Student, den Martin unterrichtete, war der junge Georg Sturtz, gerade fünfzehn Jahre alt, der nach dem Generalstudium Medizin studieren wollte. Er stammte aus Annaberg-Buchholz. Martin kam schnell mit ihm ins Gespräch, als sich herausstellte, dass Georg genau wie er selbst der Sohn eines Grubenbesitzers war, den der Bergbau wohlhabend gemacht hatte. Durch ihn lernte Martin Ulrich von Hutten näher kennen, der ebenfalls in diesem Jahr sein Studium in Erfurt aufnahm und sich sogleich dem Humanistenzirkel anschloss. Durch die Lehrtätigkeit, bei der Martin immer neue Bekanntschaften machte, kam frischer Wind in sein Leben.

Als sich Martins Gemüt nach Monaten endlich etwas erholt hatte, drückte ihn sein Gewissen, und er ging zu Anna, um nach ihr und dem Kind zu sehen. Ein bisschen war es ihm auch wichtig, dass er ihr persönlich von seiner Promotion berichtete. Vielleicht würde sie dann auch verstehen, warum er so wenig Zeit für sie hatte. Außerdem tat ihm ihre Bewunderung gut.

Sie freute sich über seinen Besuch.

»Komm herein. Leider ist der kleine Martin nicht da. Mutter hat ihn mit auf den Markt genommen. Gratuliere zum bestandenen Magister!« Anna umarmte ihn.

»Nun könntest du zu deiner Familie stehen. Eine Heirat stünde dir gut an und wäre nur fair!«

Martin war überrascht von ihrem Vorstoß. Ihre Forderung brachte ihn in Bedrängnis und machte ihn wütend. Spontan beschloss er, die Beziehung zu ihr – sofern es überhaupt noch eine war – endgültig zu beenden. »Ich habe weiß Gott andere Sorgen! Mein Freund ist auf schreckliche Weise ums Leben gekommen, und ich fühle mich bis heute schuldig daran. Zudem sind zwei meiner Geschwister der Pest zum Opfer gefallen. Du wirst dir wohl vorstellen können, dass mir der Sinn nicht nach einer Hochzeitsfeier steht«, wurde er ungehalten. »Ich werde gar nicht mehr kommen. Verstehst du?«

Anna war verzweifelt. In der Hoffnung, ihn dadurch doch noch irgendwie halten zu können, beschloss sie, ihn zu verführen. Sie sammelte sich. »Es tut mir leid. Ich habe mich dumm verhalten. Aber ich liebe dich und habe großes Verlangen nach dir, jetzt, wo ich dich nach so langer Zeit wieder bei mir habe. Du siehst gut aus und hast dir nach so viel Kopfarbeit etwas körperlichen Ausgleich verdient.«

Sie schenkte ihm einen Becher starken Met ein und öffnete ihr Oberteil. Nach langer Abstinenz und ob der Gelegenheit, ohne das Kind mit ihr alleine zu sein, gab er nach und ging mit ihr in ihre Kammer.

Anschließend schlief Anna mit einem Lächeln auf dem Gesicht ein. Martin lag rastlos neben ihr. Leere breitete sich in ihm aus. Er wusste nicht, warum er den Keim der Hoffnung erneut in ihr geweckt hatte. Er machte alles falsch. Er hatte seinen Freund umgebracht, ein Kind in die Welt gesetzt, war im Begriff, die Mutter sitzen zu lassen – er hatte alles anders gemacht, als er es seinem Vater schuldig war. Das Einzige, was er gut konnte, war das Studieren. Indem er hervorragende Leistungen erbrachte, konnte er wenigstens ein paar seiner Fehler wiedergutmachen. Sein Ziel, in verantwortungsvoller Position wichtige Entscheidungen zu treffen, würde ihm hoffentlich die Möglichkeit bieten, seine Schuld ein Stück weit zu vergessen. Er musste sich nur genügend auf das Studium konzentrieren.

Allmählich wurde ihm im Bett neben Anna immer unwohler. Nachdem er eine Zeit lang an die Decke gestarrt hatte, stand er leise auf und schlich sich hinaus. Draußen atmete er die kühle Nachtluft ein. Hier fühlte er sich freier. Er ging zurück zur Burse und ließ sich von Alexis öffnen, denn er war mal wieder zu spät.

»Ich habe einen kardinalen Fehler gemacht«, war alles, was er zu seiner Erklärung sagte.

Seit Anfang April hatte es nicht mehr geregnet, der Himmel war meist wolkenlos und die Sonne hitzig, sodass das Gras verdorrte und es kein Heu gab. Der Hafer blieb fort, auch anderes Getreide gedieh nicht. Es folgte eine schwere Teuerung, die Schweine starben ebenfalls zahlreich weg. Mancher Hausherr trieb des Morgens eine schöne Herde aus, die ihm am Nachmittag nicht wieder heimkam. Martin beschloss schweren Herzens, sein Pferd nach Mansfeld zu bringen. Es in der Stadt zu behalten, wäre zu teuer, und als Magister hatte er ohnehin keine weiten Wege. Sein Jurastudium verlangte, dass er noch mehr Zeit als vorher an der Universität verbrachte. Da stand der Gaul nur unbenutzt herum und kostete Geld.

Auch das Sterben durch die Pest hatte nicht aufgehört, sondern war in der großen Hitze wieder schlimmer geworden. In etlichen Orten hatte bereits die Hälfte, in anderen der dritte Teil der Bevölkerung das Leben gelassen. Auch andere Krankheiten traten vermehrt auf. Die Menschen bekamen so schnell hohes Fieber, dass sie dachten, sie müssten verbrennen. Etliche klagten über so unerträgliche Kopfschmerzen, dass sie bewusstlos wurden, andere wiederum hatten so schweren Husten, dass sie Blut auswarfen. Ein paar wurden von so heftigen Darmbewegungen geplagt, dass sie ihnen das Herz abdrückten. Dann gab es einige, die an Übelkeit litten, sodass sie nur alleine sein wollten.

Martin und alle, die an der Universität lehrten, bekamen es mit, denn die Gelehrten der medizinischen Fakultät wurden um Rat gefragt, leisteten Hilfe, untersuchten Patienten und nutzten die Gelegenheit, ihren Studenten praktische Erfahrung angedeihen zu lassen. Das Universitätshospital war ständig voll belegt und die Hörsäle nicht selten für andere Vorlesungen gesperrt, weil Kranke unter Sicherheitsvorkehrungen zu den Übungen gebracht wurden, die sich eine erfolgreiche Behandlung davon versprachen. Das Universitätskollegium wurde stets auf den neuesten Stand gebracht, sowie auch der Rat der Stadt eng mit den Medizinprofessoren zusammenarbeitete und die Bevölkerung mittels ihrer Herolde informierte.

Am 19. Mai begann Martin mit dem Rechtsstudium. Sein alter Professor Trutvetter war nun der Dekan der juristischen Fakultät. Jetzt lief Martin fast täglich an der Mariengasse vorbei, denn viele Vorlesungen fanden an der juristischen Fakultät hinter dem Dom statt. Manchmal meinte er, aus der Entfernung Frieda zu sehen. Angewidert nahm er die Geistlichen wahr, deren Ziel unverkennbar das Mumenhaus war. Die anhaltende Ausbreitung der Pest wunderte ihn daher nicht. Die Totenglocken, die mittlerweile zur täglichen Normalität geworden waren, schienen ihm wie eine Mahnung Gottes angesichts der Verrohung der Menschheit.

Mitte Juni erledigte er einen seiner Pflichtbesuche bei Anna. Natürlich hatte er es sich anders überlegt und stand zu seinem Versprechen, in gewissem Rahmen Verantwortung zu übernehmen. Sie schaffte es stets, ihn bei der Stange zu halten, indem sie sich in den richtigen Momenten in Zurückhaltung übte.

Heute atmete sie tief durch, bevor sie die Tür öffnete, bat Martin herein, bot ihm einen Platz am Küchentisch an und kam dann direkt zum Punkt.

»Ich bin wieder schwanger.« Sie hielt die Luft an.

Martin sah sie schweigend an. Man hätte eine Feder zu Boden fallen hören können.

Dann stand er wortlos auf, ging hinaus und warf geräuschvoll die Tür hinter sich zu.

Anna legte den Kopf auf ihre auf dem Tisch verschränkten Arme und weinte. Auf Martin würde sie nun noch weniger zählen können als bisher. Aber sie war eine Kämpferin. Nichts würde ihr die Liebe zu dem Kind unter ihrem Herzen und zu ihrem kleinen Martin nehmen. Sie stand auf, strich sich die Schürze glatt, wischte ihre Tränen weg und begann mit der Hausarbeit.

Martin, der nach dieser Nachricht nur noch den Kopf schütteln und keinen klaren Gedanken fassen konnte, beschloss noch auf dem Weg zur Burse, so schnell wie möglich nach Mansfeld zu reisen, um dem Vater sein Pferd zu bringen und außerdem mit etwas Abstand darüber nachzudenken, was er tun sollte. In seinem Entschluss, auf sein Pferd zu verzichten, fühlte er sich nun zusätzlich bestärkt. Es würde ihm helfen, Demut zu üben. Jemand wie er, der Unglück über geliebte Menschen brachte, dessen Wollust einmal mehr nicht ohne Folgen geblieben war, durfte nicht wie ein Edelmann hoch zu Ross einherreiten. Ein Pferd stand ihm nicht zu!

In Anna hingegen wuchs nun Trotz. Sie zog Kraft aus der Kühle, die Martin ihr gegenüber zeigte, sowie der Aussicht, auch das zweite Kind ohne Vater aufziehen zu müssen.

Ihrer Mutter hatte sie ihren Zustand bereits anvertraut. Ihre erste Frage war gewesen, wann sie ihren Blutfluss zuletzt gehabt hatte. Sie hatte ihr geraten, ihn hervorzurufen: »Koche Sade, eine Selleriewurzel, Fenchel, Liebstöckel und Petersilie in Wein und trink es. Leg dir dazu Rainfarn, Fieberkraut und Beifuß in Butter auf den Nabel. Dazwischen bade heiß.«

Anna schwieg. Sie hatte sich immer zwei Kinder gewünscht, und keinesfalls sollten sie von verschiedenen Vätern sein. Dass ihre beiden nun von einem Mann waren, den sie liebte, machte die Entscheidung für sie leicht: Sie wollte auch das zweite Kind behalten. Auch wenn Martin nicht mehr kommen würde. Seine Klugheit, seine Größe, seine Stärke, sein Aussehen. All das blieb ihr durch die Kinder erhalten und pflanzte sich in ihnen fort. Von Anfang an würde sie ihnen sagen, wer ihr Vater war. Ein Magister! Und ja, sie hatten eine gute Zeit miteinander gehabt, hatten sich aufrichtig geliebt. Sie würde die Kinder für zwei lieben. Ihre Traurigkeit verwandelte sich in Entschlossenheit.

Alexis begleitete Martin diesmal wieder in ihrer beider Heimat. Auch er hatte sich entschlossen, sein Pferd nach Mansfeld zu bringen. Sein Studium würde noch andauern, und diese vielen Krankheiten, die nun auch auf die Tiere übergriffen, bereiteten ihm Sorgen. Zudem fand er kaum Zeit für den Gaul, weil er jede freie Minute mit Lotte verbrachte. Die Unterhaltung des Tiers war zu kostspielig. Er musste für eine Familie sparen.

Sie brachen früh auf, ruhten lange an einem Flussufer und ritten dann in der Abendkühle zügig weiter. Nach zwei Zwischenübernachtungen erreichten sie am dritten Tag ihrer Reise erschöpft Mansfeld.

Martin wurde wieder mit großer Freude empfangen. Sein Vater trug ihn fast auf Händen, nun, da er die Königsdisziplin der Juristerei begonnen hatte. Es war Martin unangenehm, und er versuchte, seinem Vater aus dem Weg zu gehen, damit dieser ihn nicht wieder vor allen Bekannten und Nachbarn in den Himmel pries. Er kümmerte sich um seine jüngeren Geschwister, las, ging spazieren und betete viel, um Vergebung seiner Sünden bittend. Hier, in Mansfeld, wusste zum Glück niemand vom Tod des Freundes und von seiner ungebührlichen Beziehung zu einer Frau. Trotzdem fehlte ihm bald die große Stadt, in der nicht jeder nur um sich selbst kreiste, sondern in der die Weltenpolitik diskutiert wurde, zumindest in der Universität. Um der Langeweile zu entgehen, half er seiner Mutter in Haus und Hof und reparierte Türriegel und Stallumzäunungen, schliff Messer und schrubbte Böden.

Endlich war der Tag der Rückreise nach Erfurt gekommen. Diesmal ging es zu Fuß, mit einem prallen Bündel Proviant und einem gut gefüllten Geldsack. Alexis holte ihn ab, unterhielt sich nett mit Hans und Grete Ludher, während Martin seine letzten Sachen zusammensuchte und sich bei allen verabschiedete – auch bei seinem Pferd Hanjo.

Hans fuhr sie ein Stück auf der Kutsche bis zur Geleitstraße, wo sie schnell einen Händler mit einem großen Wagen fanden, der sie ein Stück des Weges mitnahm.

So nutzten sie auch im weiteren Verlauf ihrer Reise streckenweise Mitfahrgelegenheiten, die sie mit dem Proviant ihrer Mütter bezahlten. Am zweiten Abend erreichten sie einen Gasthof, in dem sie Rast machen wollten, bevor sie das letzte Stück am frühen Morgen von Sömmerda aus zu Fuß gehen würden. Sie aßen gut und begaben sich dann nach draußen, wo sie auf einer Bank noch bei mehreren Kannen Bier zusammensaßen und den lauen Sommerabend genossen. Der Wirt hatte einen Wetterwechsel vorausgesagt, weshalb sie die warme Luft noch lange auskosten wollten. Ihre Zungen wurden lockerer, und jeder sprach, wie ihm das Maul gewachsen war. Alexis schnitt Martins ungeliebtes Thema an und machte ihm klar, zu was für einem Egoisten und Selbstbeweihräucherer er sich entwickelt hatte. »Bist wohl etwas Besseres? Weißt du nicht, was mit Männern passiert, die eine Jungfrau schwängern?«, forderte er Martin heraus. Das Bier hatte seine Wirkung nicht verfehlt.

»Komm, halt endlich dein Maul! Ich brauche keine Lektion in Moral«, wurde Martin ärgerlich.

»Du musst Anna heiraten oder sie alimentieren, sonst kannst du ins Gefängnis kommen, mit einer Geldbuße belegt werden oder sogar der Stadt verwiesen werden«, lallte Alexis weiter.

»Wo kein Kläger, da auch kein Richter. Oder willst du mich anschwärzen?« Auch bei Martin zeigte sich deutlich der Alkohol. Sie fragten sich beide, ob der Wirt dem Bier Tollkirsche beigemengt hatte. Dann griff Martin das Thema wieder auf.

»Misch dich nicht in meine Angelegenheiten, und von wem Anna schwanger ist, das kann man nicht wissen, bei dem Umfeld. Von mir gewiss nicht, jedenfalls nicht das zweite Mal!«, stellte Martin weiter klar. Innerlich fürchtete er seinen Vater und durch seine Unehrlichkeit auch Gott – die Furcht vorm Vater jedoch überwog. Er war wütend über sich selbst und ließ es nun an seinem Freund aus. »Ist man so einfältig wie du, scheint alles klar, aber die Welt ist komplexer!«, begann er nun, Alexis zu beleidigen.

Der stand wankend auf und holte seinen Degen, den er an sein Bündel gebunden hatte: »Komm, duellier dich mit mir! Doch wer weiß, ob du deinen Degen unter Kontrolle hast. Deine Fechtkünste sind bekanntlich nicht die besten«, spielte er auf den Unfall mit Hieronymus an und traf damit willentlich einen von Martins wundesten Punkten.

»Ich kann dir zeigen, wie ich den Degen führe. Komm!«, ließ der sich nicht lange bitten.

Sie standen auf. Beide zückten ihre Klingen und schlugen sie ein paarmal gegeneinander. Die Bewegungen machten Martins Kopf klarer, während Alexis schlimmer zu taumeln schien als zuvor. Ohne Anlass fiel er plötzlich um und nuschelte: »Du bist ein Hund, und ein Hurensohn noch dazu«, worüber Martin so ungehalten wurde, dass er Alexis die Freundschaft aufkündigte, den Schauplatz verließ und durch die Schankstube zurück in seine Kammer ging. Auf dem Weg durch den Gastraum hatte er manch merkwürdigen Zeitgenossen gesehen. Kurz war ihm der Gedanke gekommen, ob der hilflose Alexis da draußen wohl ein allzu leichtes Opfer für zwielichtige Gestalten wäre …

Was kümmert es mich?, sagte er sich und legte sich schlafen.

Am nächsten Morgen erschien Alexis nicht zum Frühstück. Der Wirt fand ihn erstochen und bestohlen hinter dem Gasthaus beim Pferdestall. Martin traute seinen Ohren nicht, als der Mann ihm aufgeregt davon berichtete und ihn eindringlich bat, sofort mit hinauszukommen.

»Was soll ich mit ihm machen?«, fragte er, als sie neben Alexis' Leiche standen, und gestikulierte hektisch mit den Armen.

Martin hörte die Worte wie durch einen dichten Nebel. Regungslos starrte er auf den toten Körper seines Freundes hinunter. Alexis' Kopf war zur Seite gedreht, aus dem Mund ergoss sich inzwischen geronnenes Blut auf den Boden.

Martin war wie betäubt. Er machte sich schlimme Vorwürfe. Schmerzhaft rasten die Erinnerungen an all die guten Stunden und Gespräche mit dem Freund, vor allem aber an sein ehrliches Wesen vor seinem geistigen Auge vorbei. Er würde Alexis nie wieder neben sich in der Kammer erwachen sehen, nie wieder mit ihm lachen, reden, streiten können. Es war ein Abschied für immer. Wieder einmal. Sein Herz fühlte sich an, als sei es von einem Dolch durchstoßen worden. Martin legte seinen Kopf auf den kalten Bauch seines Freundes und schluchzte hemmungslos. Wieso war ausgerechnet Alexis das widerfahren? Wie konnte das Leben so ungerecht sein? Niemand war redlicher gewesen als er.

Martin stand auf und wischte sich mit dem Ärmel das Gesicht trocken. Er erinnerte sich an Alexis' Ermahnungen, und wie recht er hatte, was seine Feigheit bezüglich Anna anbetraf. Wie sinnlos war ihr gestriger Streit gewesen.

Inzwischen waren noch andere Gäste des Gasthauses hinausgekommen, und der Gastwirt hatte seinen Sohn mit einem Pferd zur Amtsstube der Wachen in Erfurt geschickt. Als Martin die Anwesenheit der anderen bewusst wurde, sammelte er sich wieder. Er trug keine Schuld am Tod seines Freundes! Nun sollte er sich auch so verhalten.

Der Wirt klopfte ihm auf die Schulter: »Es tut mir leid für Euch. Die Schurken, die ihn beraubt und ermordet haben, haben auch mir die Zeche geprellt und einen Gaul gestohlen. Doch es gibt Zeugen, die sie beschreiben können und vernommen haben, wohin sie ziehen wollten. Vielleicht werden wir die Täter finden!«

Martin dankte ihm und gab ihm Geld für einen ordentlichen Transport der Leiche zurück nach Mansfeld an die Adresse der Eltern. Im Gegenzug versicherte er, alles Notwendige in Erfurt zu erledigen, die Universität, die Burse und die Freunde zu informieren. Er fürchtete sich sehr vor der Reaktion seiner Mitstudenten. Was sollte er ihnen erzählen? Würden sie ihm glauben? Die Angelegenheit mit dem Duell vor zwei Jahren würde ihnen noch in Erinnerung sein. Doch in diesem Fall hatte das Duell nichts mit dem Tod des Freundes zu tun.

Was würde Lotte sagen? Würde sie Martin beschuldigen? Der Wirt war Zeuge seiner Unschuld, oder nicht? Diese Fragen spukten ihm im Kopf herum, während er hinaus ins Land Richtung Erfurt lief und dabei nur noch das Geräusch seiner Schritte auf erdigem Grund wahrnahm. Die Sonne verschwand hinter einer dicken Wolkenschicht, es begann zu tröpfeln, und der Nieselregen vermischte sich mit den Tränen auf seinem Gesicht.

Der Wirt hatte Recht behalten: Auf seinem weiteren Weg zog sich der Himmel immer mehr zu, und nicht weit vom Ort Stotternheim hatte sich über ihm ein starkes Gewitter zusammengebraut. Es war der 2. Juli, und all seine Ängste brachen nun auf einmal über ihn herein. Eine Sünde nach der anderen kam ihm ins Bewusstsein, und gemeinsam drehten sie sich in einer Endlosschleife in seinem Kopf. Das Gewitter kam unaufhaltsam näher, Blitz und Donner waren mittlerweile eins. Er wusste, dass er nicht unter einem Baum Zuflucht suchen konnte, auch war die offene Lichtung eine schlechte Wahl. Er versuchte, sich möglichst klein zu machen. In dem Moment wurde es um ihn taghell, ein goldener Zickzack von Licht stach nur wenige Meter von ihm entfernt in die Erde, als gleichzeitig ein ohrenbetäubendes Krachen vom Himmel herabdonnerte und Martin in Angst und Schrecken versetzte. Nur wenige Meter von ihm entfernt erstrahlte ein Baum in grellen Farben vor dem dunklen Himmel und fing lichterloh an zu brennen.

Martins Herz raste, er warf sich auf die Knie und versprach, zur Wiedergutmachung all seiner Fehltritte Mönch zu werden. »Hilf du, Sankt Anna, ich will ein Mönch werden!«, schrie er gen Himmel. »Erhöre mich! Hilf! Hab Erbarmen!« Ehrfürchtig blickte er in die lodernden Flammen des Baumes, die ihm ein Bild der Vorhölle zeigten und, so war er sich sicher, die Gegenwart des lebendigen Gottes erfahren ließen. Dieses Bild war es, das Ludher das Mönchsgelübde abgepresst hatte, das er wieder und wieder vor sich hinmurmelte, während er getrieben von Furcht zügig in Richtung Erfurt lief.

Je näher er der Stadt kam, umso mehr schnürte es ihm Herz und Kehle zu. Zuerst ging er in die Burse, wo er sich in seinem Zimmer keuchend aufs Bett setzte, sich dann aber zwang, in den Waschraum zu gehen, seine Kleidung zu wechseln und sich ordentlich herzurichten. Es war Mittagszeit, und er war froh, dass er vorerst niemandem über den Weg lief. Als er wieder einigermaßen vorzeigbar war, schlich er sich aus der Burse und suchte Trutvetter auf, dem er den Hergang verzweifelt wahrheitsgemäß und detailgetreu erzählte. Er war Jurist und Theologe. Sein Urteil war Martin wichtig.

Und tatsächlich zweifelte er nicht an Martins Worten und zeigte darüber hinaus Verständnis für die Lage, in der sich Martin befand. »Wir werden den Eltern eine Stellungnahme mit einem Eilboten zuschicken müssen. Wenn der Bote schon nach Mansfeld reitet, dann solltest du für deine Eltern einen Brief mitgeben. Um der Gerichtsbarkeit oder einer Einbestellung als Zeuge in Mansfeld zuvorzukommen, müssen wir hier die Zweiermänner aufsuchen, die zum Wirtshaus geholt wurden. Denn wenn er erstochen wurde, so handelt es sich um Mord, und da du mit ihm gereist bist ... Morgen komme ich zum Frühgebet in deine Burse, um ein paar Worte zu sagen und zu beten. Danach ist Gottesdienst, wo wir den Verlust bekannt machen werden. Es wird schon.« Er legte Martin väterlich die Hand auf die Schulter.

Als Martin wenig später in die Burse zurückkehrte, lief er als Erstes Crotus und dem Bursenmeister in die Arme. Natürlich erkundigten sie sich bereits nach wenigen Worten nach Alexis' Verbleib. So erzählte Martin die tragische Geschichte noch einmal. Ihren Streit erwähnte er nicht. Nur, dass er vor ihm zu Bett gegangen war.

Wie ein Lauffeuer verbreitete sich die Nachricht in allen Zimmern, sodass Martin schon bald regelrecht belagert wurde, denn jeder wollte die Erzählung von ihm persönlich hören.

Am nächsten Morgen, nachdem er sich abends zuvor in den Schlaf geweint hatte und sich trotz aller Mitleidsbekundungen schuldig fühlte, weil er es war, der lebend von seiner gemeinsamen Reise mit Alexis zurückgekommen war, verkündete er vor versammelter Mannschaft seinen Entschluss, ins Kloster zu gehen. Die Studenten nahmen es mit einer Mischung aus Entsetzen und Verwunderung zur Kenntnis. Einige versuchten, es ihm auszureden.

Doch Martin blieb standhaft. »Wer will, kann mich begleiten«, verkündete er. »Mein Entschluss steht fest. Am Alexistag, am 17., trete ich ins Augustinerkloster ein. Was für ein Zeichen, dass dieser Tag so nah am Todestag unseres Freundes liegt.«

An Lotte hatte er seit seiner Rückkehr noch nicht gedacht, wie er auch Anna komplett verdrängt hatte, die er mit ihrem Kind und ihren Anforderungen an ihn nun erst recht nicht gebrauchen konnte. Es war Crotus, der Lotte die schlimme Nachricht gezwungenermaßen überbrachte, als sie ihn auf dem Fischmarkt besorgt auf Alexis' lange Abwesenheit ansprach. Als sie vom Schicksal ihres Verlobten erfuhr, brach sie ohnmächtig zusammen. Die Frauen am Brunnen rannten herbei und bespritzten ihr Gesicht mit kühlem Wasser, bis sie wieder zu sich kam. Lotte weinte und schluchzte bitterlich. Sie fragte nach Martin, dem Feigling, der sie doch sofort hätte informieren müssen. Wieso hatte er den Tod von Alexis nicht verhindert? Vielleicht war er es gar selbst gewesen, der ihren Verlobten erstochen hatte? Sie löste solch einen Auflauf aus, dass Crotus sich genötigt sah, die neugierige Menge aufzuklären: »Ihr Verlobter ist gestorben! Geht weiter, hier gibt es nichts zu sehen!« Er ließ Lotte in der Obhut einer Bekannten und versicherte, dass Martin sie noch aufsuchen werde, er aber gerade selbst sehr leide, schließlich habe er mit Alexis seinen besten Freund verloren.

Als er anschließend Martin auf dem Weg zurück zur Burse traf, warnte er ihn vor Lottes Zorn.

Martin reagierte schuldbewusst. »Ich schäme mich, dass ich als Alexis' engster Vertrauter noch nicht einmal seiner künftigen Frau die Todesnachricht persönlich überbracht habe. Doch nun ist es ohnehin zu spät. Ich werde ihr mein Beileid aussprechen, sobald sie sich etwas beruhigt hat. Anna hingegen sollte ich so bald wie möglich selbst von dem tragischen Vorfall berichten. Was meinst du, Crotus?«

»Das musst du selbst wissen. Die Flucht nach vorne kann sicherlich nicht schaden und wird verhindern, dass falsche Gerüchte sich verbreiten.«

Es war Martin eigentlich egal, wenn er genau darüber nachdachte. Er wollte seine Ruhe; Anna an sich war ihm bereits eine Last, da brauchte er nicht noch ihre Vorwürfe und sorgenvollen Blicke.

»Es bleibt dabei: Ich gehe ins Kloster. Dann kann Vater mich auch nicht mehr zu dieser Heirat mit der hohen Tochter aus Eisleben drängen. Jeden Besuch zu Hause verleidet er mir mit seinen Anspielungen, doch bald eine standesgemäße Verbindung einzugehen. Konnte ich ein Treffen bisher verhindern, musste ich ihm beim letzten Mal hoch und heilig versprechen, beim nächsten Besuch mehr Zeit mitzubringen und mich mit der Tochter dieses Ratsherrn bekannt machen zu lassen. Das Kloster wird mir den Hals in vielerlei Hinsicht retten«, sagte er sich selbst bestärkend und ließ gegenüber seinen Freunden keinen Zweifel mehr an seinem Entschluss aufkommen.

Von nun an studierte er noch fleißiger die Bibel, las die kirchlichen Gesetze und besprach sich mit Trutvetter über seinen Entschluss, Mönch zu werden und die Juristerei aufzugeben.

»Mein lieber Martin, Ihr seid ein kluger Student, und es ist sicher schade, Euch zu verlieren. Andererseits ist auch die Theologie eine hohe Wissenschaft, und, wie Ihr richtig gelesen habt, im Kloster habt ihr Asyl und müsst Euch nicht einem möglicherweise ungerechten oder willkürlichen Urteil beugen. Es wird noch nicht einmal zu einer Verhandlung kommen.«

Martin war erleichtert über die Einschätzung des Doktors der Jurisprudenz. Keine Verhandlung, kein Urteil, kein Anlass zur Beunruhigung seines Vaters.

»Doch Ihr müsst mir versprechen, der Universität erhalten zu bleiben. Das Augustinerkloster arbeitet mit der theologischen Fakultät zusammen, das wisst Ihr ja.« Jodokus Trutvetter klopfte ihm tröstend auf die Schulter und lächelte ihn väterlich an.

Doch noch vor dem Alexistag bat er Martin als Immatrikulierten der Rechtswissenschaft, Beisitzer in einer Gerichtsverhandlung zu sein. »Es gibt einen interessanten Fall. Vielleicht stimmt der Euch noch mal um!«

Natürlich sagte Martin zu und traf sich mit seinem Professor einige Tage später, um zum Tatort des zu verhandelnden Verbrechens zu gehen. Es lenkte ihn ab und tat gut, auf der anderen Seite der Gerichtsbarkeit aufzutreten und nicht auf der Anklagebank seines Gewissens zu sitzen.

Der Steinhauer Hans Periolt stand wegen Totschlags vor dem peinlichen Gericht, das in Erfurt noch immer auf offener Gasse dicht beim Ort der geschehenen Bluttat durch den Vogt gehalten zu werden pflegte. Bemerkenswert war der Umstand, dass, obwohl das Opfer Jobst von Wyda Pfarrer zu St. Martin war, Hans Periolt nicht vor das geistliche, sondern das weltliche Gericht gestellt wurde.

Als alle Geladenen anwesend waren, eröffnete der Vogt die Verhandlung: »Eure Frau wird des Ehebruchs beschuldigt. Das Verhör wurde uns schriftlich von den Zweiermännern in die Gerichtssitzung gebracht. So liegen uns Vernehmungen von sieben Zeugen vor. Herr Periolt, wiederholt Eure Aussage!«

Hans Periolt stand auf und erzählte: »Ich bin wegen der sauren Arbeit und schweren Herzens nach Hause gegangen, um Essen zu holen. Über die Bleiche kam ich auf den Hof. Die Haustür war verschlossen, und davor stand die Schwester meiner Ehefrau Käthe, ein noch kleines Mädchen. Es hatte wohl schon eine Stunde lang dort gestanden. Ich öffnete die Haustür und fand drinnen auf einem Schemel den Schlüssel meiner Frau. Über die Stiege erreichte ich das Obergeschoss – die Dörnze, die Schlafkammern und das Wohnzimmer befanden sich unten. Ich suchte zunächst nach essbarer Speise, fand eine Hintertür verriegelt und sah in der Schlafkammer mein kleinstes Kind allein sitzen, das Ehebett ganz verstört. Ich wollte eine Tür zu einer weiteren Kammer dahinter öffnen, die wurde von innen zugehalten. Ich verschaffte mir Zutritt, und dort stand mein Weib zitternd vor mir, und der Pfarrgeistliche von Sankt Martin hinter ihr. Ich erschlug den Mann.« Hans Periolt hatte sehr sachlich gesprochen und senkte nach dem letzten Satz den Blick.

»Danke. Und nun zu Euch, Frau Käthe. Gesteht Ihr den Ehebruch?«

Periolts Frau erhob sich und schluchzte. Unter Tränen wiederholte sie vor Gericht: »Eine verruchte Kupplerin, die alte Kunne Rothemechin, hat mich zu dem Treiben mit dem Pfaffen schon vor längerer Zeit verführt; das erste Mal hat mir Jobst von Wyda zwei halbe Mathesgroschen gegeben, ein halbes Stübchen Wein dafür zu holen, das zweite Mal hat er mir zwei Floren und einen Rock versprochen.« Dann wurde ihr Schluchzen so stark, dass der Richter die Vernehmung beendete.

Martin hatte den Namen der Kupplerin schon einmal gehört.

Frieda, die Mutter von Anna, wurde als Zeugin aufgerufen. Er erschrak. An den Gesichtern aller Anwesenden konnte er ablesen, wie abschätzig sie über die Frau dachten, obwohl sie ganz ordentlich gekleidet war.

»Ihr kennt die Kupplerin, seid dem Rat als Nutzerin des ratseigenen Mumenhauses bekannt. Werdet Ihr gezwungen, irgendjemandem zu Diensten zu sein und Euren Körper zu verkaufen?« Der Rat wollte sicher sein, dass das von ihm beaufsichtigte Haus nicht schuld am Ehebruch war.

»Nun, ich selbst bin nicht verheiratet. Ich wohne alleine mit meiner Tochter und muss mir etwas Geld nebenbei verdienen. Frau Rothemechin zwingt niemanden zu irgendwelchen Diensten. Man bietet sich freiwillig an, und sie vermittelt einen passenden Kunden.«

Ein Raunen ging durch die Menge, und Hans Periolt schaute seine Frau böse an. Sie schlug die Augen nieder.

Den Schöffen konnte man ihr Mitgefühl mit dem Gehörnten ansehen. Sie befanden: »Der Verklagte sollte, da er den Pfarrer in seinem Burgfrieden als Ehebrecher ertappte, nicht peinlich gestraft werden!«

Ein Raunen ging durch die Zuhörerschaft, und das weltliche Urteil über einen Priestermord machte Epoche. Hans Periolt bewilligte zufrieden und erleichtert das Urteil, dankte Gott und dem Recht, würdigte seine Frau keines Blickes mehr und verließ den Ort als unschuldiger Mann.

Martin fand das Urteil wohl gefällt. Diese Pfaffenhurerei war das Allerletzte! Im Schwarzen Kloster der Augustinereremiten herrschten hoffentlich andere Zustände, als man gemeinhin von den anderen Klöstern und ihren Mönchen hörte, schweiften seine Gedanken ab.

Aber wer war er, über andere zu urteilen? Nun, nachdem Annas Mutter als Hure an Bekanntheit gewonnen hatte und er auf der Seite der Rechtswissenschaft stand, war sein Entschluss unumstößlich: keine Frauen mehr!

Am Alexistag würde es so weit sein. Auch wenn die Juristenfakultät die vornehmste aller Fakultäten war und das höchste Ansehen genoss, er musste dem weltlichen Treiben entsagen!

Kapitel 14

1505

AM 17. JULI 1505 stand der mittlerweile einundzwanzigjährige Martin beim ersten Hahnenschrei auf. Seine Sachen hatte er zurechtgelegt, einem Boten die Dinge, die er nicht mehr zu brauchen glaubte, zur Überbringung an seine Eltern übergeben. Schon morgens vor neun klopfte er an die Augustinerklosterpforte. Johannes Lang und Crotus begleiteten ihn.

»Jetzt seht ihr mich noch, bald seht ihr mich so nimmermehr!«, sagte Martin beschwörend, als sie die Hände zum Abschied zusammenlegten. Dann klopfte er dreimal an die schwere Holztür und bedeutete seinen Freunden mit einer Geste, dass sie sich entfernen sollten.

»Was sollen wir mit deinen Kekskindern machen?«, fragte Crotus im Weggehen. Er wusste von Anna und war sich sicher, dass wieder er derjenige sein würde, der die Botschaft zu überbringen hatte.

»Ich muss ins Kloster in meinem verdammten Umhang, sonst schneidet man mir den Hals ab. Die Kinder sind nicht meine Hauptsorge!«

Crotus wusste, was Martin meinte. Nicht jeder nahm ihm ab, gänzlich unschuldig am Tod von Alexis zu sein. Wer wusste schon, was dessen Eltern noch anleiern würden, falls Zeugen des Gasthauses von ihrem kleinen Streit berichteten …

Die beiden Freunde drehten sich am Hosenkratsch, der nächsten Straßenecke, noch einmal zu Martin um und sahen ihn gerade noch durch das Tor verschwinden.

»Vielen Dank für Euren Einlass. Ich möchte in Euren Orden eintreten und bitte um Aufnahme!«, sagte Martin zu dem Mönch, der ihm das Tor geöffnet hatte.

»Gehen wir zum Novizenmeister. Folgt mir!« Der schwarz gewandete Mönch lief voraus. Er fand den gesuchten Ordensbruder vor der Augustinerkirche und klärte ihn auf.

Der sah interessiert zu Martin und begrüßte ihn. »Ihr erwählt Euch das in aller Munde verschriene Schwarze Kloster?«

»Verschrien? Im Gegenteil. Das ob seiner wissenschaftlichen Studien und der Befolgung der Ordensregeln gerühmte Kloster!«

»Wollt Ihr ein Augustinereremit werden, so beschließt der Prior darüber. Ihr werdet zunächst Zeit haben, Euch selbst zu prüfen, indem Ihr als Laienbruder für zwei Monate dort im Gästehaus wohnt und am Klosterleben teilnehmt.« Der Mönch deutete auf einen großen steinernen Bau mit hohem Spitzdach und einem Anbau mit Laubengang. Dort stiegen sie eine Holztreppe empor und betraten eine kleine Kammer, in der Martin seine Sachen ablegen konnte.

»Wartet hier. Es wird Euch jemand abholen und einweisen.«

Martin trat in den umlaufenden Laubengang und sah hinunter in den Hof, in dem eine große Eiche stand. Rechts blickte er auf die Mauern des Klostergebäudes mit seinen hohen spitzen Fenstern. Er entspannte sich. Nun war er hier. Man hatte ihn eingelassen. Es war einfacher gewesen als gedacht.

Noch vor dem Mittagsgebet wurde ihm von Bruder Johann Greffenstein der Tagesablauf erklärt.

»Wir beginnen den Tag mit der Mitternachtsmette. Sie dauert etwa eineinhalb Stunden. Nach Sonnenaufgang singen wir die beiden Primen, gefolgt von der Konventsmette – oft mit dem Empfang des Abendmahls. Früh um neun Uhr geht es weiter mit den beiden Terzen, um die Mittagszeit folgen die beiden Sexten. Danach essen wir unsere erste Mahlzeit. Auf das Glockenzeichen gehen wir Mönche in den Gebetsraum. Jeder verneigt sich vor dem Marienbild und setzt sich schweigend an seinen Platz. Der jeweilige Lektor liest aus den Konstitutionen des Ordens vor. Nach dem zweiten Läuten ziehen wir zusammen in das Refektorium. Ihr gestattet, dass ich Euch duze? Auch das ist Teil der Eingewöhnung. Wir Ordensbrüder sind eine vertraute Gemeinschaft Ebenbürtiger.« Er schaute Martin fragend an.

»Oh, natürlich. Bitte duze mich. Vielen Dank!«

Bruder Johann lächelte zufrieden und fuhr fort: »Du musst an deinem Platz stehen bleiben, bis der Tischsegen gesprochen wurde. Während der Mahlzeit sitzen wir alle mit dem Rücken zur Wand. Niemand sitzt dir gegenüber. Einige Brüder warten auf, einer liest vor. Mittags beginnt die Lesung aus der Bibel, dann wird über das Evangelium des vergangenen Sonntags gepredigt, und es folgt eine Lesung einer Predigt von Augustin. Manchmal auch Lebensbeschreibungen von Ordensangehörigen, Heiligenlegenden oder Erbauungsgeschichten. Nach dem Dankgebet verlassen wir schweigend das Refektorium. Beachte das Schweigegebot im Kreuzgang, im Dormitorium und in den Zellen! Und wage es nicht, zu lachen oder andere zum Lachen zu reizen. Das ist ein strafwürdiges Vergehen!«

Der Mönch sprach sehr schnell, während er Martin durch die kühlen Gänge führte und ab und zu mit dem Finger zur Seite deutete.

»Um drei Uhr nachmittags kommen dann die Non und die Vesper, die etwa je eine Stunde dauern. Vor Einbruch der Nacht gibt es eine Abendmahlzeit, vorausgesetzt es ist kein Fastentag. An Fastentagen gibt es die Collation mit Bier oder Wein und Brot oder Obst. Das ist fast das halbe Jahr der Fall. Sobald es Nacht ist, werden die beiden Komplete gebetet oder gesungen. Es folgt die Nachtvigilie von nicht ganz einer Stunde. Dann wird die Glocke zur Nachtruhe geläutet. Gegen Mitternacht weckt das Glockenzeichen die Mönche erneut. Jeder muss sich ordentlich kleiden, sich mit Weihwasser bekreuzigen, tief und ehrfurchtsvoll vor dem Hochaltar knien und danach seinen Platz im Chor einnehmen. Tagein, tagaus.« Der Novizenmeister zog eine Augenbraue nach oben. »Denkst du, du schaffst das?«

Martin war sich sicher, dass genau diese Härte das war, was er jetzt brauchte, um sich selbst zu finden und für seine Schwächen zu büßen. Er atmete tief durch und nickte.

Zu den vornehmsten Aufgaben des Ordens gehörten wissenschaftliche Studien und die theologische Lehre. Das Kloster unterhielt ein Generalstudium und verfügte seit über einhundert Jahren über eine kostbare Bibliothek. Gerade wurde ein neues Bibliotheksgebäude gebaut, von dem bisher nur das Kellerfundament stand.

Die kommenden Wochen in diesem Sommer waren sonnig und trocken. Martin nahm am Tagesablauf teil und half beim Brauen des klostereigenen Bieres, beim Sammeln von Kräutern im Klostergarten und beim Umschaufeln der gärenden Waidblätter im Waidspeicher des Ordens. Die Mönche machten ihr eigenes Blau, das als gesegnetes Himmelsblau regen Absatz bei den Gläubigen fand.

Die Bibelstudien interessierten ihn am meisten, und er musste sich zurückhalten, sein Wissen aus dem abgeschlossenen Philosophiestudium, in Grammatik und Logik sowie in der Kunst des Disputierens nicht zur Schau zu tragen. War ihm anfangs noch von jedermann freundlich interessiert entgegengeblickt worden, so nahm er inzwischen bei einigen Brüdern eine gewisse Reserviertheit und Distanz ihm gegenüber wahr. Ein misstrauisches Beäugen.

Im September war es so weit. Seine Rezeption als Novize fand in der Augustinerkirche statt. Im Kapitelsaal erhielt er seine Tonsur und seine Kleidung. Als die Haare auf die roten und weißen Steinkacheln fielen, wurde es ihm leicht ums Herz. Er freute sich darüber, nun auch äußerlich dazuzugehören. Seine neue Kleidung bestand aus einem weißen Wollhemd, weißen Unterhosen aus Leinen und weißen Wollsocken. Darüber gab es für den Winter ein knielanges wollenes Hemd sowie eine lange weiße Wolltunika, die bis zu den Knöcheln reichte und mit einem schwarzen Lederriemen gegürtet wurde. Über all das zogen die Mönche das Skapulier und eine weiße Kapuze mit einem Kragen. Innerhalb des Klosters war Martin also ganz in Weiß gekleidet. Bei allen offiziellen Anlässen und außerhalb der Klostermauern wurde der weiße Habit durch eine schwarze Kutte verhüllt, die mit einem schwarzen Ledergürtel zusammengehalten wurde. Frisiert und eingekleidet folgte sein dreifaches Gelübde der Ehelosigkeit, der Armut und des Gehorsams. Es ist vollbracht, dachte sich Martin.

Sein Beichtvater Pater Braun, der, wie er, von Eisenach nach Erfurt gegangen war und gehört hatte, dass Martin nun im Augustinerorden weilte, besuchte ihn, sobald er konnte. Ihm vertraute Martin sich gleich an: »Durch Völlerei und Trunkenheit gehindert, dürfte ich bisher sehr wenig Gutes geschrieben oder gelesen haben, da ich bei den Menschen angesiedelt, mit den Menschen herumgewirbelt habe. Mein erstes Buch, das ich hier schreiben werde, soll den Titel tragen ›Über das Asylrecht der Klöster‹, nehme ich dies doch in Anspruch und bin sehr dankbar dafür. Nur hier kann es zur Läuterung kommen und damit zur Rückkehr zu Gott. Schon Jesus ging aus, das verlorene Schaf zu suchen.«

»Sei nicht so streng mit dir selbst, du bist auf einem guten Weg!«, sagte Pater Braun, als er ihn verließ.

Martin sinnierte nach ihrem Gespräch noch eine Weile, was ihn an diesen Ort gebracht hatte. »Der Mensch ist Sklave seines mit unwiderstehlicher Macht herrschenden Naturtriebs. So wenig ich Berge versetzen kann oder mit den Vögeln fliegen, so wenig konnte ich die Unzucht lassen. Narren sind's, die sich mit Beten, Fasten und anderen Kasteiungen gegen die böse Lust wehren, denn den Versuchungen ist leicht abzuhelfen, wenn nur Männer und Weiber vorhanden sind und die Natur nicht unterdrückt wird. Doch ich will es versuchen, habe ich schon genug Unheil angerichtet.« Heute war wieder so ein Tag, an dem es nicht recht hell werden wollte. Die Sonne blieb hinter einem Wolkenschleier versteckt und in den Baumwipfeln sammelten sich bereits die Vögel für ihren Flug gen Süden. Auch Martins Gemüt war von grauen Wolken vernebelt. Er ging in seine Zelle, betete kurz, holte sich dann eine Geißel, nahm, als er am Refektorium vorbeiging, einen großen Schluck aus einem Bierkrug, ließ ihn für eine Weile wirken und ging zurück in seine Zelle. Dort starrte er vor sich auf den Boden, entledigte sich seiner Kutte und zog sich die ledernen Enden über den Rücken, dass die Striemen bluteten. Beim Anblick des Blutes an der Geißel und beim Befühlen der schmerzenden Stellen wurde ihm übel und er sank bewusstlos zu Boden.

Pater Braun, dem Martin seltsam reumütig und melancholisch erschienen war, war nach einem Gespräch mit dem Prior noch einmal umgekehrt, um nach ihm zu sehen, und hörte gerade noch den Aufprall von Martins Körper. Er stürzte in dessen Zelle, wo er seinen Schützling auf dem Boden liegend vorfand. Ein paar andere Mönche eilten dazu und benetzten sein Gesicht mit Wasser, bis er wieder zu sich kam. Zwei übernahmen es, den noch geschwächten Martin in das Priorat ins Krankenzimmer zu bringen, damit er sich erholen konnte. Das Priorat war wesentlich komfortabler als die Schlaf- und Wohnräume der Ordensbrüder. Statt einer Matte auf dem Boden gab es hier Betten mit einer bequemen, von einem weißen Tuch überzogenen Heuunterlage. Eine Suppe köchelte auf einem Herd, von dem eine wohlige Wärme ausging. Der Duft von Hühnerbrühe stieg in Martins Nase. Ein Bruder, der für den Krankendienst zuständig war, brachte ihm eine Schüssel. »Damit du wieder zu Kräften und vor allem zur Vernunft kommst!«

Pater Johannes von Paltz und Johannes Nathin, der Prior, waren die Ersten, die mit Martin sprachen, als es ihm wieder besser ging.

»Als Novize steht Ihr in der Obhut des Novizenmeisters Johann Greffenstein, der seine Zöglinge mit den Gebräuchen des Mönchslebens vertraut macht. Seine Unterweisung beinhaltet die Kenntnis der Ordensregeln und der Konstitutionen, eine Einführung in die Liturgie des Gottesdienstes sowie Hinweise zum täglichen Verhalten im Konvent. Insbesondere Demutsübungen sollen den Novizen die Prinzipien des Ordens näherbringen. Geißeln gehört nicht dazu. Ich werde ihn auffordern, sich besser um Euch zu kümmern!«

»Ich habe mich gegeißelt, lange gewacht, gefastet und viel gebetet, um einen gnädigen Gott zu erfahren«, sagte Martin zu seiner Entschuldigung.

Seine Striemen wurden von dem Mönch kopfschüttelnd eingesalbt und er konnte zurück zu den anderen gehen.

Er lief aus dem Priorat links durch eine große Holztür direkt in den Kreuzgang, der im Viereck um einen Kirchhof angelegt war. Auf der anderen Seite war gerade die Prozession angelangt, bei der die Mönche schweigend einem jüngeren Bruder folgten, der ein Kreuz vorneweg trug. An der nächsten Ecke führte eine Treppe nach oben zu den Zellen und zum Dormitorium. Die Prozession endete am Kapitelsaal, in den nun alle Mönche hineingingen. Es war Freitag. Heute fand das SchuldKapitel statt. Jeder musste sich zu seinen Fehltritten bekennen. Verschwieg jemand etwas, so war es eines anderen Pflicht, dessen Vergehen zu melden, sollte er davon Kenntnis haben. Sicher, Martin fand ihn geradezu widerwärtig, diesen vorauseilenden Gehorsam, andererseits galt das Ritual als Freundschaftsdienst und Rettung der Brüder vor der Strafe Gottes. Als er an der Reihe war, eine mögliche Schuld zu benennen, sagte er: »Nur Gott darf strafen. Ich habe mich mit meiner Selbstgeißelung töricht verhalten und nicht auf Gott vertraut, wie es meine Pflicht ist.«

Einer gestand, nicht an allen Gebetszeiten teilgenommen, sondern geschlafen zu haben. Ein anderer räumte ein, ein Buch aus der Bibliothek länger als erlaubt in seiner Zelle gehabt zu haben. So und so ähnlich verhielt es sich jeden Freitag. Jeder fand es unangenehm und wählte ein leicht zu verzeihendes Vergehen, um sein Gewissen zu beruhigen, das von den unzüchtigen Gedanken und Fantasien wusste, die so manchen Geistlichen um den friedlichen Schlaf brachten.

Neben der Augustinusregel samt Kommentar des Hugo von St. Viktor und den Konstitutionen des Ordens, die jeder Schüler mehrfach zu lesen hatte, durfte Ludher in seinem Noviziat auch den Liber Vitasfratrum des Jordan von Sachsen kennenlernen, einen Traktat, der in die Geschichte und die Spiritualität der Augustinereremiten einführte. Vor allem jedoch nahm ihn mehr und mehr die intensive Bibellektüre gefangen.

»Sobald ich mich ins Kloster begeben hatte, begann ich die Bibel zu lesen, sie wieder zu lesen und abermals zu lesen«, antwortete Martin Jodokus Trutvetter, als sie sich wieder einmal in der Universität begegneten, in der Martin noch immer lehrte.

Martin hatte vom Konvent auf seine Bitte hin eine lateinische Bibel erhalten, die er mit solchem Ernst und begleitet von Gebeten durchlas, dass es ihm andere Mönche übelnahmen. Dieses Zurückziehen und Zurschaustellen seines Magistertitels, dem höchsten Rang der Artistenfakultät, missfiel vielen Brüdern, die auch von den Gerüchten gehört hatten, dass Martin zweimal in Duelle mit unglücklichem Ausgang verwickelt gewesen sein sollte, obwohl allein das Duellieren schon streng verboten war.

»Nun will er sich hier verstecken und uns zeigen, welch kluger Kopf er ist. Drückt sich vor den Aufgaben eines Mönches!«, besprachen sich einige der Konventualen. »Gehen wir damit zum Novizenmeister!«

Dieser versicherte den Mönchen, Martin Ludher nicht anders als die anderen zu behandeln, und sprach noch am selben Tag mit ihm über seine Verpflichtungen. »Erstens wirst du in dieser Probezeit helfen, den Käse zu schlagen. Darüber hinaus reinigen die Novizen die Latrinen. Morgen kannst du damit beginnen. Studiert wird erst nach getaner Arbeit. Außerdem musst du Demut üben. Wir sind ein Bettelorden. Hier ist ein Sack. Den Sack auf den Rücken und mit dem Sack durch die Stadt!«

»Und mein Studium?«, fragte Martin ratlos.

»Du wirst für zwei Jahre das Generalstudium unseres Ordens besuchen. Aber nun tust du erst einmal etwas für die Gemeinschaft.«

Martin beugte sich den Anweisungen, schlug das Buch zu, verschloss die Riemen, nahm den Bettelsack und verließ das Kloster in Richtung Krämerbrücke. In der Gotthardtsiedlung, wo es nur winzige Häuschen und viele arme Leute gab, bemühte er sich erst gar nicht um milde Gaben. Er stieg die Treppe links der Furt auf die Krämerbrücke empor. Auf der Brücke waren viele reiche Bürger in kostbaren Brokathemden unterwegs, der Bratengeruch der feinen Händler drang aus den oberen Stockwerken auf die Straße herunter. Hier war etwas zu erwarten. Er ging mit aufgehaltener Hand langsam an den aufgeschlagenen Läden vorbei und sprach gut hörbar: »Ich bitte um eine milde Gabe für unseren Orden. Gott wird's Euch vergelten!«

Wieder und wieder landete eine Münze auf seiner Handfläche. Auch wurde er aufgefordert, den Sack aufzuhalten, damit ihm jemand einen Brotlaib, einen Schinken, eine Decke und ähnliche Gaben hineinstecken konnte.

»Danke! Gott segne Euch!«, sagte er und war froh, als er eine Stunde später das Klostertor wieder hinter sich schließen konnte, ohne dass er in der Stadt einem seiner Freunde begegnet war.

Zurück in seiner Zelle begann er, Petrus Lombardus zu lesen. Sein Prior hatte ihm das Buch geliehen. Als Martin den kostbaren Einband – ein mit Prägestempeln verziertes braunes Schweinsleder, Eck- und Längsschienen mit zwei Schließen –, der der Werkstatt des Petersklosters entstammte, öffnete, las er den handschriftlichen Vermerk »Ad usum prioris magistri Johannis de Natyn«. Auf den folgenden Seiten hatte Petrus Lombardus, einst Bischof von Paris, eine systematische Darstellung der gesamten Theologie verfasst, zentriert um die Hauptthemen Gotteslehre und Trinität, Schöpfung, Inkarnation und Sakramente.

Die strenge Klosterzucht mit ihrem Schweigegebot, den zahlreichen Gebetszeiten sowie ihren das Zusammenleben minutiös regelnden Vorschriften stellte hohe Anforderungen an viele. Martin war es gerade streng genug. In dem Bestreben, in der mönchischen Lebensform zur Perfektion zu gelangen, nahm Martin über das Maß der geforderten Askese weit hinausgehende Leistungen auf sich. Die peinliche Einhaltung der Stundengebete und die Gewissenserforschung in der Beichte beschäftigten ihn unablässig. Wieder und wieder fragte er sich: »Oh, wann willst du einmal fromm werden und genug tun, dass du einen gnädigen Gott kriegst? Ist je ein Mönch in den Himmel gekommen durch Möncherei, so wollte ich auch hineingekommen sein. Das werden mir alle meine Klostergesellen bezeugen, denn ich hätte mich, wo es länger gewährt hätte, zu Tode gemartert mit Beten, Fasten, Wachen, Frieren, Lesen und anderer Arbeit.« Die Gedanken an Anna und ihre Kinder, an Hieronymus und Alexis wurden mit der Zeit weniger quälend. Leistete er nicht Abbitte genug?

Kapitel 15

1505

DIE PEST, DIE schon seit zwei Jahren in Erfurt präsent war, im Sommer mehr, im Winter weniger, raffte in diesem Jahr zwei Kommilitonen und zwei Professoren der juristischen Fakultät dahin. Martin erfuhr davon, als er in der Universität eine der Vorlesungen in Theologie besuchte. Maternus Pistorius berichtete ihm davon und auch, dass Hessus in seine Heimatstadt Frankenberg geflohen war, genauso wie andere Studenten Erfurt verlassen hatten. »In diesem Wintersemester sind die Bursen und Kollegien wie ausgestorben.«

»Ich bedaure es sehr«, entgegnete Martin. »Schließlich muss es Menschen geben, die den Hinterbliebenen, den Kindern und den Schwachen helfen. Unser Orden bemüht sich, die Franziskaner sind unermüdlich und die Dominikaner predigen und predigen.«

Johannes Lang traf auf die beiden und begleitete Martin ein Stück in Richtung seines Klosters. Er fragte den Novizen, warum er nicht aus der Stadt ginge.

»Erstens unterstehe ich nun dem Prior, und zweitens halte ich mich an die Bibel, Psalm 41. Na?«, testete er Lang und rezitierte dann selbst den Vers: »Wohl dem, der sich des Schwachen annimmt! Den wird der Herr erretten zur bösen Zeit.« Er hob belehrend seinen Zeigefinger. »Und:

Wer aber einen Kranken versorgt, wer auf diese tröstliche Verheißung solches tut, derselbe hat hier wiederum einen großen Trost. Gott selbst will sein Wärter, dazu auch sein Arzt sein.«

Johannes nickte zustimmend. »Auch ich werde den Weg der Theologie einschlagen. Bald wirst du Bruder zu mir sagen.« Er schaute verheißungsvoll.

Hans Ludher, der von seinem Sohn und dessen Wechsel nicht begeistert war, ließ ihn vorerst widerwillig gewähren, denn auch er wusste, dass die Pest eine Strafe Gottes über die Menschheit war, seit zwei seiner Söhne ihr zum Opfer gefallen waren. Seinen ältesten Sohn wähnte er vorerst sicher im Kloster, hatte Gott den Pestteufel doch auch von der Universität nicht fernhalten können. »Verzweiflung macht den Mönch«, pflegte er zu Freunden zu sagen, die sich nach Martin erkundigten. »Wenn die Pest vorbei ist, wird er an die juristische Fakultät zurückkehren«, war sich Hans sicher und hoffte bei sich, dass es dann auch noch nicht zu spät für die eheliche Verbindung seines Sohnes mit der Tochter einer der angesehensten Patrizierfamilien Eislebens wäre.

Der Winter war streng, und so mancher Mönch und Pater versuchte, sich die kalte Jahreszeit so angenehm wie nur möglich zu machen. Die Tage waren kurz, die Nächte lang. »In der Nacht sind alle Katzen grau, und zu zweit ist es wärmer im Bett«, war manch Geistlichem zum Leitspruch geworden. Martin, in seiner Versenkung, bekam davon vorerst wenig mit.

Kapitel 16

1506

IM JANUAR 1506 BRACHTE Anna ihr zweites Kind zur Welt. Ein Mädchen. Wieder halfen Frieda, die Schneiderin und die Hebamme. Anna wollte, dass Martin von der Geburt seiner Tochter erfuhr. Die Niederkunft war diesmal leichter gewesen, und sie war schnell wieder auf den Beinen. Es gab viel zu tun. Die Kinder wollten ernährt werden, das Haus musste geheizt sein. Mit ihrer Mutter sammelte Anna Holz vor den Toren der Stadt. Die Kinder hatten sie – dick eingepackt in einer großen Holzkiste, die mit drei Lagen Schafsfellen ausgepolstert war – auf einem Schlitten dabei.

»Was wir hier machen, ist Männerarbeit, mein Kind. Und du willst mir nicht den Namen dieses Studenten sagen, damit ich ihn an den Ohren herbeiziehen kann?« Frieda guckte ihre Tochter vorwurfsvoll an und schüttelte missbilligend den Kopf.

Aber Anna schwieg. Sie gab die Hoffnung nicht auf, dass Martin das Kloster wieder verließ, sobald er über den Tod seines Freundes hinweggekommen und die Seuche vorbei war. Bisher hatte er sie immer wieder besucht. Sie würde ihm eine Nachricht zukommen lassen, dass er eine Tochter hätte.

Seit Mitte Juli letzten Jahres hatte sie nun schon nichts mehr von ihm gehört. Seit der Sache mit Alexis hatten sie sich noch zweimal getroffen. Dabei war Martin stets wortkarg und gedankenverloren gewesen. Wenn sie ihn gefragt hatte, was ihn bedrücke und woran er denke, hatte er stets geantwortet, dass ihn die Sache mit Alexis nicht loslasse und auch der plötzliche Tod seines Freundes Hieronymus, dem nach dem Magister die Welt offen gestanden und der noch das ganze Leben vor sich gehabt hätte. Auch grübelte er in ihrem Beisein darüber nach, warum Gott die Pest über die Menschheit geschickt hatte – Kinder, gute Menschen, alte Menschen, Frauen, Männer von heute auf morgen dem Irdischen entriss, wobei doch viele von ihnen frei von Sünden waren und Ablässe gekauft hatten. Was war der Sinn hinter dem Ganzen? Und was war das für ein Gott, der solches zuließ? Ja, Martin hatte sich schwermütig bei ihr gezeigt. Von den Kindern hatte er nichts wissen wollen.

»Ich kann ihnen kein Vater sein. Versteh das doch! Sollen sie des Lebens überdrüssig werden, noch ehe sie es kennenlernen?«

Er hatte Andeutungen gemacht, dass das Leben im Kloster so viel einfacher sei und nichts zwischen dem Mönch und der Gottessuche stehe, was ihn ablenken könne. Dass überdies das Gewissen durch Bußfertigkeit und die Abkehr vom weltlichen Leben um einiges leichter würde.

»Wenn ich mich endgültig für das Kloster entscheide, so wäre ich dir treu für immer. Sieh es als Vorteil!«

Anna hatte geweint und ihn gebeten, sie einfach zu heiraten, sie könne ihm ein gemütliches und warmes Zuhause einrichten, wenn er sie nur ließe.

»Du verstehst nicht: ich kann nicht. Ich werde meinen Eltern kein unanständiges Weib vorführen. Und deine mittlerweile stadtbekannte Mutter wird nicht meine Schwiegermutter werden. Ich bin mit meinen Studien noch nicht am

Ende. Es tut mir leid! Ich habe es dir schon einmal gesagt: Wenn du mich bedrängst, wirst du mich gar nicht mehr sehen. Mehr, als dir ein wenig meines geringen Honorars weiterzugeben, kann ich nicht tun.«

An diesem Tag war er sehr distanziert gewesen und hatte sich ohne eine übliche Geste der Zuneigung verabschiedet.

Anna wartete heute, zwei Monate nach der Geburt ihres jüngeren Kindes, an einem frühlingshaften Märztag in der Nähe der Universität. Der Einzige, den sie von den Studenten kannte, war Crotus. Ihn wollte sie abfangen. Endlich kam er aus dem Hauptgebäude heraus. Zwar in Begleitung eines Kommilitonen, aber das war ihr nun egal.

»Crotus!«, rief sie und lief auf ihn zu. »Warte! Ich muss dich etwas fragen.«

Crotus verabschiedete sich von seinem Studienkollegen und ging ihr entgegen. »Ich weiß, was du mich fragen willst. Martin hat es wahr gemacht. Er ist ins Kloster gegangen, und er will dortbleiben! Es gab einiges, was ihn bedrückt hat, und er war nicht von seiner Idee abzubringen, sein Seelenheil hinter Klostermauern zu suchen. Er ist nach wie vor bei den Augustinereremiten.«

Anna riss erschrocken die Augen auf. »Im Schwarzen Kloster?«, fragte sie entsetzt. Sie hatte Martin nicht geglaubt.

»Nun ja, sie arbeiten mit der theologischen Fakultät zusammen. Auf diese Weise kann er weiter studieren. Aber hier wirst du ihn nicht mehr antreffen. Es tut mir leid!«

»Du weißt von seinen zwei Kindern?«, fragte sie.

»Ja, das ist das Schicksal von euch Frauen. Es ist doch Gesetz, dass man sich vor der Ehe nicht ins selbe Bett legt.« Dann, in der Absicht, das Gespräch in eine humorvolle Richtung zu lenken, fügte er mit einem Augenzwinkern hinzu: »Die Frauen, die Verführerinnen, wie schon im Paradies!«

Annas Ausdruck versteinerte sich. »Richte Martin aus, es ist ein Mädchen!«, schnaubte sie und machte auf dem Absatz kehrt.

Am 12. April wurde ein riesiger Komet entdeckt, der in der Kirche als Vorbote für ein gutes Jahr und Zeichen der Anwesenheit Gottes gedeutet wurde. Fünfundzwanzig Tage lang war er am Himmel zu sehen. Jeden Abend schaute Anna nach Einbruch der Dunkelheit zu ihm hinauf und wünschte sich, Martin würde es sich anders überlegen, zu ihr kommen und um ihre Hand anhalten.

Dieses Jahr war ein ertragreiches Jahr mit vielen Früchten, aber ohne Raupen an den Obstbäumen. Anna und Frieda hatten in ihrem kleinen Gärtchen hinter dem Haus einen Kirschbaum, einen Haselnussstrauch und einen kleinen Walnussbaum, den sie erst im vergangenen Jahr entdeckt hatten. Ein Eichhörnchen musste vor ein paar Jahren wohl seinen Wintervorrat in ihrem Garten vergessen haben, denn jetzt wuchs in der äußersten Ecke ihres Grundstücks ein dünnes Stämmchen mit vielen kleinen Ästchen, an denen schon einige grüne Keimlinge hingen. Auch ihr Pflaumenbaum war schön dicht bewachsen und würde zu Beginn des Herbstes sicher viel abwerfen. Doch bis dahin war es noch lange.

Annas Freundschaft zu Lotte hatte unter Alexis' Tod und ihrer Beziehung zu Martin gelitten. Die Freundin konnte es Anna nicht verzeihen, dass sie zu Martin hielt, obwohl er Alexis in jeder Hinsicht im Stich gelassen hatte.

Im April lernte Martin Ludher den Generalvikar Johann von Staupitz kennen, der zum ersten Mal seit seiner Rezeption das Erfurter Kloster besuchte. Er war ein großer, rundlicher Mann mit einer sehr vertrauenserweckenden, gütigen, fast väterlichen Ausstrahlung. Er begrüßte den Prior und die Priester, dann ließ er sich die Neuzugänge vorstellen.

»Ah, Bruder Martin. Magister der Artes Liberales und Dozent an der Universität. Ich gehe davon aus, dass Ihr das Theologiestudium bis zum Doktor verfolgen wollt.«

»So ist es, Generalvikar«, antwortete Martin, kniete nieder und küsste ihm den Saum seiner Kutte.

»Steht auf! Ich möchte mich mit Euch unterhalten. Die Philosophie ist eine meiner Lieblingsdisziplinen. Gehen wir in den Klostergarten.« Von Staupitz machte eine einladende Geste und schritt dann voran ins Freie. »Wer ist Euer Beichtvater?«, fragte er, als sie den Garten erreicht hatten.

»Bisher Pater Braun aus Eisenach. Er war während meiner Schulzeit dort Priester an der Georgskirche. Pater Braun hat mich auch hier schon besucht. Er ist ein Augustinermönch wie wir, allerdings jetzt im Chorherrenstift bei der Wigbertikirche.«

Sie setzten sich auf eine Holzbank.

»Verstehe. Nun, wenn Ihr mir vertrauen wollt, so kann ich seine Rolle in unserem Kloster hier übernehmen und Euer Seelsorger und Beichtvater sein.« Von Staupitz schaute ihn offen und freundlich an.

»Das wäre mir eine große Ehre. Gibt es doch nicht allzu viele hier, denen ich mein Vertrauen schenken möchte. Man missgönnt mir meine Verbindung zur Universität und meine Liebe zu den Büchern, legt es mir sogar als Flucht vor den Mönchspflichten aus, obwohl ich nun wirklich kein Gebet auslasse und mir auch niemanden suche, der gegen Geld meinen Platz in der Kapelle zu den Stundengebeten einnimmt.«

Der Generalvikar machte ein ernstes Gesicht. »Ja, diese kleinen Missachtungen der Klosterregeln sind der Anfang, Gier und Wollust die Folge, wenn man nicht einschreitet. Ich bin mit der Reform beauftragt. Die Augustinusregel muss entstaubt und ihre Auslegung und Umsetzung überarbeitet werden. Eure Ideen würden mich interessieren.«

Martin fühlte sich geehrt ob dieses Auftrags und freute sich über die geistige Beschäftigung, die er ihm bieten würde.

»Kennt Ihr Eckart oder Tauler?«, fragte von Staupitz.

»Ja, ein wenig.«

»Ich gebe Euch eine anonyme Schrift der Lehren des Meister Eckarts. Natürlich hatte dieser Abt recht. Gott findet sich nicht im Außen. Er wirkt in uns und durch uns. Jesus sagt es deutlich in all seinen Gleichnissen. Wir bedürfen nicht des Papstes, um mit dem Heiligen Geist in Verbindung zu treten. Womit ich dem Papst seine besondere Stellung nicht absprechen möchte. Die Kirche braucht ein Oberhaupt, zu dem sie aufschaut. Eine Art oberste Instanz. Aber dieser Alleinanspruch auf eine direkte Verbindung ist ein Irrtum.«

Martin dachte noch lange über diesen letzten Satz nach, nachdem von Staupitz sich verabschiedet und sich mit Pater Nathin ins Priorat zurückgezogen hatte.

Anna wartete vergeblich auf ein Zeichen von Martin. Hatte Crotus ihm von ihrem Gespräch erzählt?

Ihre Mutter hatte sie nach der Geburt ihres ersten Kindes stets gewarnt, hatte ihr erklärt, wie sie sich schützen könne, sie beschworen, sobald ihre Blutung ausbliebe, etwas zu nehmen, das die Frucht ausstoßen würde. Anna aber wusste, was für ein gottesfürchtiger Mensch Martin war, und letztendlich war sie es auch selbst. Es wäre eine der größten Sünden gewesen und hätte zu einer Verurteilung geführt, hätte jemand davon erfahren, dass sie eine Schwangerschaft beeinflusst hätte.

Nun stand sie da. Die Mutter sah nun schon fast vier Jahre zu, unterstützte die Tochter mit den Kindern und teilte sich mit ihnen das Haus. Sie hatte mit Anna gehofft, der unbekannte Student würde sich nach seinem Abschluss zu Anna bekennen und sie zu einer ehrbaren Frau machen. Frieda fühlte sich an die Zeit vor fünfzehn Jahren erinnert, als auch sie ein Student der Theologie zur Mutter gemacht hatte, ihr versprach, nicht in den Dienst der Kirche zu treten und sie stattdessen zu heiraten. Ihre Tochter war noch nicht geboren gewesen, da hatte er sie fortan nicht mehr gekannt und sie auf den Straßen der Stadt ignoriert. Nichts hatte sie von ihm bekommen. Eine ältere Nachbarin hatte tagsüber auf Anna aufgepasst, als sie noch klein war und Frieda als Magd bei den Kellners angeheuert hatte. Aber das Geld war trotzdem knapp gewesen. Im Winter hatten sie nie genug gehabt zum Heizen, zum Essen oder zum Anziehen. Und schließlich war die Kunne auf sie zugekommen. Ganz unaufdringlich. Sie wolle nur helfen, es sei ein einträgliches Gewerbe, bei dem sie sich auf nur einen Stammkunden beschränken könne. Ein ganz netter Priester, der dazu noch ziemlich jung sei, suche ab und zu etwas Zärtlichkeit und ein Ventil für nur allzu menschliche Bedürfnisse. Frieda war mit einem ersten Treffen einverstanden gewesen. Der Priester war tatsächlich sehr freundlich gewesen, fast schüchtern und sehr unerfahren. Er war zurückhaltend und immer mit dem zufrieden, was Frieda bereit war, ihm zu geben. Sie hatte sich selbst nicht als Hure und ihn nicht als Kunden gesehen, auch wenn er sie gut für ihre

Dienste bezahlte. Eigentlich waren sie Freunde geworden auf eine Weise, die in anständiger Form gar nicht möglich gewesen wäre.

Anna war wütend, traurig, maßlos enttäuscht. Es gab Momente, da dachte sie, die Welt bräche zusammen. Alle Hoffnung, dass sie und ihre Kinder eines Tages erhobenen Hauptes und gut versorgt durch die Straßen Erfurts gehen könnten, war dahin. Dann wieder gab es Augenblicke, in denen sie eine innere Kraft spürte. Endlich war diese quälende Warterei vorbei. Endlich wusste sie, woran sie war. Und sie würde es schaffen!

Zuerst näherte sie sich zaghaft der immer noch um Alexis trauernden Lotte an.

Annas Enttäuschung über Martin traf bei der Freundin natürlich auf offene Ohren. »Sage ich doch. Der ist nicht einen Heller wert. Keinen Charakter, keinen Anstand!«

Das war wie Labsal auf Annas Wunden.

»Ich arbeite im Ausschank von verschiedenen Brauern. Wenn du willst, könnte ich dich vermitteln«, bot Lotte ihr an.

Anna war einverstanden.

Schon bald bekam sie Nachricht, dass sie sofort in den Dienst einer Brauerei treten könne. Frieda freute sich sehr für ihre Tochter. Gleichwohl sah sie, wie sehr sich diese mühen musste, die Versorgung ihrer Kinder für die Zeiten, in denen sie ausschenken musste, zwischen ihr und einer Nachbarin aufzuteilen.

Frieda, die bei ihrer Arbeit hin und wieder mit Kunne sprach, erzählte von Annas Schicksal und klagte ihr Leid über jene Männer, die sich feige aus dem Staube machten.

»Ich hätte einen lieben Kunden für deine Tochter, auch kirchlich, der sich ein Weib für gewisse Stunden wünscht. Verschwiegenheit wird hoch bezahlt. Was meinst du?«

Frieda erzählte Anna am nächsten Tag von dem Gespräch.

Die war entsetzt. »Ich? Eine Pfaffenhure? Ist das dein Ernst, Mutter?« Sie rannte aus der Küche und schlug die dünne Tür so heftig hinter sich zu, dass das hölzerne Türblatt riss.

»Reiß dich zusammen«, rief ihr Frieda hinterher. »Habe ich uns nicht immer gut damit durchgebracht?«

Anna aber rannte hinauf in ihre Kammer und warf sich weinend auf ihr Bett. Wie tief war sie gesunken, dass ihre eigene Mutter ihr einen solchen Vorschlag machte?

Ihre Verzweiflung war so groß, dass sie darüber einschlief. Sie träumte von Mönchen und Priestern, die sich über sie beugten, und von Martin, den sie um Hilfe rief, der sie aber keines Blickes würdigte.

Als sie aufwachte, war es dunkel. Die Kinder schliefen in ihren Bettchen neben dem ihren. Mutter hatte sie leise hingelegt. Sie starrte an die Decke, die vom Mondlicht, das durch ihr Fenster schien, leicht erhellt war. Martin würde nicht zurückkommen. Er war jetzt ein Mönch! Vielleicht würde er auch eines Tages merken, dass ihm ohne Frau etwas fehlte, und dann könnte sie seine Pfaffenhure sein. Aber würde er sie erwählen? Sie würde es ihm heimzahlen und sich ganz in seiner Nähe verdingen. Annas Entschluss war gefasst – sie würde ausprobieren, ob sie sich überwinden könnte.

Auf keinen Fall wollte sie jedoch noch ein Kind in die Welt setzen. Alles war ihr recht, um das zu verhindern, und so klopfte sie eines Abends nach Einbruch der Dunkelheit, in der niemand mehr so richtig zu erkennen war, am Haus einer alten Frau in der Schottengasse. Man sagte ihr nach, dass sie eine Kräuterhexe sei.

Auf ihr Klopfen sah sie ein Licht hinter dem kleinen Fenster neben der Tür aufflackern, dann wurde ein Riegel zurückgeschoben und ein Schlüssel im Schloss umgedreht. Knarrend öffnete sich die Tür.

Die Alte schien überrascht, so jungen Besuch zu bekommen. Als sie das flehende Gesicht von Anna sah, zog sie sie schnell herein.

»Dich soll wohl niemand sehen. Was brauchst du, mein Kind? Bleibt der Blutfluss aus?«

»Nein, aber ich will überhaupt verhindern, dass ich empfange.«

»So nimm keinen Mann in dein Bett. Oder bist du versprochen? Verheiratet gar?«

Anna kniff die Lippen zusammen und atmete tief durch. Sie war sich nicht sicher, ob sie zugeben wollte, dass sie vorhatte, ihren Körper zu verkaufen. Aber sie hatte bisher mit niemandem darüber sprechen können, und das bedrückte sie so sehr, dass es nun herausmusste.

»Ich habe bereits zwei Kinder. Der Vater ist ein Mönch und hat mich sitzen lassen. Nun will ich, nun *muss* ich mir mein Geld anders hinzuverdienen. Ich werde damit zurechtkommen, aber sicher will ich kein Balg mehr haben.«

»Ich habe hier ein altes Buch. Es rät: Entferne einem lebenden Wiesel die Hoden und lasse das Tier wieder laufen. Wickle sie in eine Eselshaut und binde sie um. Dann wirst du nicht schwanger.«

»Das ist doch Unsinn. Es stinkt und stört, und der Gottesfrevel ist offensichtlich. Zauberei ist verboten. Es muss etwas Praktisches sein.«

»Nimm eine Zitrone, du bekommst sie bei dem italienischen Händler auf dem Olitätenmarkt bei der Allerheiligenkirche, halbiere sie, höhle sie aus und schiebe sie wie einen Verschluss in die empfangende Öffnung.« Sie nahm ein weiteres Buch zur Hand und blätterte darin. »Hier: Nimm die Nadeln eines Sadebaums und spüle mit dem daraus gewonnenen Öl die Scheide zur Schwangerschaftsverhütung aus.« Sie stand auf, murmelte etwas Unverständliches vor sich hin und ging in ihre Vorratskammer. Gleich darauf kam sie mit zwei Ästen des Sadebaums zurück und erklärte, was Anna damit machen sollte.

Diese dankte ihr und ging erleichtert mit den Kräutern nach Hause.

Vor ihrer Tür traf sie die Schneiderin, die bereits im Nachtgewand war. Sie schickte sich an, die Talglampe an ihrer Haustür zu löschen.

»Na, wird heute noch etwas Feines gekocht zu so später Stunde? Was hast du da für ein Kraut, Kind?«, kam sie neugierig auf Anna zu.

»Rosmarin!«, antwortete Anna schnell. Sie wollte die neugierige Schneiderin möglichst rasch loswerden.

Die jedoch ließ sich nicht so leicht abwimmeln. Sie schaute genauer hin. »Das ist Sade, Kind, was hat man dir angedreht? Sei nur vorsichtig damit. Es macht unfruchtbar!« Noch während sie es aussprach, veränderte sich ihr Blick. Inquisitorisch zog sie die Augenbrauen nach oben. »Du wirst doch nicht ... Hat die alte Kräuterfrau etwa wieder ihr Hexenwerk getan?«

»Nein, ich habe Kräuter gekauft zum Kochen. So muss wohl ein Irrtum vorliegen. Ich danke dir für die Warnung. Zum Glück ist ja nichts passiert.« Eilig verschwand Anna im Haus.

»Das muss man melden. Sade ist giftig!«, hörte sie die Schneiderin draußen rufen.

Aufgewühlt lehnte sie sich gegen die Tür. Die Schneiderin war eine Gefahr.

Als sie sich wieder gesammelt hatte, machte sie sich an die Arbeit. Sie nahm die Sadeästchen, strich die Nadeln ab und gab sie in einen Mörser. Sie zerstampfte die Pflanzenteile und siebte die Masse durch ein Leinentuch. Die geringe Menge Flüssigkeit war enttäuschend, aber es schien ihr genug, um damit zur rechten Zeit die kleine Körperfläche einzureiben, für die sie gedacht war.

Als ihre Mutter am Abend nach Hause kam, verkündete sie ihr, dass sie bereit sei, die neue Einkunftsquelle auszuprobieren.

»Mutter, ich würde das Angebot der Kunne Rothemechin annehmen. Kannst du ihr Bescheid sagen?«

Frieda nickte und nahm ihre Tochter in den Arm. Auch sie bedauerte innerlich, dass Anna keine andere Möglichkeit sah, als ihren Rat zu befolgen. »In Ordnung, Kind. Ich rede gleich mit ihr.«

Als ihre Mutter nach der Bierglocke wiederkehrte, saß Anna am Küchentisch und erwartete sie ungeduldig. Die Kinder hatte sie bereits zu Bett gebracht.

»Und?«, fragte sie gespannt.

Frieda legte ihren Umhang ab, nahm zwei Becher aus dem Holzregal neben dem Herd und goss sich und Anna ein wenig Wein ein. »Sie sagt, du sollst morgen kommen. Damit wir das mit den Kindern einrichten können, sollst du schon um kurz nach sechs da sein und kannst wieder gehen, bevor ich eingeplant bin. Die Mönche kommen immer, wenn sie eigentlich zum Gebet müssten. Dann gelingt es ihnen wohl am besten, ohne viel Erklärung der Gemeinschaft zu entkommen …«

»Gut, dann morgen!« Anna erhob sich. »Ich gehe jetzt zu Bett.«

»Wollen wir darüber sprechen?«, hielt Frieda sie zurück. »Brauchst du Rat?« Fragend sah sie zu ihrer Tochter auf.

»Nein danke, Mutter. Ich werde schon zurechtkommen. Ich wünsche dir eine gute Nacht!« Es war Anna ja schon unangenehm, überhaupt voneinander zu wissen, dass sie ihre Körper verkauften, aber mit ihrer Mutter über die Männer und den Akt an sich zu fachsimpeln, schien ihr unmöglich. Sie war noch nicht einmal in der Lage, die Wörter, die mit der körperlichen Befriedigung zusammenhingen, auszusprechen. Schon bei dem Gedanken wurde ihr flau in der Magengegend, und sie spürte die Röte in sich aufsteigen.

»Himmel hilf, was wird das werden?«, sagte sie leise zu sich selbst. »Herr, verzeih mir, aber ich sehe keinen anderen Weg. Ich werde das schiffen!« Sie atmete tief ein.

In ihrer Kammer sah sie noch einmal in die Bettchen der Kleinen, zog sich ihr Nachtgewand an und legte sich schlafen.

Am nächsten Tag um sechs kam ihre Mutter von ihrem Dienst bei den Kellners nach Hause, um die Kinder zu übernehmen. Anna war schon zurechtgemacht und wurde gerade staunend von ihrer Tochter begutachtet. Ihr gefiel Annas gelbes Kleid; auch die roten Lippen und die rosa Bäckchen fand sie schön.

Frieda ging nach oben und holte noch etwas von dem blauen Pulver, das sie ihrer Tochter auf die Lider auftrug. Dazu noch Kohle, um die Augenränder zu betonen.

»Jetzt ist aber gut«, gebot Anna ihr Einhalt.

»Kind, du wirst merken: Je mehr du dich verwandelst, desto wohler fühlst du dich in deiner Rolle im Mumenhaus. Hinterher wischst du alles ab, und damit auch deine Erinnerung daran.« Sie gab Anna einen Klaps auf den Po und schob sie zur Tür hinaus. »Und denk daran«, raunte sie ihr auf der Schwelle zu, »gehe niemals mit jemandem irgendwo anders hin mit! Im Mumenhaus bist du sicher.«

»Ja, ist schon gut!« Anna schenkte ihrer Mutter ein tapferes Lächeln und lief dann zielstrebig in Richtung Dom.

Sie hatte einen langen Umhang mit großer Kapuze gewählt, die sie sich weit in die Stirn zog. Niemand sollte sie auf dem Weg erkennen und ansprechen. Als sie am Mumenhaus ankam, fragte sie gleich nach Kunne und wurde eine Treppe nach oben geschickt. Kunne hatte dort ein Zimmer, in welchem sie ihre Bücher führte.

»Ach, die kleine Anschütz. Hast dich aber hübsch gemacht!«, begrüßte sie den Neuankömmling.

Anna guckte betreten.

»Wir haben hier ein Ankleidezimmer. Du musst nicht so den langen Weg durch die Straßen gehen.«

Anna hörte dies mit Verwunderung. Ihre Mutter hatte davon nie Gebrauch gemacht. Aber sie war erleichtert über die Möglichkeit, denn solch ein Versteckspiel auf dem Weg durch die Stadt war sehr nervenaufreibend.

»Deine Mutter sagte, nur Pfaffen kämen infrage, richtig?«

»Ja. Ich will weder Anteil an Ehebruch haben noch zum Gespött der Leute werden, wenn der Mann womöglich mit dem Besuch bei mir prahlt. Ein Geistlicher ist da wohl verschwiegener.«

»Da hast du völlig recht, mein Kind. Ein Pfaffe ist eine sichere Sache. Auch, was die Alimentierung angeht, wenn es doch mal zu einem Balg kommen sollte.«

Anna riss erschrocken die Augen auf. »Das darf es nie und nimmer!«

»Keine Sorge, ich habe meine Geheimvorräte an Tinkturen für so junge Dinger wie dich!«

Sie öffnete eine Schranktür und zeigte Anna eine ganze Reihe von Tiegeln. »Du darfst dich bedienen. Und natürlich musst du auch selber ein wenig auf deinen Körper achten. Wenn der Schleim bei dir dort unten zäh ist und sich zwischen den Fingern aufziehen lässt, dann bist du fruchtbar und bleibst zu Hause, verstanden?«

Anna nickte. Kunne machte einen netten und mütterlichen Eindruck auf sie. Sie kümmerte sich gut. Nun war sie gespannt, wer ihr heute vermittelt würde.

Sie hatte kaum im Ankleidezimmer ihren Umhang aufgehängt, als die Frau am Empfang nach oben rief. »Kunne! Kundschaft für die Neue!«

Kunne sah sie aufmunternd an, und Anna ging die Treppe hinunter. Unten stand ein Mönch von den Benediktinern, die auf dem Petersberg ihr Kloster hatten. Sie kannte die schwarzen Kutten. Die Frau am Empfang wurde Lotta genannt. Sie sah Anna prüfend an, hielt ihr einen Schlüssel entgegen und sagte: »Bruder Hermann, Neukunde, eine Stunde. Hier ist die Sanduhr, Zimmer dreizehn. Oben links, dritte Tür.«

Anna nahm den Schlüssel und den Zeitmesser. »Komm mit, wir werden es schon finden«, lächelte sie den Klosterbruder zuversichtlich an und duzte ihn gleich. Sie hatte ihr Benehmen auf die Erbringung ihrer Dienstleistung eingestellt. Sie wollte professionell sein. Ein Gewerbe, für das sie Geld bekam, sonst nichts. Professionelles Lachen, keine Unsicherheiten, kein Zögern, keine Zugeständnisse, keine Gefühle. Wieder rief sie sich Martin ins Gedächtnis und wie er sie liederlich hatte sitzen lassen. Es gab kein Zurück. Ins Kloster war er gegangen, obwohl er sie geschwängert und zwei Kinder mit ihr hatte. Aber so waren sie, die Pfaffen! Die Wut, die sie bei diesen Gedanken empfand, half ihr, ein gutes Gewissen zu behalten und sich nicht ihrer selbst zu schämen, aber sie musste aufpassen, dass sie diese Wut nicht auf ihren Kunden übertrug.

Er schaute sich unsicher in dem Zimmer um, das auch sie bisher noch nicht betreten hatte. Es gab ein großes Bett in der Mitte, einen Tisch mit einem Krug Wein darauf und zwei Becher, allerlei bunte Tücher und nur eine kleine Kerze mit kurzem Docht und schwacher Flamme. »Setz dich, Hermann!« Das »Bruder« ließ sie weg, sie fand es irgendwie unpassend. »Leg die Kutte ab. Wonach ist dir?«

Jetzt schaute er ihr erstmals in die Augen. »Ich war noch nie bei einer Mume, ich habe kaum Erfahrung. Mir ist nach Wärme und Geborgenheit, so wie es bei meiner Mutter einst war. Vielleicht kannst du mich einfach erst einmal umarmen.«

Das klang fast rührend. Anna sah ihm zu, wie er seine Kutte ablegte. Er war ein schlaksiger, großer Mann, etwa Mitte zwanzig. Nicht besonders ansehnlich, aber er schien sauber. Sie trat auf ihn zu, nahm ihn an die Hand und führte ihn zum Bett. Sie setzten sich nebeneinander, und Anna nahm ihn in den Arm und streichelte ihm über den Hinterkopf. »Ist es so gut?«

»Ja.«

Dann streichelte sie ihm den Rücken hinunter. »Soll ich mich ausziehen?«, fragte sie ihn.

»Nicht ganz. Wenn du wie Mutter im Nachthemd wärst … nur wenig Stoff, der mich von deinem Busen trennt.«

Anna verstand und entledigte sich bis auf ihr Unterkleid ihrer Sachen, dann drückte sie seinen Kopf an ihre

Brust und strich ihm weiter über die Haare und die Wangen. »Erzähl, wann hast du deine Mutter das letzte Mal gesehen?«

»Vor zwei Jahren. Der Schwarze Tod hat sie dahingerafft. Mit vierzehn kam ich als Oblate ins Kloster. Ich vermisse sie sehr!«

»Wie sah sie aus?«

»Wunderschön. Sie hatte langes braunes Haar. Etwas dunkler als deins, aber ähnlich!« Jetzt lächelte er.

Und so unterhielten sie sich über seine Mutter und sein Zuhause, bis Lotta nach oben rief. »Zeit ist um in der Dreizehn!«

Durch Annas Zeitmesser rannen die letzten Sandkörner. »Komm. Zeit zu gehen.«

»Ich danke dir. Das war sehr schön. Ich möchte wieder zu dir kommen. Zu keiner anderen!«

»Ja, gut.« Anna nickte. »Sag einfach unten Bescheid. Auf Wiedersehen!«

Anna lächelte ihn höflich an und ließ ihn alleine hinunterlaufen. Sie freute sich. Sie hatte nichts weiter machen müssen, als zuzuhören und zu streicheln. Dafür wurde sie bezahlt, und er würde vielleicht ihr Stammkunde werden. So hatte sie kein Problem mit dieser Art von Geldverdienen.

In der folgenden Zeit »arbeitete« Anna immer dann im Mumenhaus, wenn die Mutter ihre Kinder zu Bett bringen konnte. Wenn sie etwas früher im Frauenhaus war, bekam sie das Mönchslatein mit. Liederliche Pfaffen waren die Lehrer der Dirnen und konstruierten für allerlei Schmutzereien humoristische Bezeichnungen, ein lateinisches Kauderwelsch, das im Bade- und Gastraum die schweiß- und alkoholgeschwängerte Luft erfüllte. Und die Dirnen waren gelehrige Schülerinnen und machten die Sauereien der Pfaffen zu ihren Fachausdrücken, die sie zu einer internen Bordellsprache entwickelt hatten. Sie war ein Beleg der empörenden bröckelhaften Latinität, die die Geistlichen ihren gewöhnlichen Gespielinnen beigebracht hatten.

Anna hatte ihren Stammkunden nun schon einige Male gesehen, und nie wollte er viel mehr als reden und zärtlich gestreichelt werden. Als sie heute wieder zum Mumenhaus ging, wurde ihr ein anderer Mann vermittelt. Er war Mönch, trug seine Kapuze allerdings so weit ins Gesicht gezogen, dass sie es erst sehen konnte, als sie gemeinsam in ihrer Kammer waren und er seine Kleidung ablegte. Er war schon an die vierzig, hatte einen Bierbauch und dicke Wangen. Seine Augen waren braun, seine wenigen Haare grau.

»Ich brauche ein Weib, wenigstens ab und an, damit meine körperlichen Bedürfnisse nicht meine Gedanken beherrschen. Wenn der Druck weg ist, bin ich frei für meine Aufgaben, verstehst du, mein Kind?«

Er nannte Anna »mein Kind«, und sie verstand. Sie streifte ihr Oberteil ab, um ihre Brüste die Vorarbeit verrichten zu lassen. Allein ihr Anblick erregte ihn so, dass sie in der Lage war, mit nur noch wenigen Handgriffen und Berührungen seine Befriedigung herbeizuführen. Sie reichte ihm ein feuchtes Tuch, damit er sich abwischen konnte, und spülte selbst ihre Hände in der Waschschüssel ab, die neben dem Bett auf einem Metallgestell stand. Sie hatten kaum gesprochen und sich nicht direkt in die Augen geblickt. Genau so gefiel es dem Mönch, und so wollte er es bald wieder haben. Auch Anna konnte mit dieser einfachen und distanzierten Handhabung leben. Sie war einverstanden, als Kunne sie fragte, ob sie ihn als zweiten Kunden annehmen und vielleicht sogar direkt in sein Kloster kommen würde.

»Aber wie soll das gehen? Was wird sein Prior sagen?«, wunderte sie sich.

»Er selbst ist der Prior. Johannes Nathin von den Augustinern. Im Priorat ist er der Herr, dort ist es warm und wesentlich angenehmer als in den Schlafsälen und Gebetszellen, die noch nicht einmal geheizt werden«, antwortete Kunne.

»Prior der Augustiner?« Anna riss verwundert die Augen auf und dachte, welch ein interessanter Zufall es doch war, dass dieser Kunde ausgerechnet ihr zugeteilt worden war. Womöglich würde er sie schon bald in Martins Nähe bringen. »Das kann ich machen«, sagte sie schnell, bevor Kunne es sich vielleicht anders überlegte.

Am zehnten August gingen starke Gewitter mit grellen Blitzen und Platzregen hernieder. Danach stand der Komet erneut fast den halben August am Himmel. Anna schaute diesmal vorwurfsvoll zu ihm hinauf, hatte er ihren sehnlichsten Wunsch doch nicht erfüllt.

Zur selben Zeit sah auch Martin nach oben in den dunklen, klaren Nachthimmel. Er saß auf einer Bank im Garten des Klosters, wo er die letzten warmen Nächte des späten Sommers in sich aufnehmen wollte. Das heftige Gewitter vom zehnten August hatte alle verdrängten Erinnerungen an jenen dunklen Tag, an dem er Alexis verloren hatte, wieder hervorgeholt. Er fragte sich nun, was dieser Komet für ihn persönlich bedeutete. Das Jahr zeigte sich fruchtbar, die Zahl der Pesttoten war zurückgegangen, und dank Staupitz hatte er sich im Kloster gut eingelebt. Nächsten Monat musste er das Mönchsgelübde ablegen. Ja, der Komet bestärkte ihn, auf seinem Weg weiterzugehen. Crotus hatte ihm von der Geburt seiner Tochter berichtet. Mutter und Kinder waren wohlauf. Das war die Hauptsache. Anna war stark. Wie ihre Mutter! Sie konnte es ohne ihn schaffen.

An einem Sonntag war es so weit. Martin hatte am Tag zuvor im Kapitelsaal seine Tonsur erneuert bekommen. Der Kapitelsaal war ein relativ kleiner Raum mit Gewölbedecke in hellblauer Bemalung. Den Boden bedeckten rote und weiße Steinfliesen. Rechts, links und an der Eingangsseite befanden sich hölzerne Sitzbänke, auf der Fensterseite, die in Richtung Klostergarten lag, stand ein Altar. In diesem Raum wurde aus den Kapiteln der Augustinusregel und aus der Bibel gelesen. Er erinnerte sich an die Freitage mit dem Schuldkapitel, zu dem ein jeder seine Sünden bekannte. Das war Martin mittlerweile vertraut, wenngleich er sich jedoch stets nur mit Geringfügigkeiten zu Wort meldete. Er fühlte sich oft schuldig. Schuldig für schlechte Gedanken, vielleicht schuldig für seine Geschichte mit Anna. Doch davon wusste hier niemand, und besonders nachdem er mit Staupitz über den direkten Kontakt des Menschen mit Gott gesprochen hatte, machte er seine Schuldgefühle mit sich selbst sowie im privaten Gespräch oder Gebet mit Gott aus.

Nach dem Haarschnitt bekam er eine neue Kutte, und dann liefen er und seine Mitbrüder drei Runden im Kreuzgang hinter dem Kreuzträger her, hielten an der Tür zur Kirche an und betraten den Chorraum, wo Martin sich vor dem Altar mit ausgebreiteten Armen auf den Bauch legen – den Blick nach unten, auf die Grabplatte des Johannes Zacharie gerichtet – und geloben musste, dem Kloster als Mönch treu zu bleiben und sein Leben nach den klösterlichen Regeln auszurichten.

Dr. Johannes Zacharie, so wurde ihm vorgetragen, der Hussomastix, die Husgeißel, hatte auf dem Konzil zu Konstanz 1415, auf dem Jan Hus als Ketzer überführt worden war, vom Papst als Auszeichnung die Tugendrose ans Barett bekommen. Und was hatte Hus noch auf dem Scheiterhaufen gewagt, zu schwören? »Hus, die Gans, muss brennen, aber hundert Jahre später wird ein Schwan kommen, den müsst Ihr leben lassen.«

Wer wohl mit diesem Schwan gemeint sein mag?, dachte sich Martin bei diesen Worten. Hundert Jahre sind bald erreicht.

Nach der Zeremonie erhielt er eine eigene lateinische gebundene Bibel.

Seinem Vater hatte Martin einen Brief gesandt, in welchem er ihm seinen Entschluss mitteilte. Kurz nachdem Hans Ludher die Nachricht erhalten hatte, ritt er nach Erfurt und verlangte an der Klosterpforte, seinen Sohn zu sprechen.

Martin war gerade mit dem Essen fertig, als er von Prior Nathin aus dem Refektorium geholt wurde. »Dein Vater ist hier. Er wartet auf der Bank vor dem ehemaligen Hospital beim Gästehaus.«

Martin hatte einen Kloß im Hals und lief seinem Vater mit gesenktem Blick entgegen.

»Martin, ich glaubte, es wären die Furcht vor der Pest und ein Rückzug nach den schrecklichen Ereignissen im Zusammenhang mit deinen Studienfreunden gewesen. Ich hatte keine Ahnung, dass du diese Torheit wirklich ernsthaft verfolgen wolltest. Dir steht die Welt offen, wenn du nur deine juristischen Studien bei deinem alten Professor fortsetzt. Wozu habe ich mir das Geld für dich abgespart, wenn du nun in der Kutte auf Besitz, Familie und Kinder verzichtest? Deine Mutter und ich würden uns so sehr über einen Stammhalter freuen.«

Martin konnte seinem Vater kaum in die Augen sehen, so sehr fasste ihn das Bild dieses gealterten, verzweifelten Mannes an.

»Vater, dieses Gewitter, bei dem ich meinen Entschluss gefasst habe, war kein gewöhnliches Gewitter. Es war so mächtig, so laut, es war eine unglaubliche Kraft gegenwärtig, die mich in Schrecken versetzt und mir dieses Versprechen abgerungen hat.«

»Sieh zu, dass dein Schrecken nicht ein teuflischer Betrug gewesen ist. Man soll den Eltern um Gottes Wortes willen gehorsam sein und nichts hinter ihrem Wissen und Rat anfangen.«

»Ich habe eine himmlische Erscheinung gesehen, was blieb mir anderes übrig?«, antwortete Martin um Verständnis heischend.

»Versichere dich, dass es nicht ein Gespenst war«, sagte sein Vater kopfschüttelnd und wandte sich ohne einen Abschiedsgruß zum Gehen.

Diese Begegnung bedrückte Martin. Sein Vater hatte ihn geduzt. Er war ihm ernsthaft gram.

Kapitel 17

1506

DER HERBST WAR kalt. Zum ersten Mal fiel Martin auf, wie stark doch die Entbehrungen im Kloster waren, denn es wurden weder die Zellen noch der Schlafsaal geheizt. Das Bett, das aus einem Strohsack, einem wollenen Unterbett, einem strohgefüllten Kopfkissen und zwei wollenen Tüchern oder Decken bestand, schaffte es nicht, ihn im Winter warm zu halten. Seine Nachtkleidung bestand aus einem Hemd, Unterhosen, Socken, einem kleinen Skapulier und einer Kapuze als Nachtmütze. Zum Glück gab es im Winter dazu noch Pelzschuhe. Und ebenfalls zum Glück durfte er viele Stunden an der Universität in beheizten Räumen verbringen, während er Vorlesungen hielt oder sich in der Bibliothek nach Büchern umsah.

Martin nahm die Gebetszeiten ernst. Obwohl er oft durch seine Lehrtätigkeit entschuldigt gewesen wäre, empfand er die Wege zwischen dem Kloster und den Lehrgebäuden als zusätzliche körperliche Stärkung. Die Bewegung hielt ihn gesund und warm, und seine Neider hatten weniger Angriffspunkte.

Im September gab es eine Schweineseuche, sodass der Verkauf und Verzehr von Schweinefleisch untersagt war. Anna konnte sich sowieso kaum Fleisch leisten. Heute allerdings wollte sie auf den Markt gehen und ein paar Täubchen zum Braten holen. Prior Nathin war großzügig gewesen und hatte ihr zwei Taler mehr gegeben als sonst, damit sie ihren Kindern eine ordentliche Mahlzeit auftischen könne. Er war redseliger als der Benediktiner und hatte sie etwas ausgefragt.

Mit dem Hahnenschrei stand sie auf und lief in Richtung Wenigemarkt. Am Rathaus war schon ein ungewöhnliches Aufgebot an Wachen zu sehen. Sie blieb kurz stehen, als mit wehendem Talar ein Geistlicher mit einer Bibel und einer Kreuzkette in der Hand an den Wachen vorbei in das Rathaus eilte. Dann passierte nichts mehr und sie lief weiter in Richtung Markt vor den Graden. Als sie am Ende der Breiten Straße Einblick auf den Platz unterhalb der Stufen zum Domhügel hatte, wunderte sie sich. Dort war ein Scheiterhaufen errichtet worden. Gerade wurden Seile neben den Pfahl gelegt, an den der Delinquent gebunden werden würde. Eine Hinrichtung! Sie hatte gar nicht davon gehört. Ein paar Zuschauer verfolgten schon die Vorbereitungen.

»Wer wird hingerichtet?«, fragte sie einen jungen Mann, der gerade genüsslich in einen Apfel biss.

»Eine alte Hexe. Ein altes Mütterchen. Krumm und taub.«

Anna ging zum Geflügelstand. »Drei Täubchen. Die kleineren, bitte. Bei so viel Auswahl weiß man gar nicht, was man nehmen soll«, bestellte sie freundlich.

»Nun, heute wird viel Volk auf den Platz kommen. Erst die Wasserprobe, dann das Feuer. Da mache ich Umsatz«, erklärte der Händler und wickelte die Tauben in das Leinentuch, das Anna ihm überreicht hatte. »Es geht gleich los!«

Tatsächlich strömten die Leute nun aus allen Richtungen herbei. Aus der Severisiedlung, dem Andreasviertel, vom Mainzerhof, aus Richtung langer Brücke und von der Predigerkirche. Von der Breiten Straße aus Richtung Rathaus kommend hörte man Trommeln, die einen Zug anführten. Anna wartete. Sie hatte direkten Blick auf den Hebearm am Flusslauf. Jetzt bogen sie um die Ecke. Zuerst die zwei Trommler, dann der Henker mit der schwarzen Maske vor einem Holzwagen, den ein schwarzer Rappe zog. Annas Herz begann zu pochen. Sie kniff ihre Augen zusammen, um schärfer sehen zu können. Jetzt erkannte sie die alte Frau auf dem Wagen. Es war die Kräuterfrau! Anna wurde schwindelig. War sie auf eine Hexe hereingefallen? Nein, dieses alte Mütterchen war klug und alt und hilfsbereit und verständnisvoll. Was sollte das? Wer hatte sie angezeigt?

Siedeheiß fiel Anna die Schneiderin ein. Sie hatte sie so hinterlistig angeschaut, als sie damals mit den Sadezweigen nach Hause zurückgekehrt war. Anna wurde es übel, während sich immer mehr Menschen an ihr vorbeidrängten. Der Händler hatte sie im Blick behalten und kam nun mit seinem Holzschemel hinter seinem Stand vor.

»Geht es Euch nicht gut? Hier, setzt Euch.« Er zog Anna näher zu seinem Stand, weg von den herbeieilenden Schaulustigen.

Sie setzte sich. Dann liefen ihr Tränen die Wangen hinunter, während sie teilnahmslos zusah, wie die zusammengekauerte alte Frau, nur mit einem Nachthemd bekleidet, mit offenen, dünnen, langen grauen Haaren von zwei jungen muskelbepackten Männern an den Armen herausgehoben und in den Wasserkorb gesetzt wurde. Annas Gehirn setzte erst wieder ein, als der Händler sie einen Schluck von seinem Bier trinken ließ. Sie sprang auf und rannte zum Augustinerkloster. Dort pochte sie so atemlos und aufgeregt an die Tür, dass gleich mehrere Mönche dastanden, als ihr der Pförtner öffnete.

»Wo ist der Prior? Wo ist Martin Ludher? Bringt mir einen von beiden!«

Die Mönche, die neugierig waren, was nun kommen würde, liefen in verschiedene Richtungen, sodass in kürzester Zeit sowohl Martin als auch Prior Nathin vor ihr standen. Beide guckten sie an, als wollten sie sagen, sie solle sich nur ja nicht verplappern.

»Es gibt eine Hinrichtung auf dem Domplatz! Eine alte Frau! Sie kennt sich mit Kräutern aus. Heilkräuter, Gewürzmischungen. In Gottes Namen! Jemand hat ihr übel mitspielen wollen und sie zu Unrecht der Hexerei bezichtigt. Wenn es einen Gott gibt, mit dem Ihr sprecht, so tut etwas. Noch ist es nicht zu spät. Sie wird gerade zu Wasser gelassen. Lange wird sie es nicht durchstehen!«

Jeder von ihnen wusste für sich, dass Anna ausgerechnet nach ihm verlangt hatte, weil sie mit ihrem Wissen Druck ausüben konnte, deshalb sahen sie sich nur kurz an und eilten dann in Richtung Domplatz. Martin trug einem der Mönche noch auf, Trutvetter zur Hinrichtungsstätte zu holen.

Der alten Frau waren zwischenzeitlich die Anschuldigungen und ihre eigenen Schuldbekenntnisse der peinlichen Befragung verlesen worden, der Priester hatte eine Bibelstelle vorgetragen, die bevorstehende Prozedur war ihr erklärt worden. Nun sollte die Wasserprobe zeigen, ob sie ertrank und somit unschuldig und zu einer ehrlichen Bestattung berechtigt war, oder ob sie mit dem Teufel im Bund stand, indem sie überlebte, woraufhin der Scheiterhaufen angezündet würde. Die Zuschauer hofften auf Letzteres. Feuer hatte etwas Dramatisches.

Der Korb berührte bereits die Wasseroberfläche, als der Prior des Augustinerklosters rief: »Halt, im Namen der Kirche!«

Ein Gemurmel setzte ein, dann wurde es still, als alle den Rufenden ausgemacht hatten.

»Was wird dieser Frau vorgeworfen? Wieso ist die Hinrichtung nicht ausreichend bekannt gemacht worden?«

Es entspann sich eine Diskussion zwischen dem Priester, den Stadtwachen, dem Inquisitor der Dominikaner und den Augustinern Ludher und Nathin, die gar nicht wussten, wie sie argumentieren sollten. Endlich traf auch Trutvetter ein. Martin winkte ihn herbei und erklärte – ohne natürlich Gewissheit zu haben –, dass hier eine unschuldige Frau auf den Scheiterhaufen sollte.

Trutvetter, als bekannter Rechtsgelehrter, führte ein Gespräch mit den zuständigen Amtsmännern, woraufhin der Henker den Hebearm zur Seite schwenkte und den Korb herunterließ. Die Gittertüren wurden geöffnet, und die Frau wurde herausgeführt.

Anna schaute Martin dankbar an. Der überreichte ihr nur wortlos seine Kutte und bedeutete ihr, dass sie sie der Alten umlegen sollte. Dann machte er sich grußlos auf den Weg zurück ins Kloster.

Anna tat, wie ihr geheißen, legte der geschundenen Frau das wärmende Mönchsgewand um und führte sie behutsam nach Hause. Die Alte war so dünn und gebrechlich, dass Anna sie kräftig stützen musste. Beide gingen schweigend, während ihnen Tränen die Wangen hinunterliefen.

Am Haus der Kräuterfrau angekommen, drehte diese sich zu Anna und sah ihr in die Augen. »Danke, mein Kind. Zu schade, dass du niemanden zum Mann nehmen willst. Du hast Besseres verdient, als dich zu verkaufen. Hier, bring ihm die Kutte zurück und erinnere ihn an die Verpflichtung, die er seinen Kindern gegenüber hat.«

Anna war sprachlos. Woher wusste die Alte von ihrer Verbindung zu Martin? Sie überfiel ein flaues Gefühl. Hatte sie es vielleicht doch mit einer Hexe zu tun? Dann fiel es ihr wieder ein. Nein, sie hatte der Frau erzählt, dass sie Kinder von einem Mönch hatte und sie nicht wollte, dass ihr das noch einmal passierte. Sie drückte der alten die knochige Hand und ging.

Kurz bevor sie an der Klosterpforte klopfte, vergrub sie ihr Gesicht in Martins Kutte und sog seinen Geruch ein. Es gab keine gemeinsame Zukunft für sie, aber doch war er der Mann ihres Lebens!

Der Pförtner öffnete die Tür und nahm das Kleidungsstück wortlos entgegen. »Bitte gebt sie Martin Ludher«, konnte Anna gerade noch sagen, bevor sich das Tor wieder schloss.

Am nächsten Morgen waren die Ereignisse des Vortages Gesprächsthema Nummer eins. Die meisten Leute empörten sich darüber, wie sie als Bürger der Stadt um ihre Sensationslust betrogen worden waren und ohne die übliche Unterhaltung nach Hause hatten gehen müssen. Der Fleischhändler hatte trotzdem den erhofften Umsatz gemacht, denn ganz umsonst wollte niemand den Weg gegangen sein.

Martin war an diesem Tag nicht ansprechbar. Zuerst hielt er sich lange im Kreuzgang auf, wo das Schweigegebot galt. Was für eine tapfere junge Frau Anna doch war, dachte er. Eine Kämpferin! Gleichzeitig machte sich Unzufriedenheit in ihm breit, dass er sich derart zum

Spielball hatte machen lassen und gleichermaßen in Konkurrenz zu seinem Prior vor den Karren gespannt worden war.

»Die Zauberinnen sollst du nicht leben lassen … Es ist ein gerechtes Gesetz, dass sie getötet werden, sie richten viel Schaden an«, hatte er noch kürzlich in einer seiner theologischen Vorlesungen kommentiert.

Andererseits fing er wieder an zu grübeln, und die Gedanken drehten sich im Kreis und hüpften mal hierhin und mal dorthin. *Wer* war Gott? *Wo* war Gott? Wer war schlimmer, der Denunziant oder der Verdächtige? Für wen hielten sich die Menschen, dass sie sich anmaßten, über Leben und Tod, Schuld und Unschuld zu urteilen? War das Urteil gerecht, wenn das Geständnis, das ihm zugrunde lag, durch Folter erzwungen worden war? Wer war Teufel, wer eine Hexe? Waren beide nicht gar von Gott geduldet? Schließlich wäre es ihm ein Leichtes, sie ohne viel Aufhebens dahinzuraffen, wenn er sie auf Erden nicht haben wollte. Was war das Leben wert? Gab es eine Auferstehung? Wie so oft setzte er sich in seine Zelle und suchte Antworten in der Bibel. Immer wieder sah er nachdenklich zu seinem kleinen Fenster hinaus, das auf den Kirchhof in der Mitte des Kreuzgangs zeigte.

Da liegst du, mein lieber Freund und Mitbruder, und bist schon schlauer als ich, dachte er und betrachtete das Holzkreuz seines bereits verstorbenen Klosterfreundes, der die Pest nicht überlebt hatte. Und gerade als ihn wieder eine unbändige Angst vor dem Tod ergriff, fiel sein Blick auf Psalm 118,17: »Ich werde nicht sterben, sondern leben und des Herrn Werke verkünden.«

Sofort breitete sich eine Ruhe in ihm aus, und er glaubte, Gott selbst habe damit zu ihm gesprochen und ihm einen

Auftrag erteilt, mit dem er das Versprechen verband, ihn am Leben zu lassen.

»Danke, Gott!«, antwortete Martin leise und widmete sich noch eifriger dem Bibelstudium.

Wenn Martin in den Gebäuden der Universität zu den Vorlesungen ging, begegneten ihm des Öfteren seine alten Freunde. Heute kam ihm Johannes Lang mit einem jungen Studenten entgegen, den er noch nicht kannte.

»Martin, schön, dich zu sehen! Darf ich vorstellen? Das ist Justus Jonas. Gerade vierzehn, aber sehr sicher in Latein und ein guter Schüler. Er wird an deinen Vorlesungen teilnehmen, genauso wie Tilemann Plathner. Mutianus Rufus und Urbanus Rhegius wollen die beiden vermutlich in ihren Freundeskreis aufnehmen, den sie vergangenes Jahr ins Leben gerufen haben. Hessus hat Justus in seinen Vorlesungen bereits für die Ideen von Erasmus von Rotterdam begeistert.«

»Eobanus ist zurück? Fürchtet er die Pest nicht mehr?«, fragte Martin etwas sarkastisch.

»Ja, seit Kurzem! Herbord von der Marthen ist auch dabei. Wäre schön, wenn du mal wieder an unserer Runde teilnähmst. Die alte scholastische Tradition braucht Erneuerung!«

»Johannes, ich stimme zu, doch du weißt, dass mir die feucht-fröhlichen Zusammenkünfte nicht guttun … Und ich bin an die Klosterregeln gebunden. Aber es wird sich schon eine Gelegenheit ergeben. Wie macht sich denn Eobanus, unser Poet?«

»Er hat gute Einfälle, besonders wenn er tief in den Krug geguckt hat. Leider muss man ihn dann nicht selten in seine Kammer tragen.«

»Ein hoher Preis für die Inspiration!« Martin schüttelte lächelnd den Kopf. »Was weißt du noch Neues? Was macht Trutvetter?«

»Ein neuer Juraprofessor, Henning Göde aus Arnstadt, unterstützt ihn. Ist schon sechsundfünfzig. Und ...«, jetzt drehte er sich ein wenig von Justus Jonas weg und zog Martin beiseite. »Ende des Monats komme ich zu euch ins Kloster. Die Theologie ist für mich die wichtigste Wissenschaft und verbindet Philosophie und Recht mit der göttlichen Ordnung. Den Tag weiß ich noch nicht, aber so werde auch ich an die Pforte des Klosters klopfen.«

Martin drückte dem Freund den Arm. »Das ist eine wunderbare Neuigkeit, Johannes.«

Um einiges beschwingter setzte er sein Werk an diesem Tag fort.

Kapitel 18

1506

Eines Abends klopfte es an Annas Tür. Gerade waren die Kinder eingeschlafen, ihre Mutter verdingte sich im Frauenhaus am Dom.

»Wer da?«, fragte Anna, die sich keinen Reim darauf machen konnte, wer sie zu dieser Stunde besuchen wollte.

»Die Stadtwache! Macht auf.«

Anna öffnete die Tür einen kleinen Spalt und spähte hindurch. »Meine Kinder schlafen. Worum geht's?«, flüsterte sie überrascht und verärgert zugleich.

»Uns ist zu Gehör gekommen, dass Ihr Euch mit Hurerei verdingt und die Kleiderordnung verletzt. Ihr müsst morgen aufs Rathaus kommen!«

Anna erschrak, tat jedoch unbeeindruckt. »Kein Problem. Morgen bin ich da.«

Sie ließ die Tür leise ins Schloss fallen und setzte sich, das Gesicht in die Hände vergraben, auf die Küchenbank. Wer konnte sie angeschwärzt haben? Die Schneiderin war eine hinterlistige Person geworden. Seit sie nicht mehr arbeitete und unerklärlich zu Reichtum gekommen war, schien es ihr langweilig zu sein. Das Spionieren war zu ihrer neuen Lieblingsbeschäftigung geworden.

Kurz entschlossen warf sich Anna ihren Umhang über

und trat auf die Straße. Schnellen Schrittes eilte sie zum Haus der Schneiderin und klopfte energisch an die Tür.

Ein Riegel wurde zurückgeschoben, eine Kette arretiert, und dann lugte der Kopf der Judith durch die Tür. »Anna!«, tat sie überrascht. »Was brauchst du?«

»Hast du nicht eben die Stadtwache vor meiner Tür gesehen?«, fragte Anna herausfordernd.

»Nein, was gibt's? Schlechte Nachrichten?« Wieder spielte sie Verwunderung.

»Ich solle herumhuren, sagten sie. Woher wollen sie so etwas wissen? Du bist die Einzige, die eine solche Behauptung aufstellen könnte. Und ich wollte dich nur warnen. Dein Nachbar hatte Verwandte in Gotha. Könnte mir vorstellen, dass sie irgendwann hier aufkreuzen. Und rate, wer ihnen erklären wird, wo sein Hab und Gut geblieben ist?« Damit machte sie auf dem Absatz kehrt und ging zurück in ihr Haus.

Die Kinder schliefen noch. Anna war stolz auf ihren Mut und musste selbst über ihren Auftritt lachen. Besonders der Gedanke an den offen stehenden Mund dieser falschen Schlange erheiterte sie. Dennoch, sie musste sich überlegen, was sie dem Rat am folgenden Tag erzählen würde.

Am nächsten Morgen bereitete sie für ihre Mutter und die beiden Kinder das Frühstück. Frieda musste heute erst um zehn Uhr bei den Kellners sein.

»Warum beeilst du dich so mit dem Aufstehen, Anna?«

»Ich möchte zum Markt. Es ist Freitag, und den besten Fisch bekomme ich nur früh!«, schwindelte sie, nahm einen kleinen Korb, ihr Münzsäcklein und verschwand.

Im Rathaus angekommen, wurde sie sogleich den Zweiermännern vorgeführt, die mit der Befragung begannen.

»Stimmt es, dass Ihr Euch gegen Geld einem Priester verkauft?«

»Nein, wie kommt Ihr darauf?«, antwortete Anna arglos.

Einer der beiden schaute auf sein Stück Pergament. »Eine Nachbarin will Euch gesehen haben und hat sich empört, dass Ihr wie eine ehrbare Frau gekleidet wart.«

»Was, wenn sie lügt?«

»Werdet nicht unverschämt. Wir können den Priester aufsuchen. Wir können Euch im Paradies festsetzen und einer peinlichen Befragung unterziehen, wenn Ihr nicht gesteht.«

Anna überlegte. Sie dachte an ihre Kinder, dann an den Priester und an Martin. Und schließlich war ihr klar, dass es so schlimm nicht kommen konnte, denn prinzipiell war nicht verboten, was sie tat.

»Gut, ich gestehe, dass ich mir etwas Geld dazuverdient habe.« Sie schluckte. War es die richtige Entscheidung gewesen, es zuzugeben?

»Wer hat Euch verkuppelt?«

Es hatte keinen Zweck. »Kunne Rothemechin. Ganz ordnungsgemäß im öffentlichen Mumenhaus.«

Ihre Antwort wurde notiert.

»Ihr habt Euch entsprechend zu kleiden, wenn ihr als Hure aus dem Haus geht, damit man Euch nicht mit einem ehrbaren Weib verwechselt. Gegen eine Geldbuße könnt Ihr jetzt gehen. Entrichtet Ihr sie nicht, blühen Euch drei Tage Paradies bei Wasser und Brot.«

Anna zückte ihren Geldbeutel und bezahlte den verlangten Obolus.

Alles wurde ordnungsgemäß verzeichnet, und sie durfte gehen.

Martin hatte Anna seit dem Vorfall mit der alten Frau nicht wiedergesehen, als sein Freund Johannes Lang ihn an diesem Tag aufsuchte, um ihm zu erzählen, was ihm durch Lotte zu Ohren gekommen war.

»Ich glaube, Lotte wollte, dass du es erfährst. Deine Anna geht zu einem Pfaffen, gegen Geld. Kürzlich wurde sie ins Rathaus bestellt, wo sie ermahnt wurde, dass eine junge Hure keine Überschläge tragen dürfe, wie die ehrbaren Bürgersweiber es zu tun pflegen. Sie müsse stattdessen um ihr Haupt einen Schleier binden, damit sie sich äußerlich vom Weib eines frommen Bürgers unterschied. Sonst drohe ihr ernste Strafe durch den ehrbaren Rat. Irgendjemand muss sie angezeigt haben.«

Martin erschrak. Weniger aus Mitleid, weil Anna sich auf diese Weise verdingen musste, sondern vielmehr aus Scham, mit ihr in Verbindung gestanden zu haben. Es machte ihn wütend, dass die Mutter seiner Kinder nun in Verruf geriet.

»Kein Wunder, dass diese Hurerei um sich greift. Haben doch die Bischöfe wirklich in allen Stiften einen großen Teil ihrer jährlichen Zinsen von den Pfaffenhuren. Denn wer ein Hürlein haben will, der muss ein Jahr einen Gulden davon dem Bischof geben. ›Keusche Pfaffen sind dem Bischof nicht zuträglich‹, heißt es doch, und sind demselben auch Feind. Wer mag ein reicherer Frauenkrämer sein als ein Bischof? Wer will es den geistlichen Vätern verdenken, dass sie Hurerei zulassen und lebendige Frauenbälge für Geld verkaufen, eheliche Weiber aber verbieten, die ihnen kein Geld zutragen? Nahrung ist wichtig!«, redete er sich in Rage. »Ein Kaufmann hat Würste und Tuche, die Bischöfe müssen Hurenfleisch feilbieten, wie sollten sie sich sonst ernähren!« Er schlug mit der Faust gegen die Wand, neben der er stand.

»Und die Frau kümmert dich nicht?« Lang sah ihn verwundert an.

»Sie wird wissen, was sie tut. Ich habe schon lange mit ihr gebrochen. Ich muss zum Gebet, entschuldige mich.« Damit ließ Martin seinen Freund stehen.

Im Rathaus traf der Obervierherr Kellner mit den Stadträten zusammen und verkündete: »Wir müssen uns neu strukturieren. Unser Zugpferd, die Universität, ist durch die Seuche wie leergefegt, es mangelt immer noch an Handwerkern. Nahrung ist knapp und teuer. Die Pestzahlen steigen nicht mehr, wir müssen wohl mit einer gewissen Gefahr leben, dürfen nun aber nicht in Angststarre verharren. Was schlagt Ihr vor?«

Er blickte in die Runde der Patrizier. Ziegler, Denstedt, von Nordhausen, Utzberg – alle waren sie gekommen. Ludolf meldete sich zu Wort: »Zünfte und Gilden müssen ihre Verbände für neue Mitglieder öffnen. Die, denen zuvor der Beitritt verweigert wurde, müssen aufgenommen werden.«

Die Anwesenden nickten zustimmend. Von Nordhausen, in dessen Familie es Mitglieder zu hohen Positionen im Benediktinerorden gebracht hatten, sagte in Richtung der anwesenden Stiftsherren: »Schenkungen, reiche Spenden von Überlebenden und Erbschaften sollten in Arbeitsplätze investiert werden. Altäre, neue Bauwerke könnten nun angegangen werden. Das Volk hätte Arbeit und neuen Lebensmut, der sich in Familiengründungen und Anschaffungen ausdrückt.«

Wieder zustimmendes Geraune. Der Stadtrat hatte mithilfe der Kirche und der Universität die Pest gut verwaltet. Die Bürger hatten die Maßnahmen zur Vermeidung von Ansteckungen mitgetragen, und soweit es möglich war, waren größere Ausschreitungen von den Amtsmännern verhindert worden. Langsam entspannte sich die Situation. Man wusste nicht, warum, aber mit der Kälte kamen zwar Schnupfen und Husten, die Beulenpest jedoch verabschiedete sich.

Endlich gehörte auch Johannes Lang zum Kloster. Er absolvierte, wie Martin, eine zweimonatige Probezeit, bekannte sich im September zu seinem Entschluss, Mönch zu werden, und begann sein Noviziat, während Martin am 19. September schon zum Subdiakonus erhoben wurde. Die Mönche bereiteten sich im Herbst mit dem Konservieren von Lebensmitteln auf den Winter vor. Fische und Fleisch wurden getrocknet und in Salz eingelegt, Weißkohl, Gurken und rote Beete in Essig, Obst wurde gedörrt, Kräuter geerntet und zu Trockensträußen gebunden.

Im Klostergarten gab es Salbei, Weinraute, Beifuß, Kürbis, Fenchel, Liebstöckel, Kerbel, Mohn, Scharlei, Minze, Flöhkraut, Sellerie, Betonie, Leberklette, Katzenminze und Rettich. Jedes Kraut hatte nicht nur eine bestimmte Würze für Speisen zu bieten, sondern verfügte über Heilwirkungen, die in verschiedenen Büchern in der Klosterbücherei niedergeschrieben waren. Nüsse wurden geerntet, Walnüsse eingelegt, Wein gemacht.

Der Hühnerstall musste für die kalte Jahreszeit mit Holzbrettern verstärkt werden, damit die Hühner legefreudig blieben. Und so füllten sich die Vorratskammern. Für Martin hatten alle diese Tätigkeiten eine meditative Wirkung. Ganz Meister Eckhard entsprechend versuchte er, jede Arbeit konzentriert auszuführen und Freude daran zu finden. Seine Hände zu benutzen, war ein Ausgleich für die vielen Stunden, die er über Bücher gebeugt verbrachte. Wiederkehrende Handlungen und das Hantieren mit Pflanzen, Tieren und Lebensmitteln bildeten den Gegenpol zu den widerstreitenden Gedanken, zu den Diskussionen und Disputationen über komplexe, philosophische Themen und theoretische Konstrukte in der Universität.

Johannes war ihm ein guter Freund geworden, hatten die beiden Männer doch einen sehr ähnlichen Werdegang. Auch bereitete es Martin Spaß, wenn Lang ihm von den Menschen in der Stadt erzählte. Ging er mit ihm durch die Straßen Erfurts, so mussten sie alle paar Schritte anhalten und jemanden begrüßen. Bei den kurzen Gesprächen, deren Zeuge er dann werden durfte, erfuhr er die Nöte des kleinen Mannes: wo die Tür knarrte, die Stadt nicht für Ordnung sorgte, wer betrunken in die Gera gefallen war und vieles mehr. Johannes Lang war als echter Erfurter, der durch seine Universitätszugehörigkeit und nun als Augustinermönch zum einen an die Weisen und zum anderen an Gott angebunden war, sehr anerkannt. Und Martin als sein Freund, Vertrauter, Mitbruder und Universitätsangehöriger wurde durch ihn von den Erfurtern respektiert.

Am 19. Dezember wurde Martin Diakonus. Sämtliche Feiertage verbrachte er in diesem Winter innerhalb der Klostermauern. Er wollte sich prüfen, Gott suchen und ihn finden, die Bibel studieren. Die Eltern mussten sich noch etwas gedulden, bevor er bereit war, sie wieder zu besuchen.

Kapitel 19

1506/1507

KURZ VOR WEIHNACHTEN lag hoher Schnee, an den Scheiben bildeten sich Eiskristalle und die Schornsteine rauchten, damit die Leute es in Küche und Stube behaglich hatten. Das Vieh blieb meistens im Stall. Um diesen sauber zu halten, musste viel gemistet werden. Auch Anna und Frieda hatten unten gegenüber der kleinen Küche einen Raum, in welchem sie zwei Ziegen hielten. Sie sorgten für ein wenig Wärme im Eingangsbereich und für frische Ziegenmilch.

Anna und ihre Mutter schaufelten den Mist in ihre kleine Abfallgrube im Garten. Das Grundstück war zwar klein, die Grube dafür aber umso tiefer, und so würden sie ausreichend Dünger fürs Frühjahr haben. Neben der Grube lag der Hühnerstall. Die Tiere genossen es, wenn ein wenig frischer Mist nach draußen gebracht wurde. Er dampfte warm, bevor sich im Laufe des Tages eine Eisschicht darauf bildete.

Als Anna an einem Winterabend mit dicken Lederstiefeln, Wollstrümpfen, mehreren Lagen Stoff unter ihrem Rock und einem dicken Umhang mit Kapuze durch den Schnee stapfte, hatte sie das Mumenhaus zum Ziel. Der Schnee knirschte unter ihren Füßen, leise fielen ein paar Schneeflocken vom Himmel, und die ersten Sterne waren am dunkelblauen Abendhimmel zu sehen. Heute war Priester Nathin ihr Kunde. Sie hatte sich an ihn gewöhnt, er war unkompliziert. Sie lief am Franziskanerkloster, am Dominikanerkloster sowie an der Paulskirche vorbei, am Friedhof mit der Magdalenenkapelle und dann rechts am Haus des Waidhändlers Ludolf. Weiter ging es durch die Mettengasse und schräg über den Platz vor den Graden in die Halbe Monds Gasse. Ein Mönch in schwarzer Kutte kam ihr entgegen, offenbar lief er in Richtung Stadt. Sein Atem bildete eine kleine Dampfwolke vor seinem Gesicht.

Am Frauenhaus angekommen, drückte Anna die schwere, kalte Eisenklinke herunter und trat in den warmen Flur. Kunne war da und ging auf sie zu, wobei sie abwinkend mit der Hand wedelte.

»Grüß dich, Anna. Heute nicht hier. Pater Nathin möchte, dass du ins Priorat kommst. Ich habe einen Korb für dich. Er will, dass du dem Pförtner sagst, du würdest Medizin bringen und wärst bestellt. Behalte deine Kapuze auf und klopfe an die Klosterpforte, sag ›eine Lieferung für den Prior‹ und melde dich dann an der Tür des Priorats. Er wird dir öffnen.«

Anna war überrascht. »Wann hat er das gesagt?«

»Er war heute Mittag kurz hier, erklärte, er könne abends nicht weg.«

»Gut, dann mache ich mich auf den Weg«, sagte Anna, nahm den Korb und machte kehrt. Sie hatte sich gefreut, endlich das wärmende Haus erreicht zu haben, nun war es noch einmal mindestens eine Viertelstunde bis zum Kloster.

Der Himmel war jetzt schwarz, aber sternenklar. Sie fror, als sie erneut die Gassen der Stadt durchschritt. Sie lief durch die Schlösserstraße, bog rechts in eine kleine Gasse, die auf den Wenigemarkt führte, wo sie noch vor der Krämerbrücke rechts einbog, an der Furt durch die Gera vorbei in die Gotthardstraße lief, die Gotthardkirche rechts liegen ließ und geradeaus schon die hohen Mauern des Ordens sah, die noch schwärzer vor dem dunklen Himmel hervorstachen und sie erschaudern ließen. Schließlich erreichte sie die Klosterpforte, klopfte und wurde eingelassen.

Der Eingang zum Priorat lag gleich gegenüber der Klosterpforte. Der Prior öffnete selbst und überzeugte sich, dass niemand in der Nähe war, bevor er ihr die Kapuze zurückstreifte und sie in sein Schlafzimmer schob. Es war Schnarchen aus einem anderen Raum zu hören, auch leises Tuscheln und das Geraschel von Bettzeug. Durch einen Türspalt drang das Flackern eines Kaminfeuers herein.

»Das ist der beheizte Raum für unsere Brüder, die sich kränklich fühlen und der Kälte im Dormitorium durch ihre geschwächte Kondition nicht standhalten«, erklärte Pater Nathin, als er die Tür hinter sich geschlossen hatte. Das Priorat war ein eigenes Haus, das durch eine Seitentür mit dem daran anschließenden Klostergemäuer verbunden war. Das Dormitorium befand sich unter dem langen Dach, mittig zwischen den Zellen der Mönche an den beiden langen Seiten des Baus. Hier zog es, war eisig kalt im Winter und unerträglich heiß und stickig im Sommer. »Schön, dich zu sehen, Anna. Danke, dass du gekommen bist. Das hier ist also mein Reich.« Johannes Nathin drehte sich mit ausgestrecktem Arm im Halbkreis.

»Gemütlich«, sagte Anna und legte ihren Umhang ab. Sie passte ihr Verhalten ihrer Rolle an. Jetzt war sie hier, um Geld zu verdienen, nicht um zu plaudern. Ihre Kinder warteten, und sie hatte schon viel Zeit für den doppelten Weg vergeudet. »Wie immer?«, fragte sie mit einem aufgesetzten Lächeln.

»Ja, setz dich zu mir auf den Schoß. Ich möchte dich anfassen.«

Sie machte es sich auf seinen Schenkeln bequem. Er öffnete die Bänder ihres Hemdes und befühlte ihre Brüste mit der einen Hand. Mit der anderen Hand zog er ihren Mund auf seinen und schob seine kalte Zunge in den ihren. Anna verkrampfte sich. Küssen hatte sie bisher vermieden. Sie schob ihn zurück.

»Ohne Küssen. Tut mir leid!«, sagte sie bestimmt.

Nathin schaute leicht ärgerlich. »Das hat mir niemand gesagt, dass es Einschränkungen gibt. Ich dachte, der Kunde macht die Bedingungen.«

»Nein, die Bedingungen mache ich.« Anna lächelte wieder freundlich professionell. Sie wollte keinen Streit und brauchte die Einnahmen.

»Gut, dann wie immer«, sagte Nathin, öffnete seine Kutte, sodass sie sein Glied anfassen konnte, schloss die Augen, griff mit beiden Händen Annas Brüste und ließ sich von ihr befriedigen. Als er leise aufstöhnte, reichte sie ihm das Tuch, das neben ihm auf dem Bett lag, stand auf und knöpfte ihr Hemd zu.

»Lass mich dich noch etwas ansehen. Bitte zieh dich aus. Ich lege auch noch ein paar Taler drauf.«

Anna überlegte kurz und kam zu dem Schluss, dass das eben ziemlich schnell gegangen war und sie für das bevorstehende Weihnachtsfest ein paar Taler mehr durchaus gebrauchen konnte. Also entkleidete sie sich ganz, legte sich auf Nathins Bett und schaute ihn an.

Er war gerade dabei, sich neben sie zu setzen, um sie zu berühren und sich an ihrer Jugendlichkeit zu ergötzen, als es klopfte. »Prior? Prior Nathin, seid Ihr da?«

Anna erschrak. Sie stieß mit aufgerissenen Augen ein ängstliches »Oh je!« aus, sprang auf und griff nach ihren Kleidern. Sie hatte die Stimme des Anklopfenden erkannt.

In dem Moment stieß Martin die Tür auf, sah seinen Prior in geöffnetem Beinkleid und daneben seine nackte Anna, die sich notdürftig ihr Kleid vor den Körper hielt.

In Martin stieg Wut auf. Wut und Empörung über diese Entdeckung und gleichzeitig Zorn über die Unzucht der Mutter seiner Kinder. Er ballte die Fäuste und war im Begriff, dem Pater ins Gesicht zu schlagen.

Der hob beschwichtigend die Hände. »Beruhigt Euch, Bruder Martin. Ihr seid jung. Eines Tages werdet Ihr mich verstehen. Was fällt Euch außerdem ein, einfach so hineinzustürmen?«

Erst jetzt wurde Martin bewusst, dass der Prior natürlich nichts von seiner Beziehung zu der jungen Frau neben sich ahnen konnte und davon ausging, dass Martin wusste, dass der Verkehr mit Mumen geduldet war. Er schluckte, warf Anna einen abfälligen Blick zu, verließ den Raum und warf die Tür hinter sich zu.

Nathin zuckte mit den Schultern. »Manch einer hat sich hier nicht im Griff! Bruder Martin ist unser größter Bibelleser und Moralapostel. Aber lassen wir uns davon nicht den Spaß verderben. Machen wir da weiter, wo wir aufgehört haben?«

Anna stand der Schrecken noch ins Gesicht geschrieben. Die Situation war ihr mehr als peinlich, und die Tatsache, dass Martin sie in ihrer Rolle als Mume gesehen hatte, machte seine Rückkehr zu ihr noch unwahrscheinlicher, als sie es ohnehin schon gewesen war.

»Nein, ich muss gehen. Meine Kinder warten!«, presste sie hervor, zog sich eilig an, nahm den Samtbeutel mit dem Geld und ging.

Sie lief schneller als sonst, und Tränen rannen ihr übers Gesicht. Martin war endgültig Vergangenheit. Ihr leises

Weinen wurde zu einem lauten Schluchzen, das sich mit dem Geläut der Glocken zur neunten Stunde vermischte und mit ihnen wieder abebbte. Als sie die Grafengasse erreichte, wischte sie sich die verbliebenen Tränen entschlossen aus dem Gesicht, straffte die Schultern und schloss dann erst die Tür zu ihrem Häuschen auf.

Doch ihre Mutter sah sofort, dass etwas nicht stimmte.

»Es ist nichts. Ich gehe schlafen. Sind die Kinder im Bett?«, antwortete Anna ausweichend, als Frieda sie darauf ansprach.

»Ja, sie schlummern tief und fest«, lächelte ihr Mutter aufmunternd und schob nachdenklich hinterher: »Ich weiß nicht, ob das das Richtige für dich ist.«

Anna, die bereits auf halbem Weg die Treppe hinauf war, nahm den Samtbeutel und warf ihn Frieda zu, die ihn gekonnt auffing und staunend in der Handfläche wog.

»Es ist das Richtige, Mutter, glaub mir«, kommentierte Anna. Aber sie wusste, dass sie sich selbst belog.

Martin konnte den Vorfall nicht vergessen. Besonders die mangelnde Einsicht und fehlende Schuldanerkenntnis seines Priors machten ihn wütend. Er würdigte ihn fortan keines Blickes. Wenn Nathin vor den versammelten Mönchen etwas anordnete, kommentierte oder gar wagte, etwas zu kritisieren, lachte Martin nur leise verächtlich und schüttelte den Kopf. Der ein oder andere Mönch hatte diese respektlose Haltung bereits mitbekommen, sodass Nathin um seine Autorität fürchtete.

Doch Martin hatte sich ein neues Ziel gesetzt: Der Sache würde er auf den Grund gehen. Er war gespannt, wie tief der Sumpf war, den er würde trockenlegen müssen.

Beim nächsten Besuch Johann von Staupitz' bat er um Aussprache mit dem Generalvikar. Er erzählte, ohne ins

Detail zu gehen, dass es nicht anginge, wenn auf der einen Seite Enthaltsamkeit, Tugendhaftigkeit und Zölibat verlangt würden, auf der anderen Seite es aber ein offenes Geheimnis sei, dass Klosterbrüder zu Huren gingen und dass durch entsprechende Häuser und die Versorgung der Bälger genau das noch unterstützt, ja sogar toleriert werde. Eine Doppelzüngigkeit, wie man sie von der Schlange aus dem Paradies kenne! »Deshalb die notwendigen Reformen. Vielleicht auch eine Aufweichung der Ehelosigkeit ...«

Staupitz machte ein nachdenkliches Gesicht.

»Nirgends in der Bibel habe ich gefunden, dass Gott die Ehelosigkeit verlangt. Im Gegenteil! Unsere«, Martin pausierte, »Brüder«, hier schaute er nachdenklich, »die Juden, die in den Gesetzen Mose fester stehen als wir, setzen die Familiengründung an höchste Stelle. Auch für ihre Rabbiner.«

Staupitz nickte und sah Martin ins Gesicht. »Weiter so, Bruder Martin. Ihr gefallt mir. Das ist der Aufbruch, den wir brauchen. Der Mut zur Kritik und die Fähigkeit zur Ableitung aus der Heiligen Schrift. Bleibt dran an dem Thema und berichtet mir regelmäßig, zu welchen Schlüssen Ihr gelangt!«

Martin hatte den Auftrag verstanden und wurde sensibel für die Ausflüge seiner Klosterbrüder. So fand er heraus, dass mancher Beichtvater ein unschickliches Verhältnis zu seinem Schützling hatte. Bei einem Besuch des Magdalenenklosters auf dem Anger erfuhr er von einer Nonne, dass die Äbtissin mit dem Abt des Benediktinerklosters ein Verhältnis hatte. Ein junger Student, den er unterrichtete und mit dem er einmal das Thema des Zölibats erörterte, erzählte frank und frei über die Nöte der Mönche, die sich schon allein daran ablesen ließen, dass er als kleiner

Junge seinen Beichtvater mit körperlicher Liebe hatte trösten müssen.

Martin drehte sich bei diesen Berichten der Magen um. Er war nun auch schon seit fast zwei Jahren ohne Frau ausgekommen. Es ging, wenn man sich nur recht beschäftigt hielt. Aber ab und zu verspürte auch er diese natürlichen, von Gott dem Menschen gegebenen Bedürfnisse der doch recht fröhlichen Jahre zuvor, und er investierte noch mehr Zeit in das Bibelstudium, um für diesen Zwiespalt eine Antwort zu finden oder wenigstens eine Empfehlung von Jesus oder den Aposteln. Sicher, eine Frau und eine Familie konnten von der Suche nach Gott ablenken. Aber gaben sie nicht auch Sinn und beruhigten das lüsterne Gemüt? Er setzte sich daran, Bibelstellen zu markieren und herauszuschreiben, um dem Generalvikar eine Erörterung zusammenzustellen, die er ihm vielleicht nach seiner Primiz übergeben würde.

Kapitel 20

1507

Der 4. April 1507 war der Tag, an dem Martin, nun schon dreiundzwanzig Jahre alt, die Priesterweihe empfangen sollte, die im Dom in der Katharinenkapelle von Johann Bohnemilch von Laasphe vorgenommen wurde.

»Sagte ich Euch nicht vor ein paar Jahren auf Eurem Krankenlager, dass Gott Großes mit Euch vorhat?«, sprach er leise zu ihm und legte dem knienden Martin segnend die Hände auf den Kopf. Die Gloriosa läutete in tiefstem Ton, und ihre Schwingungen durchdrangen Martins Körper.

Seine Primiz fand am 2. Mai in der Augustinerkirche statt. Martin las seine erste Messe. Die Primiz war ein großer Ehrentag. Seinem Beichtvater, Johannes Braun, der heute als Stiftsvikar der Augustinerchorherren unter den Gästen war, flüsterte er vor der Zeremonie auf dem Weg in die Kirche zu: »Ein geweihter Pfaffe ist gegen andere getaufte Christen wie der Morgenstern gegen einen glimmenden Docht.« Sie lachten.

Sein Vater, den die Sehnsucht plagte und der sich mit der Entwicklung des Sohnes abgefunden hatte, ließ sich nun nicht lumpen. Er kam mit zwanzig Reitern zu dieser Festlichkeit.

Bevor Martin nach vorne zum Altar treten musste und den Gottesdienst zum ersten Mal als Priester übernehmen sollte, saß er in der Sitznische rechts des Altars und fragte sich voller Selbstzweifel, ob er es wirklich wert sei, Priester zu sein. Aber sein Pflichtgefühl ließ ihn sich automatisch erheben, als Johann von Staupitz ihn nach vorne bat. Sein erster Gottesdienst verlief überaus erfolgreich.

Hans Ludher schenkte dem Kloster die stattliche Summe von zwanzig Gulden. Anschließend gab es ein großes Festessen, an dem auch der Vater teilnahm. Martin fragte ihn vor aller Ohren: »Warum habt Ihr Euch so hart dagegengestellt und wart so zornig, dass Ihr mich nicht gerne einen Mönch werden lassen wolltet und es auch vielleicht jetzt nicht allzu gerne seht? Ist ein Mönch doch ein fein göttlich Wesen.« Er schaute Zustimmung heischend in die Runde.

Da erinnerte ihn Hans an das vierte Gebot und erwiderte freimütig vor allen Mönchen, Magistern und Doktoren: »Ihr Gelehrten, habt Ihr nicht gelesen in der Schrift, dass man Vater und Mutter ehren soll?«

Alle nickten lachend. Ab da siezte er seinen Sohn wieder voller Stolz, den er seit dem Mönchsgelübde nur geduzt hatte. Er erkannte, dass auch die Theologie zu Ruhm und guter Gesellschaft führte.

Am selben Abend, nachdem alle Besucher abgereist waren, setzte sich Martin abermals in die Nische und betrachtete die Glasfenster. Dort entdeckte er das Bild für sein Petschaft, sein Zeichen. Unten in den Fenstern des Klosters links hinter dem Altar. Seine Fantasie führte ihn zu folgendem Gedankenspiel: Das Erste sollte ein Kreuz sein, schwarz in einem Herz, das seine natürliche Farbe hat, damit ich mich selbst erinnere, dass der Glaube an den Gekreuzigten uns selig macht. Denn wenn man von

Herzen glaubt, wird man gerecht. Obwohl es nun ein schwarzes Kreuz ist, tötet und auch wehtun soll, lässt es doch das Herz in seiner Farbe, verdirbt die Natur nicht, das ist, es tötet nicht, sondern erhält lebendig. Denn der Gerechte wird durch den Glauben leben, aber durch den Glauben an den Gekreuzigten. Solch Herz aber soll mitten in einer weißen Rose stehen, um anzuzeigen, dass der Glaube Freude, Trost und Frieden gibt, und kurzum in eine weiße Rose gesetzt sein, weil er nicht wie die Welt Friede und Freude gibt. Darum soll die Rose weiß und nicht rot sein; denn die weiße Farbe ist der Geister und aller Engel Farbe. Diese Rose steht in einem himmelfarbenen Feld, weil solche Freude im Geist und im Glauben ist ein Anfang der himmlischen Freude, die zukünftig aber jetzt durchaus schon darin ergriffen und durch Hoffnung erfasst, aber noch nicht offenbar ist. Und um solch Feld einen goldenen Ring, weil solche Seligkeit im Himmel ewig währt und kein Ende hat und auch köstlich über alle Freude und Güter – wie das Gold das höchste, köstlichste Erz – ist.

Ein Klosterbruder betrat die Kirche von Westen und beendete Martins Träumerei. Er freute sich über seine Idee und nahm sich vor, sich an die Glasmalerei der weißen Blüte mit rotem Kreis zu erinnern, wenn er aufgefordert würde, sich ein eigenes Wappen zu entwerfen.

Er blieb weiterhin Teil der Universität, und so war er anwesend, als im Mai Eobanus Hessus dem Bischof von Laasphe als seinem Gönner seine bisher umfangreichste Dichtung, 600 Hexameter lang, widmete. Da Martin ein gutes Verhältnis zu seinem Weihbischof hatte, freute es ihn, als Hessus seine Lobpreisung bei einer Feierlichkeit vortrug. Er stand vor dem Altar der Michaeliskirche und leitete seinen Vortrag mit folgender Titulierung ein: »Lob und Preis der berühmten und in ganz Deutschland höchst gefeierten Universität zu Erfurt zum Anlass der Intitulierung der neuen Studenten zum Sommersemester.«

So trat er vor die Studenten, Professoren und anderen Besucher und begann: »Erfurt möge es verzeihen, dass ich erst im dritten Sommer meines Aufenthaltes die Universität besinge.« Dann folgten die übermäßigen Lobsprüche, in Vergleichen und Mythen, Rom und Athen samt deren Götter- und Sagenwelt schwelgerisch einbeziehend. Von den vier Fakultäten der Hochschule rühmte er die Vertreter, Theologieprofessoren, Philosophen – welchen auch die Pflege der Sprachen, der Poesie und Rhetorik oblag – und die Juristen erschöpfend.

Eobanus machte zwischen den Scholastikern und Humanisten keinerlei wertenden Unterschied. Nur die Medizin, welche zu Erfurt stark vernachlässigt war, erschien ihm nicht erwähnenswert. Seine Angst und letztlich Flucht vor der Pest hatte in seinen Augen gezeigt, dass die Medizin zu nicht viel nutze war. Statt ihrer erhielt die Freundlichkeit der Stadt Erfurt, welche auch den armen Studenten fördere, ein besonderes Lob. Um hier ein Beispiel zu nennen und seinem unmittelbaren Helfer zu schmeicheln, kehrte er zu der glänzenden Stellung des Domherrn und Titularbischofs aus Laasphe zurück, dem das Gedicht gewidmet wäre. Nicht lange darauf erhielt er die Rektoratsstelle von St. Severi. Martin freute sich über seinen klugen Schüler. Er mochte Hessus und gönnte es ihm.

Nach seiner Primiz war Martin noch gewissenhafter in der Ausübung aller Klosterregeln, doch der Schmerz in seiner Seele stieg, und er wurde immer ruheloser. Sein Freund Johannes sah es ihm an und fragte nach dem Essen im Refektorium: »Martin, bedrückt dich der Tod von Alexis nach all den Jahren noch so sehr? Er war wirklich ein netter Kerl. Aber du hast keine Schuld!«

»Das ist es nicht, Johannes. Du weißt von Anna, die ich mit zwei Kindern sitzen ließ. Du weißt von Hieronymus, dem die ganze Welt offenstand. Er war ein hervorragender Student. Wieso musste unser Spaß so unglücklich ausgehen?«

»Er hat dich aufgefordert, dich mit ihm zu duellieren.«

»Mein Vater hat seine Erwartungen, die mir eine Last sind …«

»So sind Eltern nun einmal«, wusste Johannes auch hier einen Trost.

»Und die vielen Toten durch die Pest … Ich frage mich, was ist ein Leben wert? Wie kann man ihm Bedeutung geben, sodass die Mühen nicht umsonst sind? Kann man seine Lebenslänge beeinflussen, indem man vor Gott alles richtig macht?«

»Das sind Fragen, die ich dir auch nicht beantworten kann. Das Leben scheint manchmal sehr ungerecht zu sein. Jedoch bin ich mir sicher, dass es nicht dazu da ist, um Trübsal zu blasen und untätig mit dem eigenen Schicksal zu hadern. Wir werden heute an allen Gebeten teilnehmen und uns ablenken. Bitten wir Gott, uns seinen Willen und seine Aufgabe für uns zu zeigen!«

»Ja, lass uns dafür beten!«

Sie gingen in die leere Kirche und knieten sich vor das Jesuskreuz. »Herr, ich will diesen Tag zu dem Zwecke verwenden, wozu Du mir ihn gegeben hast. Ich will Dir dienen, ich will meine Pflichten treu erfüllen und nichts unterlassen, was ich als Deinen Willen erkennen werde. Ich will nicht sündigen, das ist mein entschiedener Vorsatz, ich will arbeiten und beten und mir heute meine Verdienste vermehren.«

»Amen«, sprachen sie beide laut im Chor.

»Das war ein gutes Gebet, Martin!«

»Ja, jetzt geht es mir schon besser.« Er lächelte. Beide schlossen sie sich schweigend der Prozession im Kreuzgang an.

Bei einem weiteren Besuch des Generalvikars Doktor Johann von Staupitz fasste Martin sich ein Herz und erzählte ihm, was ihn bedrückte. »Nun bin ich schon so lange hier, und doch quält mich noch immer mein schlechtes Gewissen.«

Von Staupitz antwortete ihm ernst und tröstlich zugleich: »Gewöhnt Euch daran, dass Christus der wahrhaftige Heiland ist und Ihr ein wirklicher Sünder seid. Gott spielt kein Schattenspiel und scherzt nicht, da er seinen Sohn für uns dahingegeben hat.«

Diese Worte taten Martin gut. Es lag quasi in der Natur des Menschen, fehlerhaft zu sein. Gott wusste es und hatte deshalb seinen Sohn auf die Erde geschickt. Wenn jemand wie von Staupitz das sagte, dann hatte es Gewicht. Martin war beruhigt und ging zum Gebet in seine Zelle.

Als er ihn wenig später im Refektorium wieder traf, bedankte er sich bei ihm für seine Worte. »Durch Euch ist mir zum ersten Mal das Licht des Evangeliums aus der Dunkelheit in meinem Herzen aufgegangen. Ich finde nun Trost und Führung im Spruch Römer 1,17: ›Der Gerechte wird seines Glaubens leben.‹«

Staupitz nickte zufrieden. »Es liegt viel Kraft in Euch, Martin. Ihr seid ein ernstlich nach Erkenntnis Strebender – geboren, auch andere zur Wahrheit zu führen.« Nach einer kurzen Denkpause fügte er hinzu: »Ich werde Euch an die neue Wittenberger Universität abordnen, um dort Vorlesungen aus der Heiligen Schrift zu halten.«

Mit dieser Anerkennung und der Aussicht auf seine neue Aufgabe stürzte sich Martin in die Vorbereitungen. Die neue Herausforderung verhalf ihm zu besserer Stimmung.

Kapitel 21

1508

IN DIESEM JAHR machten die Herzöge von Sachsen mit dem Bürgermeister zu Erfurt, Heinrich Kellner, einen Handel. Sie kauften ihm das Schloss Kapellendorf für achtzigtausend Gulden ab, was in Erfurt für große Empörung bei den Universitätsprofessoren und Patriziern sorgte. Kellner war zwar Obervierherr und hatte die Entscheidungsgewalt. Vielleicht hatte er es auch in seinem Vierherrenrat abgesprochen. Dennoch war es eine Entscheidung, die dazu führte, dass Erfurt dem Ziel, einmal freie Reichsstadt zu werden und sich von Mainz zu lösen, dank des Verkaufs eines großen Gebietes alles andere als näher kam. Dem Rat der Stadt und besonders seinem obersten Amtsträger Heinrich stand das Wasser bis zum Hals. Die vielen Pestopfer führten dazu, dass es an Bäckern, Metzgern, Zimmermännern und anderen Handwerkern fehlte. Alles wurde teurer. Leichenbekleidung wurde zu Wucherpreisen feilgeboten. Totengräber forderten hohe Löhne wie noch nie. Quacksalber verdienten sich eine goldene Nase. Aber vor allem musste der Rat den Plünderungen und der Aneignung fremden Eigentums Herr werden.

Der Ankündigung des Generalvikars folgte schon im Sommer die Einladung, nach Wittenberg zu kommen. Mit den steigenden Temperaturen, den blühenden Gärten und den langen sonnigen Tagen genoss Martin sein Leben in vollen Zügen. Er sonnte sich nicht nur in den Sonnenstrahlen, sondern auch in der Anerkennung, die er sowohl an der Erfurter Universität als auch innerhalb seines Ordens erlangt hatte. Es war den anderen Brüdern nicht entgangen, dass der Generalvikar große Stücke auf den jungen Priester hielt.

Martin freute sich auf seine neue Aufgabe und auf die kleine Stadt, in der er Studienkollegen und Professoren aus Erfurt treffen würde und in der er allein deshalb schon einen Startvorteil hatte, da ihm aufgrund seiner Verbindungen und seiner Lehr- und Studienzeit an der berühmten Erfurter Alma Mater eine hohe Kompetenz zugeschrieben wurde.

Wittenberg bestand fast nur aus einer breiten Straße, an deren beiden Seiten sich die wichtigsten Häuser aneinanderreihten, angefangen bei der Schlosskirche über die Malerwerkstatt des Lucas Cranach bis hin zur Universität und zum Augustinerkloster. Außerdem hatte Wittenberg einen großen Marktplatz mit einem beeindruckenden Rathausgebäude, in dem sich auch das Gefängnis befand, und die Stadtkirche, in der er predigen sollte.

Martins Gastvorlesungen in der Wittenberger Universität zu verschiedenen Themen wurden gut angenommen, sodass Johann von Staupitz ihn zum Wintersemester nach Wittenberg schickte, um sein in Erfurt begonnenes Theologiestudium an der neuen Universität ganz in der Nähe des reformfreudigen Kurfürsten Friedrichs des Weisen fortzusetzen.

Der Schutz des Kurfürsten verhinderte den direkten Zugriff der Kirche auf die Universität, sodass sie sich von alten Traditionen lösen und neue Gedanken aufnehmen konnte. Friedrich der Weise wollte Theologen, Juristen und Ärzte ausbilden, die in der Lage waren, eine moderne Herrschaft in Verwaltung und Gesellschaft zu gestalten. Von Staupitz unterstützte ihn bei diesem Vorhaben. Martins Antrieb, etwas zu bewegen, war groß, denn hier waren neue Gedanken willkommen, und er hatte freie Hand.

Er staunte über die Reliquiensammlung in der Schlosskirche, das Wittenberger Heiltum. Schon nach wenigen Tagen wurde er dem Bürgermeister und Hofmaler Lucas Cranach vorgestellt, von dessen Persönlichkeit er sehr beeindruckt war. Ein verbindlicher Mann mit unglaublichem Geschäftssinn und Organisationstalent, wenn man bedachte, wie er seine Malerwerkstatt mit den vielen Künstlern überblickte, die eine große Zahl an Auftragsmalereien fertigstellten.

Aber sonst hielt die Stadt einem Vergleich mit Erfurt in keiner Weise stand. Abgesehen von einigen Steinhäusern weniger Bürger und der Kirchen entlang der großen Straße wohnten die rund zweitausend Menschen um den Ortskern herum in Lehmhütten mit Strohdächern. Auch gab es nur kleinere Handwerkshäuser ohne Hinterhöfe.

»Die Wittenberger leben am Rande der Zivilisation; wenn sie sich noch weiter angesiedelt hätten, wären sie mitten in die Barbarei gekommen«, schrieb Martin Johannes Lang, als er sein Wintersemester am Samstag vor dem Lukasfest am 18. Oktober begann.

In seinen Vorlesungen fing er an, alle Spreu der menschengemachten Satzungen und Auslegungen vom Mark des Weizens zu trennen und den Studenten den innersten Ewigkeitsgehalt der Bibel darzulegen, den zeitlosen Wahrheitsgehalt.

»So halten wir es für erwiesen, dass der Mensch gerecht werde ohne des Gesetzes Werke. Seht dazu Römer 3, 28. Sola fide! Allein durch den Glauben an Gott und seinen Sohn finden wir Gerechtigkeit. Das zweite, was ich Euch bitte aufzuschlagen: Epheser 2,8–10., Gottes Gabe ist es, nicht die Werke, damit sich nicht jemand rühme. Denn wir sind sein Werk, geschaffen in Christus Jesus zu guten Werken, die Gott zuvor bereitet hat, dass wir darin wandeln sollen.‹ Sola gratia! Allein aus Gnade nimmt Gott uns an, da wir ihm nie gerecht werden können. Sola scriptura! Allein die Schrift lässt uns ein rechtes Leben führen. Gottes Wort ist seine Offenbarungsquelle. Seine Botschaft kommt von außen zu uns durch die Schrift, nicht aus uns selbst. Und schließlich: Solus Christus! Allein Jesus Christus. Die Bibel muss von Christus von der Mitte der Bibel ausgelegt werden. Er wurde Mensch und nimmt am Kreuz unsere Schuld auf sich, er führt uns zu neuem Leben. Befreit Euch von der Dogmatik, den eingestaubten Ritualen und menschengemachten Vorschriften der alten Kirchenlehre, beherzigt diese vier Grundpfeiler und bildet Euch selbst ein Urteil!«

Seine Zuhörer saßen mit großen Augen, teilweise offenen Mündern vor ihm und hingen an seinen Lippen. Sogar Professoren setzten sich lernend zu seinen Füßen, blätterten in ihren Bibeln und schrieben mit. Der Rektor der Universität gab Staupitz die Rückmeldung: »Der Mönch wird alle Doktoren irremachen und eine neue Lehre aufbringen und die ganze römische Kirche reformieren, denn er legt sich auf der Propheten und Apostel Schriften und steht auf Jesu Christi Wort.«

Staupitz war begeistert und bat Martin um weitere Vorträge: »Sosehr Ihr es auch ablehnt, Ihr müsst auch in der alten hölzernen Klosterkapelle sowie bei zunehmender

Zuhörerschar in des Rats Auftrag in der Pfarrkirche predigen.«

Martin merkte, wie es ihm in Wittenberg besser ging. Hier wusste niemand von seinem Unglück und seiner Fehlbarkeit während seiner Zeit in Erfurt. Die Stadt war kleiner und übersichtlicher. Entsprechend ruhiger ging es zu, sodass sich seine Nerven von den teilweise erschütternden Bildern der Pest und der Begegnung mit der menschlichen Endlichkeit erholten. Hier hatte er einen Auftrag, der seinem Leben Sinn gab.

Bereits im März 1509, zum Semesterende, erlangte Martin den Titel des Bakkalaureus Biblicus.

Kapitel 22

1509

MARTIN KEHRTE DENNOCH nach Erfurt zurück. Für seine eigene Größe, seine Ausstrahlung, seine Vorbildwirkung und Überzeugungskraft in Wittenberg benötigte er die Verbindung zu der berühmten Universität und den Austausch mit seinen alten Kollegen dort. »Die Alma Mater ist meine Mutter, der ich alles zu verdanken habe«, pflegte er zu sagen. Als er an der Universität wieder auf seine Freunde und Kollegen traf, erfuhr er, dass der Stadtrat von Erfurt seine Zahlungsunfähigkeit hatte eingestehen müssen und erste Tumulte im Volk ausbrachen.

»Die Bürgerschaft erfuhr davon, und so wuchs ihr Groll gegen den miteinander versippten Rat und insbesondere gegen den alten Heinrich Kellner, der den Vormunden jegliches Mitspracherecht der Gemeinde versagte und erregt erklärte: ›Hier steht die Gemeinde.‹ Dabei zeigte er auf sich selbst«, berichtete ihm Jodokus Trutvetter, der als Jurist in den Streit eingebunden war. Er freute sich, gemeinsam mit Martin wieder in der Stadt zu sein und sich mit ihm auszutauschen.

»Die Viertel haben bereits Leute ihres Vertrauens gewählt, die Rechenschaft über die städtischen Schulden, den militärischen Oberbefehl und Versammlungsfreiheit verlangen. Es sind allesamt reiche Waidhändler und Handwerksmeister, die nun den Finanzruin nutzen wollen, um sich auf den Stühlen der Macht zu platzieren.«

»Eine ungute Stimmung. Mainz versucht, uns Professoren im Sinne des Erzbistums zu beeinflussen.«

»In Wittenberg geht es fortschrittlicher zu als an unserer renommierten Universität!«, stellte Martin fest.

Jodokus stimmte ihm zu: »Ja, leider. Der vielversprechende Jurist aus Arnstadt, Henning Göde, verlässt die Stadt wegen eines Streits mit dem Stadtrat. Er hat die Sache der Bürger vertreten und die Rechenschaftspflicht des Rates dargelegt. Das war's. Unsere Universität wird zum Spielball von Mainz und dem Stadtrat. Aber kommen wir zur Theologie. Was macht Wittenberg so fortschrittlich? Welche Lehre vertretet Ihr, Martin?«

»Nun, der Kurfürst ist sehr gut zu mir. Fragt mich um meine Meinung, die ich ihm mit der Bibel beantworte. Und tatsächlich widerspricht das in vielem der Lehre der Kirche, die sich doch eigentlich auf das heilige Buch stützen sollte.«

Trutvetter nickte nachdenklich. »Ihr gehört eben auch zu den Jungen, Martin. Nichts bleibt, wie es ist. Vielleicht ist das ganz gut so.« Trutvetter hob die Hand zum Gruß und ging. Er musste eine Vorlesung halten.

Kapitel 23

1510

ANNA LIEF MARTIN mit den beiden Kindern hin und wieder über den Weg. Seit der Bruch zwar unausgesprochen, aber unweigerlich stattgefunden hatte, war es die Absichtslosigkeit, die beide wieder freier umhergehen ließ. Martin nahm wahr, dass die Kinder ihm ähnelten. Aber wenn er sie sah, wechselte er die Straßenseite und vermied jeden Blickkontakt. Er wollte nicht mehr mit Anna sprechen. Zu widerwärtig war ihm der Anblick seiner unbekleideten Ehemaligen an der Seite des Priors gewesen. Es schüttelte ihn immer noch bei dem Gedanken. Und umgekehrt wusste Anna, dass sie nichts von ihm zu erwarten hatte.

Der Sommer war in diesem Jahr so heiß, dass die Bäche teilweise ausgetrocknet waren und die Seen einen niedrigen Wasserstand hatten. Der Protest der Bürger wegen der hohen Verschuldung des Rates ohne Gemeindezustimmung und insbesondere über den Verkauf des Schlosses Kapellendorf nahm weiter zu. Herzog Friedrich Kurfürst zu Sachsen und Uriel Bischof zu Mainz hätten darüber einen Krieg begonnen, wenn nicht Bischof Laurentium zu Würzburg den Zwiespalt geschlichtet hätte.

Die Aufrührer, allen voran Lorenz Winterkorn, Hans der Goldschmied mit dem Barte, Sebastian Mahler, Andreas Heldener der Jüngere, Kaspar Degenhart und der junge Bachman, waren vor den Rat bestellt worden. Sie wurden vernommen, stellvertretend für die Bürger und Handwerker, die sich gegen die Patrizier und Ratsleute zusammengeschlossen und Feuer gelegt hatten, um die Ratsherren aus ihren Häusern zu holen. Die waren aber glimpflich davongekommen, da die Türmer rechtzeitig Alarm geblasen hatten und die Rotten zum Löschen herbeigeeilt waren.

Viele der Ratsherren traten aus dem Rat aus, weil sie Angst bekommen hatten, als nach dem Sturm aufs Rathaus Heinrich Kellner verfolgt worden war. Der hatte sich in der Vitikirche an der Langen Brücke versteckt. Zu den Räten gehörten Hans Kranichfeld, Adolarius Zieger zum Greiffen, Kurt Kellner zum güldenen Rade, Heinrich Gleneberg zum gelben Löwen in der Johannisstraße, Christoff Utzberg zum Pflocken, Siegfried Ziegler zum Lerchen, Georg Denstadt, und wie sie alle hießen. Es waren an die vierzig, die sich zurückzogen. Am St.-Petri-und-Pauli-Abend, dem 28. Juni, wurde Kellner zum Galgen ostwärts der Stadt auf den Rabenhügel gebracht und gehängt.

Es fand sich kein Scharfrichter, und so tat es einer seiner Verwandten, Andreas Kellner, der unglücklicherweise ein unerfahrener Meister war. Es fanden sich auch keine Helfer für dieses grauenhafte Unterfangen. Etliche Male ließ er den Delinquenten fallen, weil er ihm zu schwer war, und letztlich wurde Kellner schlimm gemartert hingerichtet. Sein Körper schaukelte leblos einige Tage am Galgen, bis die Fliegen in so großer Zahl um ihn herumschwirrten und er bestialisch zu stinken begann, dass sein Neffe ihn abnahm und ohne Priester zu Grabe trug.

In ihrem Zwiespalt suchten die Ratsherren Zuflucht bei den Herzögen von Sachsen.

Die Gemeinde aber wandte sich an den Erzbischof zu Mainz, zu welchem sie am 14. Juli, am Sonnabend nach Margareten, sechs Gesandte schickte. Am 16. Juli beschloss der Rat, die bösen Buben einzusperren.

Nach Allerheiligen wurde dann ein neuer Rat gewählt, zumeist Zugezogene, während andere ehemalige Ratsleute peinlich befragt und wieder losgelassen wurden. Sie mussten geloben, niemals etwas aus der Stadtkasse zu entwenden.

Frieda verlor gezwungenermaßen ihre Arbeit als Magd. Sie empfing nun tagsüber in ihrem Haus in der Grafengasse einen Pfaffen, um den Einnahmeverlust auszugleichen.

»Was soll das, Mutter? Wieso in unserem Haus? Hier wohnen die Kinder!«, stellte Anna sie zur Rede.

»Ich muss Geld verdienen. Was bleibt mir anderes übrig? Kunne öffnet erst am Abend, und natürlich fallen bei ihr Abgaben an, die ich hier nicht habe.«

»Vielleicht sucht jemand anderes eine Magd?«, schlug Anna mit ärgerlicher Miene vor.

»Ich bin des Versteckspielens und Verkleidens überdrüssig. Weißt du eigentlich, wie schwer es war, meine Zweitbeschäftigung vor Kellner zu verbergen? Als ich als Zeugin vor den Rat bestellt wurde, dachte ich da schon, nun wäre es um meine Stelle geschehen. Aber es war noch mal gut gegangen. Und nun bin ich doch meine Arbeit los und muss mich in unserem Haus anbieten.« Frieda wusste keine andere Lösung. Beide schwiegen betreten und verschoben eine Entscheidung auf unbestimmte Zeit. Anna sagte nur: »Sobald die Kinder etwas mitbekommen, muss es aufhören!«

Natürlich dauerte es nicht lange, und die Nachbarn bemerkten, dass ungewöhnlicher Besuch in das Haus der beiden Frauen kam. Jemand musste sie angezeigt haben, denn Frieda wurde nach nur ein paar Wochen ins Rathaus bestellt.

»Wir wissen, dass Ihr Euch im Mumenhaus als Pfaffenhure verdingt. Nun ist uns zu Ohren gekommen, dass Ihr den Ort Eurer Arbeit in Euer Privathaus verlegt habt. Mitten in der Stadt, neben ehrbaren Nachbarn.«

Frieda schaute auf ihre vor dem Bauch gefalteten Hände und atmete tief durch. Sie zwang sich, zu schweigen. Widerworte waren gefährlich.

»Ihr zahlt eine Geldstrafe und geht für einige Wochen ins Verlies, damit Ihr Euch merkt, wo die Grenzen sind.«

Frieda sah erschrocken auf. Ins Verlies? Das war unmöglich! Sie musste Anna unterstützen. Außerdem war das Paradies, wie man das Gefängnis im Rathaus nannte, ein feuchter, von Ratten heimgesuchter Keller, in dem sich schon einige eine Lungenentzündung geholt hatten, von der sie nicht wieder genesen waren. Ihr Herz pochte. Sollte sie es wagen, ihr Wort zu erheben?

»Es tut mir leid«, traute sie sich schließlich zu sagen. »Ich erkenne meinen Fehler. Bitte erlaubt mir, erst mit meiner Tochter zu sprechen, die ohne mich mit ihren zwei Kindern verloren wäre. Auch bitte ich Euch, meine Strafe nicht sofort antreten zu müssen. Es wird etwas brauchen, bis wir jemanden zur Unterstützung gefunden und uns auf meine Abwesenheit zu Hause vorbereitet haben.«

Es wurde ihr gewährt. In Begleitung einer Wache durfte sie nach Hause gehen, um Anna über die Vorkommnisse zu unterrichten und Vorbereitungen zu treffen.

Anna wandte sich flehend an den Wachmann, als sie die Fußschelle sah, die ihre Mutter von einer Flucht abhalten sollten: »Bitte richtet im Rathaus aus, dass ich mehr Geld bringen werde als die geforderte Strafe, um meine Mutter freizukaufen.«

Der Wachmann schaute mitleidig. »Ihr könnt es versuchen. Wahrscheinlich hat es wenig Sinn.«

Annas Kinder versteckten sich verängstigt hinter ihrer Mutter.

Als der Wachmann gegangen war und Frieda sich niedergeschlagen an den Küchentisch setzte, lief Anna zu der Kräuterfrau. Sie war des Schreibens mächtig, und so verfassten sie gemeinsam eine Notiz an Martin, die Anna zum Augustinerkloster brachte, damit es von dort nach Wittenberg gesandt würde, wo sich Martin erneut zu Vorlesungen aufhielt.

»Lieber Martin, ich weiß, du willst nichts mehr mit mir zu tun haben. Wenn du aber so ein Mann Gottes bist, dann denkst du zumindest an unsere Kinder. Wir können unsere Miete nicht mehr zahlen, weil meine Mutter eine hohe Strafe zahlen soll und ins Gefängnis muss. Ich selber kann die Miete alleine nicht aufbringen. Du musst uns helfen, kennst du doch viele einflussreiche Leute in der Stadt.«
Der Brief verließ Erfurt schon am nächsten Tag per Pferdeboten und kam zwei Tage später bei Martin an.

Martin sah sich um. Er wollte sichergehen, dass ihm niemand über die Schulter schaute. Er las den Brief erneut. Wer hatte Anna geholfen, ihn zu schreiben? Hoffentlich war sie nicht wieder in die Universität gegangen.

Er steckte das Schreiben unter seine Kutte. Als er Trutvetter, der sich derzeit ebenfalls in Wittenberg aufhielt, vor dem Rathaus traf, bat er ihn um Intervention nach seiner Rückreise, um Anna zu schützen und auch, damit er Ruhe vor ihr hatte.

»Martin, ich schätze Euch, und ich habe Euch schon einmal in privater Angelegenheit geholfen. Es ist dieses das letzte Mal, denn mein Ruf steht auf dem Spiel. Mit welcher Begründung setze ich mich derart für Lappalien ein?«

»Ich danke Euch, lieber Freund. Uns beide eint die Liebe zu Justicia. Gerechtigkeit ist süß wie Honig. Die alte Frau, deren Sache ihr Euch annahmt, war keine Hexe, und die fast unbescholtene Frieda Kellermann hätte ihre Lebensgrundlage bei dem übertriebenen Strafmaß verloren.«

»Ja, ist schon gut«, lächelte Jodokus Martin väterlich an.

Trutvetter überwand sich aufs Äußerste, indem er nach seiner Rückkunft in Erfurt eines Abends an die Tür in der Grafengasse klopfte.

Anna öffnete ihm und fragte verwundert: »Schickt Euch die Kunne?«

»Nein, Trutvetter mein Name, Rechtsgelehrter. Ich wurde von einem Freund gebeten, mich Eurer Angelegenheit mit dem Rat anzunehmen.«

Anna verstand, dass der unerwartete Besuch mit ihrem Brief zusammenhängen musste, und bat ihn herein. »Meine Mutter wurde vor zwei Tagen abgeholt. Sie sitzt im Gefängnis«, informierte sie ihren Retter.

»Ich werde den Rat informieren, dass Ihr mich um Eure Vertretung gebeten habt. Und dann werde ich darlegen, dass Ihr nicht in der Lage seid, eine große Summe zu zahlen. Im Gegenzug zu einem milderen Urteil verpflichtet sich Eure Mutter, künftig einer anderen Tätigkeit nachzugehen. Versteht Ihr mich?«

Anna nickte, noch immer sprachlos. Sie lächelte nur und war Martin dankbar.

Als ihre Mutter kurz darauf aus der Zelle herausgeholt und vor den Rat gestellt wurde, eröffnete dieser ihr, dass ihre Anklage fallen gelassen worden sei.

Überrascht und überglücklich rannte Frieda nach Hause und fiel ihrer Tochter in die Arme, als diese öffnete.

»Anna, ich weiß nicht, warum, aber das Urteil wurde zurückgenommen!«, rief sie, immer noch ungläubig.

Anna lächelte und führte Frieda an den Küchentisch. »Setz dich, Mutter. Ich mache dir eine heiße Milch und ein warmes Bad. Du siehst nicht gut aus! Wie ist es dir ergangen?«

Frieda unterdrückte ein Husten. »Es geht. Zum Glück waren es nur drei Nächte. Aber es war feucht und kalt, und hätte ich noch länger dort ausharren müssen, so wäre ich sicher krank geworden. Welch Gnade Gottes, dass ich gehen durfte!«

Anna räusperte sich. »Ich kenne jemanden von der Universität. Er hat mir geholfen, dich aus dem Kerker zu befreien – im Gegenzug darfst du nie wieder unanständigen Beschäftigungen in unserem Haus nachgehen.«

»Danke, dass du das für mich getan hast, Kind. Es wird dich sicher einiges an Überwindung gekostet haben … Und es ist recht, ich werde keine Männer mehr bei uns zu Hause empfangen. Aber wir müssen mit Kunne sprechen, damit wir mehr bei ihr arbeiten können. Wir brauchen das Geld.«

Anna nickte seufzend und beschloss im selben Moment, Judith zur Rede zu stellen. Es musste wieder die Schneiderin gewesen sein, die Frieda beim Rat angeschwärzt hatte.

Sie teilte ihrer Mutter mit, dass sie noch etwas Wichtiges zu erledigen habe, aber gleich wieder zurück sei, und verließ eilig das Haus. Als sie ihre Schritte in Richtung des Nachbarhauses lenken wollte, sah sie zwei Wachleute davorstehen und stoppte abrupt. Der eine Wachmann malte gerade ein rotes Kreuz auf Judiths Tür, während der andere den Totenwagen heranwinkte. Anna erstarrte. So nah war der Schwarze Tod schon gekommen! Gut, dass sie in der letzten Zeit keinen Kontakt mehr zu Judith gehabt hatten, dachte sie und bekreuzigte sich. Mit gesenktem Kopf ging sie ins Haus zurück. Die Schneiderin war nicht immer so hinterhältig gewesen wie zuletzt. Anna erinnerte sich, wie sie ihr in den wichtigen Stunden ihrer beiden Niederkünfte geholfen hatte. »Ich vergebe dir, Judith«, murmelte sie, bevor sie sich zurück an den Tisch zu Frieda setzte und ihr berichtete, was sie soeben beobachtet hatte.

»Ich habe den Rat in Eurer Angelegenheit umstimmen können, dafür müsst Ihr abermals nach Wittenberg und einen Professor als Lektor für Philosophie vertreten.« Trutvetter schaute Martin triumphierend an, als sie sich in der Nähe des Domes auf dem Weg zu ihren Vorlesungen trafen.

Martin war gerade erst nach Erfurt ins Augustinerkloster zurückgekehrt. »Da bleibt mir wohl keine andere Wahl«, zeigte er sich ergeben. »Treffen wir uns nachher in der Hohen Lilie, um die Einzelheiten zu besprechen? Ich muss erst im Kloster um Erlaubnis fragen, aber der Generalvikar hat mich sowieso für einen längeren Aufenthalt in Wittenberg vorgesehen.«

So trafen sie sich wenig später in dem grün-weißen Gebäude, das im Hauszeichen eine Lilie trug. Es war eine der vornehmsten Gaststuben der Stadt, mit weiten Räumen und mehreren Etagen. Die hübschen Schankmädchen interessierten Martin nicht mehr, seit er Priester und ein gefragter Gelehrter war. Er war fest entschlossen, ein gutes Vorbild zu sein, die Kirche zur Quelle zurückzuführen und die Wahrheit der Schöpfung zu ergründen. Zum Dank für seine Intervention bezüglich Friedas Strafe lud er ihn zu einem guten Wein ein und übernahm die Zeche.

Diesmal blieb er länger in der kleinen Residenzstadt und promovierte an der Wittenberger Universität zum Bakkalaureus Sentenziarius. Der sich vergrößernde Abstand zu Erfurt tat ihm gut.

Kapitel 24

1510

NACH KELLNERS TOD war die finanzielle Situation in Erfurt nicht besser geworden. Der kostspielige Bau der Festung Cyriaksburg, die auf seinen Auftrag zurückging, sowie die Verpfändung der Wasserburg Kapellendorf in den Jahren zuvor hatten die Schuldensumme der Stadtkasse auf 600.000 Gulden anwachsen lassen. Die Stadt bekam von außen einige Feinde unter den Grafen, dem Adel und anderen Leuten, denn der Kurfürst von Mainz und die sächsischen Herzöge, die das Geleitrecht auf Erfurts Straßen besaßen, begannen ein Kräftemessen um den Einfluss auf die Stadt. Der Mainzer Stadtherr paktierte mit den Zünften, die Herzöge unterstützten die Adels- und Ratsfamilien und versuchten mit einem Handelskrieg, die Stadt gefügig zu machen. Durch Sperrungen der Handelswege in Richtung Süden und Westen konnten Erfurter Waren weder ein- noch ausgeführt werden. Bei den ständigen Unruhen in der Stadt mussten die Erfurter Knechte annehmen, ihre Stadt und ihre Landschaft müssten beschützt werden. Die mehrheitlich aus reichen Familien stammenden Studenten stellten sich auf die Seite der Ratsherren, stellten ihren Reichtum zur Schau und überwarfen sich mit den Landsknechten. Am vierten August schließlich schlugen sie sich mit ihnen und trieben die Soldaten zurück, sodass es zu einem großen Auflauf in der Stadt kam. Die Handwerksgesellen stellten sich auf die Seite der Soldaten und trieben die Studenten wieder zurück.

Die Unruhen schaukelten sich so auf, dass die Bürger hinzukamen und sich ebenfalls gegen die Studenten stellten, bis diese letztlich den Rückzug zum Collegium antreten und Tür und Tore verschließen mussten. Von dort warfen sie mit Steinen und Gegenständen, schossen auch teilweise mit Waffen auf die Bürger vor dem Gebäude, die sich ihrerseits heftig wehrten.

Nach zwei Stunden, in denen man den Studenten im Collegium nichts anhaben konnte, brachten die Leute zwei große Karrenbüchsen aus dem Ratshof, stellten eine vor das Anwesen der Städtischen Waage, die andere hinter die Allerheiligenkirche in das Wasser vor den Stern und schossen in das Universitätsgebäude.

Da traten die Studenten die Flucht durch das Wasser an, so gut jeder konnte. Die Bürger stürmten die Universität, brachen die Türen auf, verwüsteten die Kammern, zerschlugen die Bücher und trugen hinaus, so viel sie tragen konnten.

Etliche Studenten wurden gefangen genommen und blieben unversehrt. Nur einem wurde zweimal durch den Schenkel geschossen. Ein anderer, namens Michael Pflaschenschmidt, verlor ein Auge.

Am nächsten Tag rief der Herold des ehrbaren Rates aus: »Wer auch eines Heller Wert im Collegium genommen hat, der soll es aufs Rathaus bringen. Der Rat wird sich um die ordnungsgemäße Handhabung kümmern. Wer dagegen handelt, dem wird der Rat zu Leib und Gut greifen.«

Es waren nicht viele, die etwas wiederbrachten. Der Rektor und die Universität gaben sich nicht damit zufrieden, sondern beklagten sich, wie ihnen ihre Vereinbarungen, Zusicherungen und Unterstützungen, die sie per Brief und Siegel von den Fürsten und Herzögen, Kaisern und Königen bekommen hatten, dazu das Geleit auf den Straßen, das ihnen die Stadt Erfurt gegeben hatte, gebrochen und genommen worden waren. »Wenn diese Angelegenheit nicht bald zu unserer Zufriedenheit beigelegt wird, überlegen sich die Professoren, die Stadt zu verlassen. Dann werdet Ihr sehen, was von der viel gerühmten Stadt Erfurt übrig bleibt!«

Da entschuldigte sich der Rat: »Wir haben die Bürger nicht aufgewiegelt!«

Die Sache wurde endlich in Güte abgehandelt und Rat und Universität vertrugen sich wieder.

Johannes Lang war es, der Martin brieflich davon berichtet hatte. Martin war zu der Zeit noch immer in Wittenberg gewesen und kam erst zum Wintersemester im Herbst wieder in die Stadt, als die Unruhen bereits vorbei waren. Die Unzufriedenheit der Professoren war zu spüren, auch entnahm man aus Gesprächen, dass der Ruf der Universität litt. Zu zerrissen war die Professorenschaft zwischen dem Einfluss des Mainzer Stadtherrn und der sächsischen Herzöge, die auf Erneuerung drangen.

Johann von Laasphe freute sich über das Wiedersehen mit Martin. »Lieber Kollege, Pater Martin, schön, Euch mal wieder in Erfurt zu sehen. Ich gratuliere zur erfolgreichen Einführung in Wittenberg! Ihr scheint schon eine Instanz zu sein.«

»Nun, ich habe diese günstige Lage dem Landesherrn und seinem Berater von Staupitz zu verdanken. Sie wollen eine Rückkehr zu den Grundfesten unseres Glaubens, und da meine Studien sich seit Längerem darauf konzentrieren, scheine ich ein guter Botschafter ihrer Mission zu sein. Mehr ist es nicht!«

»Nicht so bescheiden, lieber Bruder Martin. Ihr versteht es, auf den Punkt zu kommen, Euch verständlich auszudrücken und die Zuhörer zu inspirieren und zu begeistern. Sagt, was haltet Ihr von Eobanus Hessus, der doch seiner poetischen Ader wegen viel gerühmt wurde? Ich bin im Moment nicht allzu glücklich über seine Entwicklung. Er kommt oft angetrunken und vielmals zu spät zu seinen Vorlesungen. Ich habe ihm nun den Kosttisch entzogen. Voraussichtlich muss ich ihm auch das Schulamt entziehen.«

»Oh, das täte mir leid. Er ist ein durchaus kluger Kopf mit viel Potenzial und fortschrittlicher Denkweise!«

»Ich schaue ihn mir noch eine Weile an.« Von Laasphe schüttelte zweifelnd den Kopf und wünschte Martin noch einen schönen Tag.

Nur wenige Tage später traf Martin Eobanus bei einer Zusammenkunft des Poetenkreises. Als Mönch gehörte Martin nicht mehr dazu, aber als Universitätslektor konnte er sich eine Weile zur Runde der Studenten und Kollegen hinzugesellen.

»Schwere Pein hat mich als Dank für meine Leistungen betroffen! Und du, undankbares Pflaster der Neider und Spießer, lass dir's wohlergehen!«, sagte er mit leichtem Zynismus über Erfurt, als Martin sich nach seinem Befinden erkundigte. Er wusste ja bereits, dass Laasphe ihn besonders beobachtete. Nun hatte er ihm offensichtlich doch seine Stellung gekündigt. »Ich gehe nach Riesenburg und verfolge dort weiter meine Dichtkunst – außerdem habe ich eine Stelle als Kanzleibeamter erhalten.«

»Ich wünsche Euch viel Glück, Eoban!« Martin klopfte ihm aufmunternd und zugleich anerkennend auf die Schulter. »Dann will ich auch nicht länger bleiben und zum Gebet ins Kloster zurückkehren. Unsere Zeit wird kommen.« Martin zwinkerte Hessus zu. Der lächelte dankbar zurück.

Menschen wie Eobanus Hessus inspirierten Martin. Ihnen verdankte er die Befreiung seines Geistes. Er hätte ihn gerne länger in seinem Umfeld behalten.

Im August hielt Martin seine Antrittsvorlesung im Rahmen seines feierlichen Principiums über die Sentenzen des Petrus Lombardi zu Gotteslehre und Trinität, Schöpfung, Inkarnation und den Sakramenten im Auditorium Coelicum im Dom.

Alle waren sie gekommen: Trutvetter, Laasphe, Lang, Rubeanus, von Staupitz, Braun und viele seiner ehemaligen und aktuellen Studenten. Immer wieder zitierte er Bibelstellen, nicht ein einziges Mal bezog er sich auf Konzilien und päpstliche Auslegungen.

Hier und in seinen folgenden Vorträgen im Augustinerkloster stellte er sich gegen den Studentenlärm. In seiner Wut über die Zustände in Erfurt holte er auch gleich zum Rundumschlag aus und verurteilte die Kirche mit ihren Ablässen und ihrer Spalterei.

Johannes Staupitz freute sich über seinen Ordensbruder. Auch Georg Spalatin, der seit 1508 des Öfteren mit Martin Ludher verkehrte, da er als Priester zum Erzieher des späteren Kurfürsten Johann Friedrich gemacht wurde und Beichtvater von Friedrich dem Weisen war, war begeistert. Sie waren sich schon früher an der Erfurter Universität begegnet, allerdings war Martin da noch der junge

Student gewesen, dem er während seiner Zeit im Kloster entwachsen war.

So hofiert und in seinen Überzeugungen bestärkt, fiel es Martin leicht, seine Prinzipien zu leben und seine Meinung nicht zu verhehlen.

Im Augustinerkloster von Erfurt zeigte er gegenüber seinem Prior Johannes Nathin keinerlei Anerkennung mehr. Er schenkte ihm nach wie vor keine Aufmerksamkeit, belächelte ihn respektlos, trug seine Verachtung auch in Gegenwart anderer offen zur Schau und fragte nie um seine Erlaubnis. Der Nichtsahnende beklagte sich bei von Staupitz, als dieser das Kloster besuchte.

»Generalvikar, ich weiß nicht, was in Bruder Martin gefahren ist, aber er benimmt sich hoffärtig und äußerst respektlos. Das kann ich nicht länger dulden.«

»Ich werde mit ihm sprechen«, versicherte von Staupitz und hörte sich Martins Erklärung an, als er ihn wenig später zu sich rief.

»Ich verachte die Doppelmoral von Bruder Nathin und die Gotteslästerung, die er beging, indem er eine Hure zu uns in die Räume des Klosters holte«, erklärte der. »Vermutlich hat er Euch davon nichts erzählt. Er ist sicher nicht der Einzige, der solches tut, aber der Einzige, den ich sozusagen in flagranti erwischt habe.«

Von Staupitz holte den Prior hinzu, der betreten sein Haupt senkte, als er mit der Anschuldigung konfrontiert wurde. Nach kurzem Überlegen aber schlug er zurück. »Eine Hure? War sie nicht Eure Frau, mit der Ihr zwei Kinder habt? Habt Ihr sie nicht sitzen lassen, dass sie sich auf diese Weise verdingen muss? Ich sorgte für eine gute Mahlzeit für Eure Kinder.«

Nathin hatte sich nach dem Streit mit Martin schlaugemacht, indem er Anna, die er noch immer regelmäßig besuchte, unauffällig ausgefragt hatte. Er hatte bei dem Vorfall in seiner Kammer den ungewöhnlichen Blickwechsel zwischen beiden wahrgenommen und konnte sich im Lauf der Zeit einen Reim darauf machen.

Martin war versucht, dem Prior augenblicklich das Maul zu stopfen, aber stattdessen spuckte er ihm nur wortlos vor die Füße und verließ den Raum.

Von Staupitz folgte ihm in die leere Kirche. »So lasst Ihr uns nicht einfach stehen, Pater Martin. Ich verlange Respekt und Demut. Ich habe beschlossen, Euch beide gemeinsam auf eine Pilgerreise zu schicken. Übt Euch in Gehorsam und Mitgefühl und macht Euch bewusst, dass alles mit allem und jeder mit jedem verbunden ist. Ihr solltet lernen, Euer Ego zu zähmen.«

»Verstehe: ›Da, wo Du Dich lässt, da findest Du Dich‹, Meister Eckart«, zitierte Martin und atmete durch. Er musste sich zusammenreißen.

»So ist es!« Der Generalvikar lächelte ihn gütig an.

Der offizielle Auftrag auf ihrer Pilgerreise lautete, gegen die von der Leitung des deutschen Augustinerordens befohlene Vereinigung der strengen Observanten mit den liberaleren Augustinerklöstern der sächsischen Ordensprovinz zu protestieren.

Martin war inzwischen zur Vernunft gekommen und bereit, sich wie ein erwachsener Mensch zu benehmen. Er war dazu übergegangen, sich seinem Prior gegenüber wieder angemessen zu verhalten, und freute sich nun auf die Unternehmung.

Fröhlich trat er im November mit seinem Ordensbruder den Pilgerweg nach Rom, in die Heilige Stadt, an und dachte, dass er von den heiligen Orten und Männern Roms viel Segen empfangen würde. Immer wieder vernahm er in seinem Herzen sein Geleitwort und bildete sich ein, die Engel sprächen zu ihm: »Der Gerechte wird seines Glaubens leben.«

Er und Nathin gingen die rund 1.200 Meilen die meiste Zeit über still nebeneinander oder hintereinander her. So gefiel es Martin am besten. Er hatte ihm immer noch nicht vollständig verziehen, gerade Anna erwählt zu haben.

Der Weg in die ewige Stadt führte sie – vorbei an Hospizen und Herbergen mit Gelegenheit zum Beten und Übernachten – vom Norden des Kontinents die Via Francigena, die Frankenstraße, entlang, die in ihrem Verlauf durch Thüringen die Nürnberger Geleitstraße genannt wurde, bis hin zum Sitz des Papstes am Tiber.

Die Reise zu Fuß dauerte mehr als elf Wochen. Die Pfade waren teils schmal, teils aber auch breit genug, um zwei Fuhrwerke aneinander vorbeifahren zu lassen. Es ging durch Täler, dann wieder bergan in luftige Höhen, von denen aus man weit ins Land blicken konnte.

Je höher sie kamen, desto winterlicher wurde es. Verschneite und vereiste Wege ließen sie langsamer vorankommen. Martin und seinem Prior froren die Zehen in den dünnen Lederstiefeln, die die Feuchtigkeit von ihren Wollstrümpfen fernhalten sollten.

In der Schweiz labten sie sich an heißen Esskastanien, die dort im Bergelltal in Mengen angeboten wurden. Es erfasste sie ein erhabenes Gefühl, als sie nach mühevollem Aufstieg auf den hohen Septimerpass die Schweizer Alpen überblicken konnten.

Ähnlich schwer zu erklimmen stellte sich der Apennin bei Bologna dar. Sie schnauften, als sie den höchsten Punkt erreichten. Der Blick auf die Stadt belohnte sie mit Staunen über die prunkvollen Bauten, mit denen Erfurt nicht mithalten konnte.

In Fidenza übernachteten Martin und sein Prior in einem Kapuzinerkloster – jeder in einer kleinen Zelle, wie sie sie aus ihrem Kloster in Erfurt kannten. In den anderen Klöstern bot man ihnen meist Strohlager in großen Schlafsälen an. Sie hatten noch zwei Wochen Fußmarsch vor sich.

Die Temperaturen stiegen, je südlicher sie kamen. In Rom angelangt, betraten sie zunächst die Via Flaminia, überschritten die Ponte Milvio über dem Tiber und gingen die letzten Meilen auf der schnurgeraden alten Römerstraße bis zur Porta del Popolo, einem Tor in der aurelianischen Stadtmauer.

Beide waren sie fasziniert von der Größe der Bauten, der Breite der Straßen. Gleich hinter dem Tor erhob sich die Augustinerkirche Santa Maria del Popolo. Nathin schlug vor, eine kurze Pause zu machen und den Beginn des Gottesdienstes abzuwarten. Sie setzten sich auf eine steinerne Bank und hielten ihre Gesichter mit geschlossenen Augen den wärmenden Strahlen der Sonne entgegen.

Als sich die Kirche füllte, gingen auch sie hinein, lauschten der lateinischen Andacht, sprachen danach mit dem Priester, der sie willkommen hieß und für ihre Übernachtungen an das hiesige Augustinerkloster verwies. Da es noch früh am Tag war, liefen sie weiter und erreichten das Zentrum, wo schon aus der Entfernung die große Papstkirche zu sehen war, an der bereits vier Jahre gebaut wurde. Hier also flossen die Ablassgelder hin, dachte sich Martin.

Endlich am Ziel ihrer Wanderung, wurde Martin in den folgenden Tagen maßlos enttäuscht. Er beobachtete, wie die Priester in Rom gedankenlos die Messen ableierten, über das Abendmahl spotteten und in Lug und Trug einen heuchlerischen Scheindienst ohne Glauben und Andacht verrichteten.

Rom, die Hauptstadt des Reiches, war der Tummelplatz einer ungeheuren Ausschweifung. Die Zahl der Prostituierten vom vornehmsten bis zum niedersten Schlage war riesengroß und ebenso die Lokalitäten, die der Prostitution als Arbeitsstätte dienten. Sowohl in den feinen als auch in den unsäglich schmutzigen öffentlichen Dirnenhäusern, in den Bädern, in den Gewölben beim Circus Maximus, überall wartete das käufliche Laster. Ein Heer von Wachleuten mühte sich mit der Kontrolle der großen Dirnenmenge, wachte über die pünktliche Öffnung und Schließung der Bordelle sowie über die wüsten Orgien in ihnen und konnte doch nicht verhindern, dass wie eine Seuche das Laster die römische Gesellschaft durchdrang.

Unter Julius II., der seit 1503 auf dem Papststuhl saß und der, als ein rechter »Friedensfürst«, während seiner gesamten Regierungszeit im Krieg gewesen war und mit dem darin vergossenen Blut die der Kirche entzogenen Güter und Territorien wieder zurückgeführt hatte, sagte der deutsche Kaiser Maximilian: »Es ist nur der Güte des Herrgotts zu verdanken, dass die Welt unter einem Jäger wie mir und unter einem so versoffenen Papste nicht zugrunde geht.«

»Für Heuchelei gibt's Geld genug, Wahrheit geht betteln«, dachte sich Martin immer und immer wieder.

Er nutzte den etwa vierwöchigen Aufenthalt in Rom, um seine dritte Generalbeichte abzulegen. Er bemühte sich, alle Schritte bewusst durchzuführen. Zuerst erforschte er sein Gewissen und machte sich seiner Sünden und ihrer Umstände bewusst. Dann bereute er – nicht mehr aus Angst, sondern mit vollkommener Bußfertigkeit aus

Liebe zu Gott. Er formulierte in Gedanken die Absicht, in Zukunft alle schweren Sünden zu meiden, und bekannte sich gleichzeitig all derer, an die er sich seit seiner Taufe erinnerte. Schließlich sprach er das Vaterunser mit dem Versprechen, seinen Mitmenschen zu verzeihen und zu vergeben.

Mit diesen Vorsätzen betrat er den Beichtstuhl der Peterskirche, bekreuzigte sich und sagte: »Im Namen des Vaters und des Sohnes und des Heiligen Geistes. Amen.«

Eine dunkle, ruhige Stimme auf der anderen Seite des Fensters antwortete: »Gott, der unser Herz erleuchtet, schenke Dir wahre Erkenntnis Deiner Sünden und seiner Barmherzigkeit.«

Martin zählte seine Sünden auf und sprach anschließend ein Reuegebet. Dann folgte die Lossprechung: »Gott, der barmherzige Vater, hat durch den Tod und die Auferstehung seines Sohnes die Welt mit sich versöhnt und den Heiligen Geist gesandt zur Vergebung der Sünden. Durch den Dienst der Kirche schenke er Dir Verzeihung und Frieden. So spreche ich Dich los von Deinen Sünden im Namen des Vaters und des Sohnes und des Heiligen Geistes. Der Herr hat Dir die Sünden vergeben. Geh hin in Frieden. Amen.«

Waren Ludher und Nathin auf der Hinreise fast ausschließlich schweigend hintereinander hergelaufen, so stellte sich während ihres Aufenthaltes in Rom nun eine gütige und friedliche Stimmung ein. Sie beobachteten sich und empfanden langsam gegenseitige Sympathie. Sie stützten sich auf dem Weg, reichten sich hin und wieder die Hand und achteten aufeinander. Was soll man es sich eines Weibes wegen mit einem echten Freund verderben? Martin hatte seine Einstellung geändert.

Als Nathin und er, um Ablass zu empfangen, die Pilatustreppe auf den Knien hinauf- und wieder herabrutschten, war es Martin plötzlich, als riefe eine Donnerstimme vom Himmel ihm zu: »Der Gerechte wird seines Glaubens leben!«

In diesem Augenblick wurde es hell in ihm, als sei die Sonne aufgegangen. Er hatte eine Erleuchtung. Alles leere Formenwesen einer erstorbenen Kirchlichkeit verlor sich, und er hatte Frieden gefunden im hellen Licht des Bibelworts. Auf der Rückreise begleitete ihn eine innere Fröhlichkeit, da er sich des großen Schatzes bewusst war, den er in Rom gefunden hatte und der ihn versöhnlich mit sich und seiner Reisebegleitung stimmte.

»Ich wollte nicht hunderttausend Gulden dafür nehmen, dass ich nicht auch Rom gesehen hätte, ich müsste mich sonst sorgen, ich täte dem Papst unrecht. Doch es ist noch schlimmer. Und was wir sehen, das reden wir«, berichtete er seinem Freund Johannes Lang nach seiner Rückkehr.

Kapitel 25

1511

Zurück im Kloster bot ihm Nathin die Hand. Sie hatten sich noch nicht explizit ausgesprochen.

»Pater Martin, nun haben wir so viel Zeit miteinander verbracht. Einander gut kennengelernt. Sollten wir nun nicht doch den Finger in die hoffentlich verheilten Wunden legen, um unserem täglichen Gebet gerecht zu werden … wie auch wir vergeben unseren Schuldigern?«

Martin guckte ihn misstrauisch an. Der freundliche Blick des Priors stimmte ihn milde, und er erinnerte sich an alle tugendhaften Eigenschaften, die er gerne für sich beanspruchte. Nein, ewig nachtragend wollte er nicht sein. Er schlug ein.

»Von mir aus. Es gibt nichts mehr. Außer dass ich verlange, dass Ihr nie wieder die Hand an die Mutter meiner Kinder legt und darüber hinaus die Klosterregeln befolgt. Denn dazu sind sie da, und was wärt Ihr für ein Prior, zu dem man nicht in Respekt aufschauen kann!«

»Es tut mir leid. Ihr wisst, dass ich von Eurer Verbindung nichts wusste. Als sie es mir offenbarte, beschloss ich noch im selben Moment, dass es das letzte Treffen war.«

»Ich wünschte, sie hätte genug Geld und eine gute Arbeit.« Martin schaute nachdenklich.

»Sicher ist es schwer, mit zwei Kindern den ganzen Tag über einer Arbeit nachzugehen. Doch wie ich es sehe, hat sie als Mutter von Kindern eines Klosterangehörigen Anspruch auf Alimentierung.« Pater Nathin hob belehrend den Zeigefinger und hielt sich in dem Moment für einen schlauen Fuchs.

Darüber hatte Martin auch schon nachgedacht, es aber natürlich sofort verworfen, weil er nicht wollte, dass jemand von Anna und seinen Kindern wusste. Außerdem war er sich nicht sicher, ob diese Regelung auch galt, wenn die Kinder noch vor dem Klostereintritt geboren worden waren. Sicher wäre das ein Ausschlussgrund.

Nathin schien seine Gedanken gelesen zu haben. »Das mit dem Zeitpunkt der Vaterschaft mache ich schon. Alles unter dem Mantel der Verschwiegenheit, ohne Namensnennung. Aber das Kloster wird Anna Kellermann unterstützen, versprochen.«

»Gut, ich danke Euch!«, sagte Martin.

»Ich habe in Rom gebeichtet und geschworen, dass ich mich an das Keuschheitsgebot halten werde. Staupitz schickte mich zur Läuterung und erwartet entsprechenden Gehorsam. Pater Martin, Ihr könnt Euch auf mich verlassen.«

»Wenn nicht, könnte es sein, dass ich mich an meine Fechtkünste erinnere. Die Geschichte habt Ihr bestimmt auch aus jemandem herausgepresst«, sagte Martin zynisch, schickte aber ein Lächeln hinterher, um ihren gerade geschlossenen Frieden nicht zu gefährden.

Kapitel 26

1511

IN ERFURT FAND gerade ein Ablassmarkt statt, als Martin auf dem Weg vom Augustinerkloster zum Dom den Platz vor den Graden erreichte. Er ging näher an den Ablassschreier heran, um den Dominikanermönch besser erkennen zu können, der mit einem Holzkasten dastand und im Namen des Papstes die Vergebung aller Sünden verkaufte.

»Für neun Dukaten wird ein Meineid, für acht Dukaten ein Mord vergeben!«

Die leichtgläubige Menge drängte sich zu dem Heilsbringer, welcher für Lebende und Tote, ja selbst für zukünftige Sünden Vergebung feilbot und marktschreierisch ausrief: »Sobald das Geld im Kasten klingt, die Seele aus dem Fegfeuer springt!«

Es war ein unwürdiges Lärmen, Scherzen und Johlen, wie auf einem tollen Jahrmarkt. Martin fühlte sich an Rom erinnert, und Wut stieg in ihm auf. Er stellte sich neben den Mönch und verkündete laut: »Apostelgeschichte 8,20: Dass Du verdammt werdest mit Deinem Gelde, dass Du meinest, Gottes Gabe werde durch Geld erlangt!«

Zorn stand ihm im Gesicht, und die in einer Schlange anstehenden Büßer schauten sich verunsichert an. Einer nach dem anderen, dem das Geld ohnehin knapp war, nickte zustimmend und verließ seinen Platz, auf dem er gestanden hatte.

Martins Rückkehr aus Rom lag schon einige Zeit zurück, bevor er nun endlich wagte, wieder einmal den Weg zu gehen, den er mit seinem wüsten Studentenleben in Verbindung brachte. Die Verluste seiner besten Freunde hatten ihn aus seinem Lotterleben hinauskatapultiert, aber zu spät. Duelle, Vaterschaft … Sie befleckten seine Unschuld.

Ein mulmiges Gefühl breitete sich in seiner Magengegend aus, als er in der Abenddämmerung zu Anna lief und an ihre Tür in der Grafengasse klopfte. Für seine Reise nach Rom hatte er vom Vater viel Geld bekommen, um Ablässe zu kaufen. Er hatte es aber nur teilweise dafür eingesetzt, bis er seine Erleuchtung gehabt und erkannt hatte, dass allein die Gnade Gottes und nicht Geld den Sünder errettete.

Es war Freitagabend, der Abend, an dem Frieda gewöhnlich nie zu Hause war. Wenn er Glück hatte, schliefen auch die Kinder schon.

Anna öffnete die Tür und war überrascht über den unverhofften Gast.

Sie sahen sich lange wortlos in die Augen. Wie hübsch sie war, dachte Martin, und wie lange es her war, dass er sie angesehen hatte.

Eine Träne lief ihr über die Wange. Wie lange war es her, dass er sie eines Blickes gewürdigt hatte! Wie sehr hatte sie auf ihn gewartet, und wie gut sah er doch aus. Seine blauen Augen leuchteten in seinem von der südlichen Sonne gebräunten Gesicht.

Beide wussten, dass alles schiefgelaufen war und nichts mehr zu sagen oder wiedergutzumachen war.

Martin hielt Anna einen kleinen Lederbeutel entgegen. »Hier, Anna, nimm das. Verzeih mir, dass ich mit deinen Gefühlen so rücksichtslos umgegangen bin. Du bist eine schöne, kluge und starke Frau. Mach was aus dir und den Kindern. Nathin wird dich nicht mehr empfangen, und ich hoffe, auch sonst gibst du deinem Körper die Ehre, die er verdient als Haus Gottes. Das Kloster wird eure Miete zahlen und den Kindern eine gute Schulbildung. Und fehlt nicht eine Schneiderin in eurer Gasse? Deine Mutter und du seid des Nähens mächtig – ihr könntet sie ersetzen. Dann ginge es euch sogar gut!«

Anna sah ihn ungläubig an und hielt das Ledersäckchen ganz fest in ihren Händen. Es wog schwer. Sie wusste, dass es ein kleines Vermögen enthielt.

Sie nickte dankbar.

»Gut. Das Geld habe ich für euch gespart. Sag den Kindern, dass ich sie nicht vergessen werde! Lass sie ruhig wissen, wer ihr Vater ist. Und wisse, dass ich, wenn ich hier zu tun habe, mich nach dir erkundigen werde.« Jetzt lächelte Martin aufmunternd.

»Wirst du fortgehen?«, presste Anna zaghaft hervor.

»Ich ziehe endgültig nach Wittenberg. Generalvikar Johann von Staupitz hat mich zu seinem Nachfolger als Professor für Bibelauslegung gemacht. Meinen guten Freund, Johannes Lang, versetzte er auch dorthin. Weißt du …« Martin machte eine Pause und atmete schwer aus. »Erfurt ist das thüringische Rom – ein einzig Bier- und Hurhaus. Das sind die zwei Lektionen, die man hier am besten studieren kann. Ich will etwas bewegen!«

Er stupste Anna mit dem Finger auf die Nasenspitze und ging, ohne sich noch einmal umzudrehen.

Zu den Personen im Buch

Bei den Romanfiguren handelt es sich weitestgehend um historisch belegte Personen. Die von einigen Historikern vertretene Meinung, Martin Luther habe uneheliche Kinder gehabt, sowie entsprechende überlieferte Aussagen inspirierten die Autorin zu den fiktiven weiblichen Hauptfiguren, die sich ihrerseits in das Sittengemälde des 16. Jahrhunderts einfügen.

Literaturverzeichnis

Benl, Rudolf: »Erfurt zur Zeit Luthers. Katalog zur Ausstellung«. Stadtarchiv Erfurt, 1996

Benl, Rudolf: »Erfurt – ein spätmittelalterliches Wissenschaftszentrum«. Katalog zur Ausstellung. Stadtarchiv Erfurt, 2001

Benl, Rudolf: »Altera Roma. Erfurt und das geistliche Zentrum der Christenheit im Spätmittelalter«. Katalog zur Ausstellung. Stadtarchiv Erfurt, 2011

Fischer, Bodo: »Die Gemälde im Erfurter Rathaus«. Verlagshaus Thüringen, 1991

Genthe, Hans Jochen: »... und richte meine Gänge nach deinem Wort. Ein Spaziergang zu den reformatorischen Wurzeln Luthers in Erfurt«. Blick Verlag, Erfurt 2010

Gräßer-Eberbach, Ingeborg: »Helius Eobanus Hessus. Der Poet des Erfurter Humanistenkreises«. Verlagshaus Thüringen, Erfurt 1993

Gründler, A.: »D. Martin Luther. Sein Leben und Wirken«. Christliche Verlagsanstalt Konstanz, 1955

Irsigler, Franz; Lassotta, Arnold: »Bettler und Gaukler, Dirnen und Henker. Außenseiter in einer mittelalterlichen Stadt«. dtv Geschichte, München 1989

»Von der Badstube zum Badekabinett. Badekultur im Mittelalter und in der frühen Neuzeit«, Römerthermen Zülpich. Museum der Badekultur, 2008

Stade, Heinz; Seidel, Thomas: »Unterwegs zu Luther«. Wartburg Verlag, Weimar 2010

Rosenow, Emil: »Wider die Pfaffenherrschaft. Band I. Kulturbilder aus den Religionskämpfen des 16. und 17. Jh.«. Verlag Vorwärts, Berlin

werwarluther.de/luther-und-die-frauen/

Alice Frontzek
Der Abt vom Petersberg
Historischer Roman
281 Seiten
12 x 20 cm, Paperback
ISBN 978-3-8392-2808-1
€ 14,00 [D] / € 14,40 [A]

Erfurt 1451. Auf dem Höhepunkt der Reformbewegung besucht Kardinal Nikolaus von Kues das Benediktinerkloster auf dem Erfurter Petersberg. Lange schon schwelt der Kampf zwischen den Ratsherren, den reformtreuen und den abtrünnigen Geistlichen, um Unzucht und Missstände in Stadt und Kirche. Das Laster aufzudecken, macht sich der aufstrebende Erfurter Mönch Günther von Nordhausen zur Aufgabe. Dabei bedient er sich nicht ganz fairer Mittel und unterschätzt das Gespür des jungen Mönches Werner, der seinerseits ein gefährliches Geheimnis hütet – die einvernehmliche Liebe zu einer Frau …

GMEINER SPANNUNG

WWW.GMEINER-VERLAG.DE
Wir machen's spannend